Als die Mauer gefallen war, fühlten sich die Eliten des Westens als Sieger der Geschichte. Was machten sie daraus? Die Skepsis darüber und das Unbehagen im Osten, von denen Daniela Dahn wenige Jahre nach der Vereinigung in ihrem Bestseller «Westwärts und nicht vergessen» berichtete – sie haben inzwischen das ganze Deutschland erfasst. Es gibt ein positives Erbe der DDR und der alten Bundesrepublik. Wir haben beides schon beinahe verspielt.

Und deshalb lautet der überraschende Befund der unbequemen Autorin heute: Mehr noch als der Osten ist der Westen zum Verlierer der Einheit geworden. Ohne Systemkonkurrenz hat er seinen Halt verloren. Werte und Ziele wie Wohlstand für alle, mehr bürgerliche Freiheiten, soziales Wirtschaften und eine intellektuelle Kultur, die auf Meinungsvielfalt setzt – sie schwinden dahin.

Was haben wir aus 40 Jahren Teilung eigentlich gelernt?, fragt Daniela Dahn und ist überzeugt: «Damit die Krise nicht auch die Demokratie in den freien Fall zieht, muss der Kapitalismus aufhören, er selbst zu sein.»

Daniela Dahn, geboren in Berlin, studierte Journalistik in Leipzig und war Fernsehjournalistin. 1981 kündigte sie und arbeitet seitdem als freie Schriftstellerin und Publizistin. Sie war Gründungsmitglied des «Demokratischen Aufbruchs» und hatte mehrere Gastdozenturen in den USA und Großbritannien. Sie ist Mitherausgeberin des *Freitag* und Trägerin u. a. des Fontane-Preises, des Tucholsky-Preises und des Börne-Preises. Bei Rowohlt erschienen bislang neun Essay- und Sachbücher.

Daniela Dahn

Wehe dem Sieger!

Ohne Osten kein Westen

Rowohlt Taschenbuch Verlag

2. Auflage Juni 2011

Veröffentlicht im Rowohlt Taschenbuch Verlag,
Reinbek bei Hamburg, Oktober 2010
Copyright © 2009 by Rowohlt Verlag GmbH,
Reinbek bei Hamburg
Lektorat Frank Strickstrock
Umschlaggestaltung ZERO Werbeagentur, München,
nach einem Entwurf von any.way, Hamburg
(Umschlagabbildung: © Gerd Plötzl)
Satz Swift PostScript, InDesign, bei
Pinkuin Satz und Datentechnik, Berlin
Druck und Bindung CPI – Clausen & Bosse, Leck
Printed in Germany
ISBN 978 3 499 62468 1

Inhalt

Einstimmung 9
Über Wahrheit und Zweifel – ein Blues in Zeiten der Krise

1. Die Untergangsgesellschaft 19
Der Westen hat seinen Konkurrenten verloren

Yin und Yang – ohne Osten kein Westen · Wettbewerb contra Konkurrenz · Der Osten hat dem Westen Legitimation abgefordert · Den westdeutschen Sozialismus überwinden · Manchester-Kapitalismus ist sozialer Mord · Die Geschichte von Willi Kossak · Die unsichtbare Hand des Plans im Kapitalismus · Nationalsozialismus war Kapitalismus · 1945: Erzwungener Fortgang des Kapitalismus unter Missachtung von Demokratie · Konvergenz – die unsichtbare Hand des Marktes im Sozialismus · Systemkonfrontation als zentrales Organisationsprinzip · Der Wettlauf um die bessere Sozialpolitik · Anfang vom Ende der sozialen Marktwirtschaft

2. Vom Verlierer nicht lernen heißt verlieren lernen 67
Der Westen hat seine Beute verloren –
eine Bilanz nach zwanzig Jahren

Ost-Kultur ausgegrenzt, aber ungeahnt resistent · Die Geschichte von Karin Ney · Die Geschichte von Stefan Heym · Ökonomische Bilanz der Einheit im Lichte des kapitalistischen Realismus · Durch den Immobilienkrieg entzweit · Auf dem rechten Auge blind – suspektes Sonderrecht

Ost · Sag mir, wem du dein Geld gibst, und ich sage dir, wer du bist · Gibt es ein falsches Leben im richtigen? · Die Geschichte von Sabine Ebert · Der Westen als Verlierer der Einheit

3. Vom ultimativen Ostvorsprung 109
Der Westen hat praktisch Erprobtes verloren

Wie grün und sozialdemokratisch war die DDR? · Staatseigentum gehört nicht dem Staat · Überlegenes Modell für die Landwirtschaft · Berufsbeamtentum ist entbehrlich · Wer vertritt das Volk? · Über das Verpackungsunwesen · Auf die Schiene der Vernunft · Vertane Chancen im Sozialen · Die Geschichte von Gesa Wohlfeil · Emanzipationsvorsprung von Frauen · Die Geschichte von Anke Domscheit

4. DDR-Geschichtsbild – seriös oder demagogisch? 157
Der Westen hat die Fassung verloren

Disziplinierungsmodell Ideologie – untauglich · Zwei deutsche Diktaturen · Totalitäres Geschichtsbild · Vom Sinn und Unsinn flächendeckender Observierung · Informeller Gesellschaftsvertrag · Partizipatorische Diktatur · Brutale Blockwartmentalität? · Freiheitsvorsprung im Sozialismus · Die Geschichte von Walter K. · Disziplinierungsmodell Arbeit – untauglich

5. Mein erster Angriffskrieg 199
Der Westen hat seine Unschuld verloren

In den Jugoslawien-Krieg hineingelogen · Die Folgen nicht zur Kenntnis genommen – Reise nach Belgrad · Demokratischer Volksaufstand oder von uns mitgesteuerter Putsch? · Bomben gegen Worte und Bilder · Die Geschichte von Dragoljub Milanović · Tabuisierte Bilanz eines Krieges · Wenn Rechtsverletzungen vom Staat gedeckt werden

6. Die Systemfrage stellen 235
Der Westen könnte die Demokratie verlieren

Die Fessel der Macht gelockert · Kommt der Terrorismus gelegen? · Gesetze gegen Unruhe in der Bevölkerung · Krise als Chance zum Umdenken · Haben wir noch einen Sozialstaat? · Kapitalismus ohne Demokratie?

7. Gibt es ein Grundrecht auf Revolution? 263
Der Westen hat Alternativen gewonnen

> Die wichtigste Auseinandersetzung unserer Zeit · Geschichte hat ihren eigenen Humor · Handlungsfähige Subjekte gesucht · Gesellschaft ohne Opposition? – Warten auf Dissidenten · Die Geschichte von Hans Roth · Intellektuelle Befangenheit · Kein Mangel an Gegenentwürfen · Neues Denken durch neue Medien · Vorschlag: alternativer Weltsender · Prekarier aller Länder, vereinigt euch!

Anmerkungen 296

Einstimmung
Über Wahrheit und Zweifel – ein Blues in Zeiten der Krise

Das ist das Buch der Wahrheit. So lautete der erste Satz im Vorwort des Prachtbandes «Weltall – Erde – Mensch», den jeder Jugendweihling in den 60er DDR-Jahren überreicht bekam. Das Vorwort stammte von Walter Ulbricht. Ich erinnere mich nicht, es damals gelesen zu haben. Vorworte überblättert man. Erst recht mit vierzehn. Nicht zu übersehen waren die ausklappbaren Farbtafeln. Am Anfang eine Urmenschen-Großfamilie vor ihrer Höhle. Schon aufrecht gehend, aber mit derben Gesichtern und noch stark behaart. Auch die Kinder, was mich irgendwie besonders irritierte. Alle nur mit Fellen bekleidet. Auf der anderen Seite des Bachufers sorgten zwei bedrohliche Nashörner für Aufregung unter den Neandertalern, deren Frauen immerhin schon ein kleines Feuer bewachten.

Eine so naturalistische Darstellung unserer Vorfahren hatte ich nie zuvor gesehen, das regte die Phantasie an. Wie mögen sie sich verständigt haben und worüber? (Per Synthesizer haben Anthropologen unlängst auf der Basis von Kehlkopfüberresten den Steinzeitmenschen zum «Sprechen» gebracht. Das soll mehr als fremd geklungen haben. Der Laut «e» etwa habe eher an ein kurzes Blöken erinnert.) Mit drastischer Klarheit wurde mir jedenfalls damals allein durch Augenschein deutlich: Unser Urvater war ein Affe. Und ein Affe ist kein Gott.

Am Ende der bebilderten Entwicklungsgeschichte ein ringförmiges Raumschiff für interplanetaren Verkehr. Mit Sonnenkraftwerk, einem Pier für Arbeits- und Passagierraketen und einem Hotel mit bequemen Personenkabinen, Aufenthalts- und Speiseräumen. Die Kosmonautwerdung des Affen – eine lichte Zukunft würde uns also im Sozialismus erwarten. Das war die Botschaft vom Buch der Wahrheit.

Und wenn ich jenen ersten Satz womöglich doch gelesen habe und sich mir der Vorgang nur nicht eingeprägt hat, weil ich nichts daran zu beanstanden hatte? Weil mir die ungeheure Anmaßung gar nicht auffiel, da es so wohlig ist, im Bewusstsein der Wahrheit? Es ist nicht auszuschließen. Am farbigen Abglanz haben wir das Leben – die Faust'sche Desillusionierung brachte mir unser bewunderter Deutschlehrer erst später mit schonungsloser Eindringlichkeit bei.

Seither glaube ich, zumindest hellhörig zu sein bei allzu großen Heilsversprechen. Altes Testament, Neues Testament, Koran, Kapital – alles Bücher der Wahrheit. Im Kapitalismus ist es das Bilanzbuch. Nüchtern, brutal, aber wenigstens illusionslos. Wenn es nicht auf der Art von doppelter Buchführung basiert, die die Debitorenbuchhaltung fälscht, um Schwarzgeld zu erwirtschaften. Vorsicht ist also auch gegenüber der Wahrheit des Buchhalters geboten.

Das hier will jedenfalls nicht das Buch der Wahrheit sein. Allenfalls die zweifelhafte Wahrheit der Buchhalterin, mein Bilanzbuch. Der bescheidene Versuch, die Geschichte seit dem Untergang des Sozialismus noch einmal anders zu erzählen. Weil die bisherigen Deutungen weiße Flecke und Paradoxien hinterlassen.

Weshalb hat das vom Westen jahrzehntelang erstrebte Absterben der Diktaturen von Politbürokratien nicht wie erhofft zu einem anhaltenden Aufblühen der Demokratie geführt? Warum wird, wo die östliche Unfreiheit besiegt ist, die eigene Freiheit abgebaut? Weshalb hat der sang- und klanglose Abgang des hochgerüsteten Militärbündnisses Warschauer Pakt, einst Hauptfeind der NATO, uns nicht eine traumhafte Friedensordnung beschert? Das Wettrüsten im Kalten Krieg hatte drei Billionen Dollar verschlungen – warum konnten die nunmehr eingesparten Mittel nicht den Lebensstandard und das Selbstwertgefühl der Dritten Welt aufrüsten und so dem Terrorismus den Boden entziehen? Weshalb ist nicht wenigstens zu Hause, was naheliegend gewesen wäre, nie gekannter Wohlstand ausgebrochen? Und warum zerfetzt es inzwischen gerade die Sozialdemokratie, wo sie sich doch eben noch im Kommunisten-Untergang gesonnt hat? Kurz: Warum kann der Sieger mit seinem Sieg nichts anfangen?

«Weil Sozialismus und Kommunismus versagten, glaubten wir, der Markt-Fundamentalismus sei das einzig Wahre», gestand George Soros unmittelbar nach dem jüngsten Finanzcrash. «Aber der Markt ist nicht perfekt. Das müssen wir jetzt anerkennen.» Warum erst jetzt? Warum haben die reinen Marktwirtschaftler für diese simple Einsicht so lange gebraucht? Warum dämmerte ihnen das nicht schon vor dem Versagen des Sozialismus? Ich bilde mir ein, das seit 150 Jahren zu wissen.

Als nach der Wende auch das Ende der Ideen-Geschichte beschworen wurde, hielt dem der Osten entgegen, der Kapitalismus habe nicht gesiegt, er sei nur übrig geblieben. Zwanzig Jahre nach Mauerfall, nach einer historisch sehr knappen Spanne also, gehört keine Prophetie mehr zu der absehbaren Gewissheit, dass auch der Kapitalismus nicht übrig bleiben wird.

Man könnte auch sagen: Der rheinische Kapitalismus kommt und geht, aber der Rhein bleibt. So will man hoffen. Und mit ihm die Loreley. Doch geht es uns wie dem Fischer in seinem Kahn, den es mit wildem Weh ergreift. Wir ließen uns vom goldnen Geschmeide berauschen, selbst dann noch, als die uns umgebenden Titel von Büchern und Zeitungen lange vor dem jüngsten Wirtschaftsdebakel hohe Wellen schlugen: Der Terror der Ökonomie (Forrester 1996). Die Krise des globalen Kapitalismus – Offene Gesellschaft in Gefahr (Soros 1998). Der neue Raubtierkapitalismus – Mit Gier und Größenwahn in die Pleite (*Spiegel* 2002). Macht ohne Moral – Die Herrschaft des Westens (Saña 2003). Demokratischer Abbruch – Von Trümmern und Tabus (Dahn 2005). Die Schock-Strategie – Der Aufstieg des Katastrophen-Kapitalismus (Klein 2007). Superkapitalismus – Wie die Wirtschaft unsere Demokratie untergräbt (Reich 2007). Was bleibt von uns? Das Ende der westlichen Weltherrschaft (Roß 2008).

Wehe dem Sieger! Zwanzig Jahre Demokratie im freien Fall. Warum der offenbar unaufhaltsame Abstieg zum Verlierer just im Moment des größten Sieges einsetzte – dafür sehe ich bislang keine hinreichende Erklärung. Die Zeitgeisttheorie muss sich von den bis unlängst verbreiteten Klischees des vorigen Jahrhunderts lösen: «Demokratie und Marktwirtschaft sind wie siamesische Zwillinge, in guten wie in schlechten Tagen bleiben sie einander eng verbunden. Der eine ist ohne den anderen nicht lebensfähig, gerät der eine ins Taumeln, stolpert der andere hinterher.» So glaubte Gabor Steingart noch 2004 in seinem Buch «Deutschland. Der Abstieg eines Superstars».

Das Gegenteil ist der Fall: Obwohl man meinen sollte, Marktwirtschaft und Demokratie hätten noch nie unter so guten Bedingungen so unumschränkt herrschen können, kommen sich seit Untergang des Realsozialismus beide ins Gehege. Die Demokratie beginnt dem Standort zu schaden; ökologische, kulturelle und soziale Standards schmälern das Geschäft, seit Gewinn sich als einzige Zielmarke durchgesetzt hat.

Gleichzeitig wird die Staatskasse, also das Geld der Bürger, zum Schutze der Banken in Geiselhaft genommen. Fiktives Spekulanten-Geld wird durch unser reales gewaschen. Angeblich bricht sonst alles zusammen. Wir zweifeln, sind aber zum Glauben verurteilt. Denn bewiesen wird nichts. Niemand erklärt, was wirklich passieren würde, wenn die Privatbanken, deren Fonds und Zertifikate schon lange nicht mehr zum Allgemeinwohl beitragen, eben nur noch das Geld verleihen könnten, was ihnen geblieben ist. Wenn stattdessen die Bundesbank mit staatlicher und stattlicher Hilfe zum Gläubiger qualifiziert würde. Und damit zum Teilhaber. Eine teilweise Vergesellschaftung brächte der Politik dringend benötigte Mitbestimmung in der Wirtschaft. Oder gehört das Vorurteil, der Staat könne dies nicht, zum unveräußerlichen Erbe des Sozialismus? Könnte nicht die gegenwärtige Systemkrise die Einsicht begünstigen, dass der Fehler des Konkurrenzsystems nicht das Volkseigentum, sondern der fehlende demokratische Umgang mit ihm war?

Denn die mangelnde Verknüpfung von Eigentum und Demokratie scheint sich seitenverkehrt zu wiederholen: Die Freiheit, moralisch das Richtige zu tun, wird reduziert auf die Marktfreiheit. Politiker und Wähler erfahren ihre Ohnmacht. Die Demokratie wird verramscht, die Rendite vergoldet. Ist er ungebändigt, entlässt der Kapitalismus die Demokratie.

Ja, aber wer hat ihn denn bisher gebändigt? Die Sozialdemokratie, hieß es. Aber die gibt es ja noch. Die Gewerkschaft, hieß es. Aber die gibt es ja noch. Die Mitbestimmung, hieß es. Aber die gibt es ja noch. Die sozialen Bewegungen, hieß es. Aber die gibt es ja noch. Der Staat, hieß es. Aber den gibt es ja noch. Zuletzt hieß es immer: die Konkurrenz des sozialistischen Systems. Tja, die gibt es nicht mehr.

Sollte das sozialistische Damoklesschwert der angedrohten Enteignung letztlich die einzig wirksame Bändigung des Kapitalismus gewesen sein? Ohne dass die Nebendompteure verschreckt die Peitsche fallen lassen? Hat der auftrumpfende Westen unterschätzt, wie weitgehend der real existierende Kapitalismus nur die Passform eines Gegenstückes hatte?

Beide Systeme versuchten, das andere abzuwehren und gleichzeitig seine Vorzüge zu vereinnahmen. Echte Konkurrenten müssen auch und gerade da, wo der andere seine Stärken hat, ein paar Punkte machen können. In präsozialistischer Zeit nie aus dem Manchester-Kapitalismus herausgekommen, wie zu zeigen sein wird, war das westliche Wirtschaftssystem später in manchem sozialer als sein Rivale. Und der Sozialismus hätte sich nicht zwei, drei Generationen halten können, wenn er nicht in einigen Bereichen auch einen Freiheitsvorsprung gehabt hätte. Was im 4. Kapitel mit konkreten Beispielen belegt werden wird.

Die Konkurrenz ließ beide Seiten über ihre Verhältnisse leben. Auch über ihre Verhältnisse rüsten. Derart überlastet, wurden die tragenden Teile der östlichen Konstruktion zuerst morsch und brüchig, schließlich stürzte sein Gebäude ein. Sofort glaubte sich der Westen entlastet. Doch bald kam die einst gemeinsame Statik ins Wanken. Konnten die Risse im Fundament anfangs noch als Folge von Freudentänzen gedeutet werden, so haben sich inzwischen Abgründe aufgetan. Kaum ist das Gespenst des Kommunismus aus dem Haus, tanzt die Bourgeoisie auf dem Tisch.

Der Musikeinsatz für diesen Tanz ist, soweit ich höre und sehe, noch nicht taktgenau beschrieben. Wann begann das übermütige Treiben, das gesellschaftliche Rücksichten nicht mehr für nötig hielt? Dass die sowohl anspornende als auch und vor allem zerstörerische Systemkonkurrenz auf die Dauer ein untaugliches Mittel der Disziplinierung war, versteht jeder – dass kein taugliches Mittel in Sicht ist, versteht niemand.

Die Funktion des sozialistischen Funktionärs sei es, hat der Dramatiker Heiner Müller mit Blick auf die Unversöhnlichen gern behauptet, zwischen der Antilope und dem Löwen zu stehen. Nun, wo der Funktionär verschwunden sei, geschehe, was zu erwarten war: Löwe frisst Antilope. Was komischerweise niemand erwartet hat: Sie ist unverdaulich. Bald nach ihr krepiert auch er.

Ändert man in dem erwähnten, zum Klischee gewordenen, Zeitgeistzitat nur zwei Begriffe, so wird es plötzlich überraschend sinnhaft: *Soziale Marktwirtschaft* und *Sozialismus* sind wie siamesische Zwillinge, in guten wie in schlechten Tagen bleiben sie einander eng verbunden. Der eine ist ohne den anderen nicht lebensfähig, gerät der eine ins Taumeln, stolpert der andere auch.

Was sich für Gesellschaftswissenschaftler und erst recht für Politiker verbietet, nämlich Feuer und Wasser in eins zu denken, vermochten die Dichter. Eva Strittmatter, sonst nicht unbedingt Kronzeugin politischer Essays, konnte ihr Gedicht «Mein Land» 1971 nicht veröffentlichen. Darin heißt es:

Das Land, in dem ich lebe,
Macht mir Schmerzen.
Dies Land, voll
Traumtänzer und toll.
Ein Organismus mit zwei Herzen.
Wie Siamesenzwillinge,
Jede Bewegung spürt das andere mit,
Kein Leiden, das nur eins
Und nicht das zweite litt.
Sie können sich nicht trennen
Und wolln doch für sich gehn …

Wäre also denkbar, dass die beiden so unterschiedlichen Geschöpfe während der ganzen Zeit ihrer Doppelexistenz zusammengehangen haben? Dass ihre Immunsysteme ganz auf das andere abgestimmt waren, und ihre Botenstoffe und die Wachstumszellen und die Aggressionsschübe und das Glückshormon auch? Zwiegeteilt und doppelverbunden einst nicht nur das Land, sondern womöglich der ganze Globus?

Zumindest könnte diese Zuordnung treffend beschreiben, was sich vor unser aller Augen abspielt. Am Ende war es die Ironie der Geschichte, dass jede Seite die andere überwinden wollte, ohne zu ahnen, dass sie allein gar nicht lebensfähig ist …

Diese Vermutung an sich, und erst recht in Zeiten der Krise, ist gewichtig genug, um ihr nachzugehen. Ihren Signalen nachzulauschen, erinnern sie nicht an einen Blues? Der wehmütige Ton vorgegeben, in der gleichen Melodie noch einmal variiert, dann mit herausfordernden Takten die unerwartete Antwort angeboten. Diese an der Alltagserfahrung geerdet, also voller Protest gegen den Leidensdruck in einem ungerechten Leben. Insofern auch polemisch. Verbesserungen wünschend und vorschlagend, also konstruktiv kritisierend. Was heißt, sich zuständig fühlen, auch wenn die Tonart zeitweise Moll ist.

Spiel mir das Lied vom Überleben. Wer zeitgeschichtliche Wurzeln, Hintergründe und Bezüge schätzt, sollte im 1. Kapitel fündig werden. Das pralle Gegenwartsleben beginnt mit der Bilanz der Einheit im 2. Kapitel. Auch hier eher rauer Blues als choraler Jubiläumsjubel. In den einzelnen Kapiteln wird nachvollzogen, was alles der Westen verlieren musste, um schließlich seinen klaren Sieg über den Osten zu verwirken. Ich meine den Osten als Gegenentwurf. Eine Rolle, die ihm bekanntlich nicht erst das vorige Jahrhundert zugeschrieben hat. Der Ost-West-Konflikt ist der beständigste der Geschichte, älter als die Kreuzzüge und älter als der Unfriede zwischen Islam und Christentum. Er geht zurück auf die Perserkriege im 5. Jahrhundert vor Christus, die in den «Historien», den neun Büchern des Herodot, beschrieben werden. Der Gründungsmythos der westlichen Zivilisation beschreibt den Sieg der Griechen als Triumph von erster Freiheit und Demokratie. Aufgeklärten Geistern galt seither die Verteidigung des Abendlandes für erstrebenswerter als Eroberungen im Namen eines religiösen oder politischen Fanatismus. Im Laufe der Geschichte ging diese Weisheit immer wieder verloren, zuletzt bei den westlichen Interventionen in östliche Länder. Das hat mich im 5. Kapitel zu einer Bilanz veranlasst: zehn Jahre nach dem Jugoslawienkrieg – was haben wir angerichtet?

Ost und West waren immer Himmelsrichtungen, unter denen Menschen große Erwartungen hatten. Im Wendejahr 1989 erwarteten in der DDR viele mehr als ein Anheben des eigenen Lebensstandards – eine Hoffnung, die sich für viele erfüllt hat, ohne dass proportional dazu die Zufriedenheit mit den Verhältnissen stieg. Wie ist zu erklären, dass sich heute dennoch mehr West- als Ostdeutsche als Verlierer der Einheit sehen? Im Bewusstsein des Triumphes über den Konkurrenten war zunächst unvorstellbar, dass der Wohlstand nicht mehr für alle reichen würde, dass das Land seine pazifistische Nachkriegshaltung aufgeben und in neue Kriege ziehen würde, dass die Demokratie in die Mangel des Marktes genommen werden würde. Alle die Wende interpretierenden Deutungen der Sieger entsprachen dem *pensée unique*, dem neoliberalen Einheitsdenken. In diesem Buch wird eine abweichende Lesart angeboten. Es wendet sich auch gegen den hochfahrenden Irrtum, wonach der Osten außer Ampel- und Sandmännchen nichts, aber auch gar nichts einzubringen hatte. Wodurch, wie ebenfalls zu zeigen sein wird, nicht wenig praktisch Bewährtes verloren ging und derart der Osten einzig als Last empfunden werden musste. Die er andererseits auch war, einschließlich seiner mehrheitlich devoten Art, sich anzupassen.

In dem Bemühen, nicht das Richtige, sondern das Ungewisse zu zeigen, lauern viele Fallstricke. Gemäß dem chinesischen Sprichwort: Es gibt drei Wahrheiten: meine Wahrheit, deine Wahrheit und die Wahrheit.

Dies ist das Buch des Zweifels.

1. Die Untergangsgesellschaft
Der Westen hat seinen Konkurrenten verloren

> *Jeder übermütige Sieger*
> *arbeitet an seinem Untergang.*
> La Fontaine

Die Antwort war der Sozialismus. Aber auf welche Frage? Hätte die Vorgängerordnung tatsächlich funktioniert – sie hätte bis heute unangefochten herrschen können. Sie erwies sich aber als in größtem Ausmaß soziale Un-Ordnung. In der alles Trachten von Anbeginn auf Geld- und Machtgewinn gerichtet war. Dieser Kapitalismus wurde Realität, noch bevor es eine darüber hinausgehende Idee von ihm gab. Der Sozialismus dagegen existierte erst als Idee. Genauer, als Gegenidee. Er war von Anfang an als Korrektiv gedacht. Als ein emanzipatorischer Gegenentwurf zu Ausbeutung und Unterdrückung – zu einer Oligarchie von reichen Kaufleuten, Bankiers und Privateigentümern an Produktionsmitteln, die Politik aufkauft und ein Recht installiert, das auf Herrschaft beruht. Ein anderes Korrektiv als sozialistische Ideen und Praktiken hat es nie gegeben.

Die unvollendeten Revolutionen, die beginnende Arbeiterbewegung, sozialdemokratische und kommunistische Parteien in Parlamenten haben den Mächtigen erste Zugeständnisse abringen können; aus eigener Kraft konnte sich dieses Wirtschaftssystem aus dem Manchester-Kapitalismus nicht befreien. In Weltwirtschaftskrise und zwei Weltkriegen haben Millionen Menschen wenn nicht ihr Leben, so doch alles Hab und Gut verloren. Der Kapitalismus mit menschlichem Antlitz begann seinen Siegeszug erst in den 50er Jahren. Parallel zum Siegeszug des sich ausbreitenden sozialistischen Weltsystems.

Beide stießen sich komplementär voneinander ab und waren zugleich ineinander verschlungen, man ist versucht zu sagen, wie Yin und Yang. Der *eine Ursprung* war der Mensch in der hierarchischen Gesellschaft, die *Vielfalt der Erscheinung* zeigte sich in den antagonistischen Ordnungen. Seit der Oktoberrevolution konnte keiner mehr isoliert agieren, alles Handeln hatte seinen Bezug im anderen. Als dynamische Gegensätze haben sie einander geschwächt und bestärkt. Da sie nur in Relation zueinander komplett waren, verbargen sie ihre Unvollkommenheit unter dem Mantel der Konkurrenz. Im Laufe der Zeit, die Paradoxien der Gewöhnung opfert, konnte man sich der Illusion hingeben, es mit autonomen Systemen zu tun zu haben.

Yin und Yang – ohne Osten kein Westen

Je mehr jedoch die Gegenidee zur materiellen Gewalt wurde, desto mehr ähnelte diese Gewalt jener, die sie bekämpfen wollte. Nicht im Grundsatz, nicht im Weg, nicht im Detail, aber im Ergebnis: kein herrschaftsfreier Raum, also auch kein Raum für Eigensinn und Kreativität, stattdessen eine Kluft zwischen Oben und Unten. Die einstigen Ideale auf die gleichen kleinbürgerlichen Begehrlichkeiten geschrumpft, nur dass die Bedürfnisse nach Luxus und Konsum, nach Freizügigkeit und Selbstbestimmung schlechter bedient wurden. Und dies, während gleichzeitig das einstige Feindbild an Schrecken verlor, der Kapitalismus seine Lernfähigkeit trainierte, ungeahnte Freiräume eröffnete, Produktivkräfte explodieren ließ und einen deutlich besseren Lebensstandard zu bieten hatte als die Gegenseite. So verlor die als Alternative gedachte Gegengesellschaft schließlich ihren Utopievorschuss durch Mangel an Zustimmung.

Doch kaum hat diese Mangelerscheinung die eine Seite zu Fall gebracht, befällt sie auch die andere. Das Einvernehmen mit der jetzigen Ordnung schmilzt dahin wie aus dem Kühlschrank genommenes Gänsefett. Besorgte der Sozialismus die Kühlung? Hat er die Sache sowohl durch kalte Abschreckung als auch durch würzige Details letztlich zusammengehalten und schmackhaft gemacht? In den Zeiten der Systemkonkurrenz hat der offene Ausgang zwischen theoretischer Anziehung und praktischer Bedrohung, zwischen Emanzipation und Unterdrückung die destruktiven Kräfte des Kapitalismus aus Gründen der Selbsterhaltung zumindest so weit eingefroren, dass er sich durch ungebremste Entwicklung zum Turbokapitalismus nicht gefährdete. Er war in diesem Sinne keine autarke Ordnung mehr, sondern in Form der sozialen Marktwirtschaft auch nur eine Gegengesellschaft.

Der Gedanke wird gelegentlich ausgesprochen, aber gleichzeitig wird vermieden, ihn zur Erklärung der heutigen Systemkrise heranzuziehen. Dabei ist es doch auffällig: Erst mit dem sogenannten sozialistischen Weltsystem entstand die soziale Marktwirtschaft, und auf den Exitus des Realsozialismus folgte ihre Erosion. Hingen beide an einer Nabelschnur? Das Gegenteil zu beweisen ist der Kapitalismus gerade in nicht so guter Position. Es geht hier nicht um monokausale Geschichtsdeutung, sondern um die Konzentration auf eine Ursache, die gemeinhin ausgespart wird.

Wie soll sich auch der Umstand, von einem Konkurrenten befreit zu sein, mit einer Ordnung vertragen, die Rivalität zu ihrem Daseinsprinzip erklärt hat? Kapitalistische Konkurrenz funktioniert dadurch, dass es Gewinner gibt, die belohnt, und Verlierer, die bestraft werden. Entlassene, Insolvente, Übernommene auf der einen, Beförderte, Großunternehmer, Börsenkönige auf der anderen Seite. Diese sowohl destruktiven als auch konstruktiven Komponenten müssen sich ständig wiederholen, um die Entwicklung voranzutreiben. Das Ziel kapitalistischer Konkurrenz ist klar begrenzt und daher messbar: Effizienz, Qualität, Umsatz, Gewinn. Erst wirtschaftlicher Erfolg macht das Individuum autonom, nur Eigentum gewährleistet persönliche Freiheit und geistige Unabhängigkeit.

Auf permanentem Wachstum und rivalitätsbedingter Kreativität beruhender Wohlstand erfasste zunehmend auch die unteren Schichten, die das mit Autonomie verwechseln konnten.

Wettbewerb contra Konkurrenz

Das Ziel sozialistischen Wettbewerbs war weit gefasst und schwer messbar. Das Gewinnstreben zu überwinden war als Akt der Befreiung gedacht. Die aus der Teilung in Besitzende und Besitzlose resultierenden Zwänge sollten vergehen. Als Gleiche unter Gleichen würden alle für einen und einer für alle arbeiten. Der Darwinismus der Marktwirtschaft wurde abgelehnt. Die Volkswirtschaft hatte immer auch moralische Kennziffern. Frei von ökonomischer Repression sollten sich die Menschen von Existenznöten emanzipieren können. Sie sollten lediglich in einen freiwilligen, freundschaftlichen Wettbewerb miteinander treten. Die Zeitungen waren voll mit Berichten über Kämpfe um den Titel «Kollektiv der sozialistischen Arbeit». Diese Art von Konkurrenz kam nie wirklich in Fahrt, ihre Praxis langweilte oder nervte eher, da sie weitgehend formal war und folgenlos blieb. Nicht, dass die Menschen sich nach Konkursen und Entlassungen sehnten, deren Verbannung aus der Wirtschaft ist wie selbstverständlich akzeptiert worden. Es schien nie mehr auf dem Spiel zu stehen als eine Prämie, die nicht einmal besonders hoch war. Dennoch wurde darum in der Gewerkschaft oft erbittert gerungen, war sie doch auch ein Werturteil über die eigene Leistung.

Und die bemaß sich nicht nur nach der Qualität der Arbeit oder der Planerfüllung. Auch gesellschaftliches Engagement wie Patenschaften oder ehrenamtliche Funktionen schlugen zu Buche, ebenso wie der regelmäßige Besuch von meist öden Partei- oder Gewerkschaftsschuljahren. Aber auch kollektive Theaterabonnements, Ausstellungsbesuche, Kegelabende, Betriebssportgemeinschaften, selbst feuchtfröhliche Brigadeausflüge und -feiern brachten Punkte.

Das frühe Ideal der allseitig gebildeten Persönlichkeit erlaubte es sogar, unter der Rubrik GeikuLe (Geistig kulturelles Leben) während der Arbeitszeit vom Betriebsbibliothekar organisierte Lesungen von mehr oder weniger namhaften Schriftstellern zu besuchen. Die der Kunst und Literatur zugeschriebene aufklärerische Kraft ging weit, zu weit. Ich habe solche Buchvorstellungen als junge Autorin mit einer Mischung aus Rührung und Befremden selbst vollführt und habe sie andernorts beschrieben.[1]

Der Unterschied zwischen Konkurrenz und Wettbewerb ist der Unterschied zwischen den Disziplinierungsmodellen des ökonomischen und des ideologischen Drucks. Ohne ein solches Modell kommt offenbar keine Gesellschaft aus, aber mit ihm auf Dauer auch nicht. Die politischen Repressionen hatten verheerende ökonomische Folgen, während die ökonomischen Repressionen (Zinsdruck, Insolvenz, Entlassung) derzeit verheerende politische Konsequenzen haben.

Der Kapitalismus braucht den Ruin wie die Luft zum Atmen. Doch derzeit ist des Ruins zu viel, es besteht die Gefahr, an ihm zu ersticken. Die Staatsdiener helfen den Unternehmen bei der Insolvenzverschleppung – im Sozialismus üblich, im Kapitalismus eigentlich eine Straftat, auf die bis zu drei Jahren Haft steht. Aber ein Widersacher, auf den man jahrein, jahraus kämpfend fixiert war, hat einen geprägt. Bestimmte Muskelpartien sind übertrainiert, andere verkümmert. Beide Seiten können die ihnen innewohnenden destruktiven Kräfte mit eigenen Mitteln nicht bändigen. Diese Fähigkeit ist, falls sie überhaupt je bestand, unmerklich degeneriert, da die Aufgabe über mehrere Generationen heißen und kalten Krieges nachhaltiger als geahnt vom politischen Feind erledigt wurde. Die demokratische Kompetenz des Sozialismus war ein Krüppel. Die soziale Kompetenz des Kapitalismus ist ein Invalide.

Die West-Bewohner blieben lange im Unklaren darüber, dass niemand diesen Pseudosozialismus so brauchte wie sie. Wenn auch in verschiedenen Farbtönen – das Manchestergrau konnte in Amerika besser überleben als im leuchtenden Westeuropa, wo das

Licht des roten Sowjetsterns den Kapitalismus sozialdemokratisch verstrahlte. War der europäische Kapitalismus mit menschlichem Antlitz nur durch eine starke Sozialdemokratie möglich und diese von der Wirtschaft nur geduldet wegen der sozialistischen Konkurrenz? Ist das Traumland vieler Ostdeutscher und Osteuropäer, das Land, in dem Milch und Honig fließen, mit dem eigenen Land versunken?

Der Osten hat dem Westen Legitimation abgefordert

«Zu unserer Überraschung haben wir festgestellt», so PEN-Präsident Johano Strasser, «dass der Gegensatz zwischen Ost und West nicht nur ein zerstörerischer Antagonismus war, sondern auch eine Art Ordnungsstruktur.»[2] Dieser ordnende Effekt wäre wohl nicht möglich gewesen, wenn der Osten mit Charakterisierungen wie «totalitäre Diktatur» und «Unrechtsstaat» hinlänglich beschrieben wäre. Das ist es ja, was die Behörden mit den schnellen Stempeln so überfordert – dass da eine Gesellschaft war, die zugleich Merkmale aufwies, welche im Detail sozialistischen Zielen entsprachen und sie aufs Ganze ungeheuerlich verrieten. Weil jener Pseudosozialismus, wie Rudolf Bahro ihn nannte, keine Form fand, die Macht mit denen zu teilen, für die sie angeblich erobert worden war. Nachdem er seine Lernunfähigkeit durch finalen Abgang bewiesen hat, erfasst die Systemdebatte nun auch den Kapitalismus.

Aufgebracht führt sie der einstige CDU-Arbeitsminister Norbert Blüm: «Im Ost-West-Konflikt war der Sozialstaat Teil unserer Legitimationsgrundlage. Wir mussten beweisen, dass wir sozialer sind als der Sozialismus. Der Sozialismus ist tot, und jetzt glauben manche Arbeitgeber, sie könnten Hausputz halten.»[3] Mal abgesehen davon, dass die nette Metapher vom Hausputz angesichts der Drahtbesen-Auskehre ein wenig harmlos daherkommt, und abgesehen von dem Irrtum, es sei im Kapitalismus möglich, dass *manche* Arbeitgeber zu schwarzen Ausbeuterschafen werden, während die große weiße Herde sich gelassen die mögliche Gewinnsteigerung entgehen lässt, enthält der Satz doch einen sehr rationalen Kern: Der Osten hat dem Westen eine Legitimationsgrundlage abgefordert. Wer hat heute die Macht, dies zu tun? Vermutlich hat der Kapitalismus nach dem Ende des Sozialismus nicht plötzlich seine Reformfähigkeit verloren, wie manche glauben – warum sollte er? –, vielmehr ist die Notwendigkeit dazu entfallen.

Von Beginn an dreht die Welt sich nicht nur physikalisch um zwei Pole. Die auch geographisch unbestreitbare These «Ohne Osten kein Westen», es sei um Himmels willen umgehend versichert, behauptet nicht, der Globus müsse zum Zustand der Systemkonfrontation und des Kalten Krieges zurückkehren. Sie behauptet schon gar nicht, der Westen brauche zum Überleben den nicht lebensfähigen Osten, weshalb Nostalgiker wie die Autorin einen Vorwand basteln, ihn zurückzuphantasieren. Die These erlaubt lediglich den Zweifel, ob die soziale Marktwirtschaft ohne die der sozialistischen Planwirtschaft immanent gewesene Drohgebärde der Verstaatlichung lebensfähig ist. Selbst die noch so unvollkommen in die Praxis umgesetzte Utopie einer vergesellschafteten Macht war eine enorme Einschüchterung. Jetzt hat die Drohgebärde die Seiten gewechselt: Die Unternehmen drohen, ins Ausland zu gehen, wenn ihnen nicht alle Wünsche erfüllt werden. Davor gehen Regierungen und Gewerkschaften in die Knie, die antikapitalistische Bewegung ist schwach wie lange nicht mehr. Im gleichen Tempo, in dem sich der Realsozialismus verabschiedete, hob der Kapitalismus ins Unreale ab.

Das beinahe perfekte Indiz für diesen Befund ist die 1990, mitten im gespenstischen Zerfallsprozess des sowjetischen Machtbereichs, von IWF und Weltbank nahestehenden amerikanischen Ökonomen in Washington einberufene Konferenz, die zur informellen Geburtsstunde des Marktfundamentalismus werden sollte. Plötzlich waren die letzten Hemmungen im Machtpoker überwunden, und als *Konsens von Washington* konnte in die Geschichte eingehen, was bis dahin nur zögerlich getestete Prinzipien der Globalisierung waren. Die Regierungen hatten den Weg frei zu machen für «Strukturanpassungen» in den ärmeren Ländern: die Öffnung ihrer Märkte für ausländisches Kapital, die Privatisierung öffentlicher Unternehmen, Deregulierung bei Schutz von Privateigentum, schwankende Wechselkurse bei vom Markt erhöhten Zinsen – das ganze Sündenregister der Schocktherapie.

Transnationale Unternehmen, Banken und Investmentfirmen begannen, den Staaten das Regieren – und zwar nicht nur in der Dritten Welt – freundlichst aus der Hand zu nehmen und die Spielregeln den eigenen Interessen unterzuordnen. Das Konzept war schlicht: Wachstum um jeden Preis, irgendwann wird der Reichtum nach unten durchsickern. Diese Trickle-down-Theorie war bei der neuen, faktischen Weltregierung so beliebt wie unbewiesen. Das Schöne an ihr war: Der Reichtum für die Oberen würde mit Sicherheit kommen, dem Tröpfel-Risiko waren allein die Unteren ausgesetzt. Was dann unten ankam, war vor allem Arbeitslosigkeit und Armut.

Den westdeutschen Sozialismus überwinden

Da sie ihre Verfassungsrechte zu Enteignungen ungenutzt ließ, hatte die deutsche Demokratie diesem Prozess nichts entgegenzusetzen. Die nach dem Mauerfall verbreitete Illusion, im Osten müsse sich nun alles, alles wenden, während im Westen alles beim Alten bleiben könne, entpuppte sich als Kinderglaube. Was fehlte, war die erst angesichts der Krise langsam reifende Ahnung, die sozialistischen Potenziale in abgewandelter Form integrieren zu müssen. Ohne Osten kein alter Westen – es entstand ein neuer. Und wenn dieser das Stadium des Raubtierkapitalismus nicht überwindet, in dem sprungbereit die Private-Equity-Hyänen lauern, wird die neue Welt bald nicht wiederzuerkennen sein.

Zwischen dem Zarenreich und dem gegenwärtigen Rückfall in den Urkapitalismus hatte es die Sowjetunion und ihre sozialistischen Zweigstellen gegeben. Die Zweite Welt. In den 70 Jahren ihrer Existenz ist es der im Schatten dieser Zweiten Welt agierenden Arbeiterbewegung gelungen, der Ersten Welt fast alle Forderungen des Kommunistischen Manifestes aufzuzwängen, mit Ausnahme der Abschaffung des Privateigentums an den Produktionsmitteln und des Erbrechts. Heute könnte man den Eindruck gewinnen, wir hätten die Chance, noch einmal an die einstigen Ausgangspositionen zurückzukehren und mit dem auf beiden Seiten hinter uns liegenden Wissen einen gemeinsamen Neustart zu versuchen – was könnte es Besseres geben?

Aber gibt es diese Gemeinsamkeit? Eine klare Handlungsanweisung kam mit gewisser Logik von der FAZ: «Manchem wird erst jetzt bewusst, wie sehr die Konkurrenz des Kommunismus, solange sie bestand, auch den Kapitalismus gebändigt hat. Aus sich heraus sind Demokratie und Marktwirtschaft ebenso wenig gegen Selbstzerstörung gefeit wie totalitäre Systeme ... Bevor *andere* die Systemfrage stellen, sollten es die *Eliten* tun.»[4]

Was sie längst besorgen. Auf ihre Art, nämlich weniger Fragen stellend als Antworten gebend. Und zwar schon seit der Wende. Selten ist den *anderen*, also unsereins, ein so unverstellter Einblick in die Pläne eines Vertreters der *Elite* vergönnt gewesen wie bei einer Reformdebatte am 7.2.2005 in Magdeburg, über die das Online-Angebot der Tagesschau informierte. Dort verkündete das Gründungsmitglied der Initiative Neue Soziale Marktwirtschaft, der Chefökonom der Deutschen Bank, Norbert Walter: «Wir müssen, nachdem der Sozialismus der DDR überwunden wurde, den westdeutschen Sozialismus überwinden, damit wir die Zukunft gewinnen können.» Unmittelbar nach der Debatte wurde bekannt, dass die Deutsche Bank bei 50 Prozent Gewinnsteigerung weltweit 6400 Mitarbeiter entlassen wird. Das also ist das Neue an der Marktwirtschaft, die sozial nur noch für die Eliten sein soll. Genau in diesem Zukunftsideal der Banken sind wir *anderen* nun recht unideal gefangen.

Hatte das revolutionäre Vokabular die Seiten gewechselt? Zu

Revolten und *Aufständen*, zu *Boykott* und *aktivem Widerstand* riefen wohlsituierte Neoliberale auf die *Barrikaden*. Sie bildeten einen Konvent für Deutschland, der gewöhnlich im Hotel Adlon tagte. Unter ihnen prominente Altpolitiker, aber auch praktizierende Unternehmer wie Bahn-Mehdorn, Porsche-Wiedeking und Bank-Ackermann. Verwöhnt von willigen Journalisten, die ihnen jedes Wort von den Lippen ablasen, legten sie den anderen einen *gewissen Konsumverzicht* nahe und ein *Zurückstecken von Ansprüchen*. Folgerichtig wurde der Staat ermahnt, sein Geld nicht für Sozialleistungen zu *vergeuden*. Stattdessen wurde eine *intensivere Vermögensbildung* anempfohlen, da Arbeitsplätze angeblich nur vom Kapital geschaffen werden. Dass Gewinnsteigerungen eher zu deren Vernichtung führen, blieb unerwähnt. Im Konvent-Sinne haben Finanzinvestoren die Unbeweglichkeit politischer Entscheidungen *flexibilisiert* und nannten das *Systemüberwindung*.

Gemeint war wohl die Überwindung des Sozialstaates.

Manchester-Kapitalismus ist sozialer Mord

Adam Smith, der Begründer der klassischen Volkswirtschaftslehre und Ikone der Liberalen, prägte 1776 in seinem Werk «Der Wohlstand der Nationen» das berühmte Bild der in letzter Zeit wieder vielbeschworenen «unsichtbaren Hand». Diese würde den Markt wundersamerweise im Interesse aller regulieren, wenn der Staat möglichst wenig eingreife. Doch sie blieb nicht nur unsichtbar, sondern auch weitgehend unspürbar. Friedrich Engels schilderte in seinem 70 Jahre später erschienenen Buch «Lage der arbeitenden Klasse in England» das ganze Elend:

«Da in diesem sozialen Kriege das Kapital, der direkte oder indirekte Besitz der Lebensmittel und Produktionsmittel, die Waffe ist, mit der gekämpft wird, so ist einleuchtend, dass alle Nachteile eines solchen Zustandes auf den Armen fallen. Kein Mensch kümmert sich um ihn; hineingestoßen in den wirren Strudel, muss er sich durchschlagen, so gut er kann. Wenn er so glücklich ist, Arbeit zu bekommen, d.h. wenn die Bourgeoisie ihm die Gnade antut, sich durch ihn zu bereichern, so wartet seiner ein Lohn, der kaum hinreicht, Leib und Seele zusammenzuhalten; bekommt er keine Arbeit, so kann er stehlen, falls er die Polizei nicht fürchtet, oder verhungern, und die Polizei wird auch hierbei Sorge tragen, dass er auf eine stille, die Bourgeoisie nicht verletzende Weise verhungert ... Die englischen Arbeiter nennen das sozialen Mord und klagen die ganze Gesellschaft an, dass sie fortwährend dies Verbrechen begehe.»[5]

Engels beschreibt die Zustände im größten Arbeiterbezirk Londons, dem östlich vom Tower gelegenen Bethnal Green. Er zitiert den dortigen Prediger G. Alston, in dessen Pfarre 12 000 Menschen zusammengepfercht sind: «Der Raum, auf dem diese große Bevölkerung wohnt, ist weniger als 1200 Fuß im Quadrat, und bei solch einer Zusammendrängung ist es nichts Ungewöhnliches, dass ein Mann, seine Frau, vier bis fünf Kinder und zuweilen noch Großvater und Großmutter in einem einzigen Zimmer von zehn bis zwölf Fuß im Quadrat gefunden werden, worin sie arbeiten, essen und schlafen. Ich glaube, dass ehe der Bischof von London die öffentliche Aufmerksamkeit auf diese so höchst arme Pfarre lenkte, man da am Westende der Stadt ebenso wenig von ihr wusste wie von den Wilden Australiens oder der Südsee-Inseln.»[6]

Drastisch schildert er, wie die meisten nur zerlumptes Arbeitszeug besitzen, das sie auch nachts nicht ausziehen, da sie nichts als einen Sack mit Stroh und Hobelspänen besitzen. Am 16. November 1843 berichtete ein Journal über die Totenschau der 45-jährigen Ann Galway: «Sie hatte in Bermondsey Street, London, mit ihrem Mann und ihrem 19-jährigen Sohne in einem kleinen Zimmer gewohnt, worin sich weder Bettstelle oder Bettzeug noch sonstige Möbel befanden. Sie lag tot neben ihrem Sohn auf einem Haufen Federn, die über ihren fast nackten Körper gestreut waren, denn es war weder Decke noch Betttuch vorhanden. Die Federn klebten so fest an ihr über den ganzen Körper, dass der Arzt die Leiche nicht untersuchen konnte, bevor sie gereinigt war, und dann fand er sie ganz abgemagert und über und über von Ungeziefer zerbissen. Ein Teil des Fußbodens im Zimmer war aufgerissen, und das Loch wurde von der Familie als Abtritt benutzt.»[7]

Beweisen diese Zeugnisse nicht, wie sehr wir dem Kapitalismus für unseren ungeheuerlichen Wohlstand zu ewigem Dank verpflichtet sind? Ja und nein. Wem gebührt der Dank wirklich? Die Industrialisierung trieb zwar den Fortschritt vor sich her, aber wann begann der Wohlstand tatsächlich auch «unten zu greifen», wie man heute sagt? In dem wiederum fast 50 Jahre später geschriebenen Vorwort zur Neuauflage beklagt Engels, dass es trotz des gewaltigen Aufschwungs der englischen Produktion in den Jahren von 1850 bis 1870 im besten Fall nur vorübergehende soziale Verbesserungen gegeben habe. «Was die große Masse der Arbeiter betrifft, so steht das Niveau des Elends und der Existenzunsicherheit für sie heute ebenso niedrig, wenn nicht niedriger als je.»

Dabei profitierten die Kaufleute und Fabrikanten damals schon von der beginnenden Globalisierung. Engels beschreibt ebenda, wie die englischen Waren in der Mitte des 19. Jahrhunderts in alle Winkel der Welt drängen: «Und jetzt werden neue Märkte täglich seltener, so sehr, dass selbst den Negern am Kongo die Zivilisation aufgezwungen werden soll, die aus den Kattunen von Manchester, den Töpferwaren von Staffordshire und den Metallartikeln von Birmingham fließt. Was wird die Folge sein, wenn kontinentale und besonders amerikanische Waren in stets wachsender Masse hervorströmen, wenn der jetzt noch den englischen Fabriken zufallende Löwenanteil an der Versorgung der Welt von Jahr zu Jahr zusammenschrumpft? Antworte, Freihandel, du Universalmittel!»

Wer immer bis dato antwortete, ein Universalmittel für mehr Gleichheit und Gerechtigkeit musste erst gefunden werden. 120 Jahre waren vergangen, seit Adam Smith vergeblich die wohltuende Wirkung der unsichtbaren Hand auf dem Markt vorausgesagt hatte. Der riesige Zivilisationssprung durch die Industrialisierung und den Welthandel erwies sich gerade nicht im Selbstlauf als ein auch sozialer Zivilisationssprung, sondern wurde im Gegenteil durch sozialen Mord ermöglicht. Von selbst steigt der Wohlstand keineswegs einfach proportional zur Konjunktur. Der Markt bewährte sich als leistungsfähigste Kurbel der Wirtschaft, aber er blieb ungerecht und erlaubte sich ein massenhaftes Lumpenproletariat.

Dass sich der Lebensstandard sehr allmählich besserte, hatte einen einzigen Grund – die sich formierende Arbeiterbewegung. Hätten die Arbeiter und ihre Wortführer sich nicht in der gescheiterten Revolution von 1848 zumindest bemerkbar gemacht, hätten sie in den 1860er Jahren nicht begonnen, Gewerkschaften zu gründen, 1863 dann den Allgemeinen Deutschen Arbeiterverein unter Ferdinand Lassalle und 1869 die auf Marx, Engels, später Liebknecht und Bebel gestützte Sozialdemokratische Arbeiterpartei, sie hätten die Bourgeoisie und deren Regierung weiterhin so viel interessiert wie die Wilden in Australien oder auf den Südsee-Inseln.

Es wurde immer nur so viel soziales Potenzial auf dem minimalsten Niveau gehalten, wie zur Herrschaftssicherung benötigt wurde. So war das Ende der Kinderarbeit dem Umstand geschuldet, dass der Staat kräftige Soldaten brauchte. Das heißt, es gibt auch das Leben der einfachen Leute verbessernde Mechanismen, die nicht dem Klassenkampf zu danken sind, sondern im Interesse der Kapitaleigner liegen. Wenn es um deren eigene Existenz geht, ist ihre Lernfähigkeit enorm. Aber die freiwilligen Zugeständnisse gingen gewöhnlich nicht weiter als nötig, um die herrschende Klasse als solche zu erhalten.

Eine ernstzunehmende, ja umstürzlerische Gegenmacht entstand erst, als sich die beiden Arbeiterparteien unter den bekannten Querelen 1875 zur Sozialistischen Arbeiterpartei Deutschlands vereinten. Streiks wurden zusammengeschossen und Hochverratsprozesse geführt, erst recht, nachdem Reichskanzler Otto von Bismarck drei Jahre später sein *Gesetz gegen die gemeingefährlichen Bestrebungen der Sozialdemokratie* erlassen hatte. Doch den Mächtigen blieb auf die Dauer nichts anderes übrig, als sich zu beschränken und von ihren Gewinnen abzugeben. Denn, so Bismarck im Zusammenhang mit dem Sozialistengesetz: «Wenn der Arbeiter keinen Grund mehr zur Klage hätte, wären der Sozialdemokratie die Wurzeln abgegraben.»[8]

Als die Kaiserliche Botschaft an den Reichstag vom 17. November 1881 verkündete, «dass die Heilung der sozialen Schäden *nicht ausschließlich* im Wege der Repression sozialdemokratischer Ausschreitungen, sondern gleichmäßig auf dem der positiven Förderung des Wohles der Arbeiter zu suchen sein werde»,[9] klang das beinahe wie eine Zurechtweisung des Reichskanzlers. Sein bis 1890 geltendes Sozialistengesetz hat die Sozialisten letztlich gestärkt. Doch bis zu wirklicher Wohlstandssteigerung sollte es noch ein langer Weg sein. Der Hinweis, wie schwer das Leben einfacher Leute früher war, langweilt deren Urenkel nur noch.

Wahrlich, ich sage euch, das ist die Geschichte von Willi Kossak:
Er war ein Nuller. Also 1900 geboren, in der preußischen Provinz Posen. Sein Vater, ein armer Schreiner, vermietete ihn mit neun Jahren an Bauern, so weit weg, dass er die Eltern jahrelang nicht wiedersah. «Außer Dresche habe ich da nischt gekriegt. Und die Knechte und Mägde haben auch nur zweimal im Jahr ein bisschen Bargeld bekommen. Sonst nur schlechte Unterkunft und Verpflegung. Manchmal hab ich auf dem Feld gelegen und geschrien vor Schmerz. Denn durch das viele Barfußgehen hatte ich chronisch entzündete Gelenke.» Als 1914 alle Männer eingezogen wurden, musste er gleich zwei Wirtschaften über Wasser halten. Volljährig geworden, floh er in die Stadt. Der Bruder vom Schwager kannte einen «auf'm Bau», wo er tatsächlich Arbeit bekam, aber in dem brodelnden Berlin keine Wohnung. Also ging er zunächst ins Obdachlosenasyl, dann als Schlafbursche, was hieß, am Morgen seinen Strohsack nehmen und verschwinden. Schließlich wurde er im Arbeiterviertel Einlogierer und Kostgänger, ein früher Vorläufer von Bed and Breakfast. Margarine und Vierfruchtmarmelade. Die erste eigene Wohnung war ein Entresol, also ein fußkalter, niedriger Wohnraum über der Hofeinfahrt, in dem man nicht mal aufrecht

stehen konnte. Jung verheiratet, fand er endlich eine kleine Wohnung mit Außentoilette. Aber obwohl beide täglich mehr als zehn Stunden schinderten, war ihnen klar, dass sie die 30 Mark Miete nicht aufbringen konnten. «Also haben wir das Schlafzimmer an einen alten Mann vermietet, Stube und Küche reichten uns ja vollkommen.» Und da stand die Arbeitslosigkeit in der Weltwirtschaftskrise noch bevor …

Diese Zustände hoch zehn, und man hat die Lebensbedingungen der Muschiks im Zarenreich. Ein Jahr nach der Oktoberrevolution hatte der Brite John Maynard Keynes die berühmte russische Ballerina Lydia Lopokova geheiratet. Man soll auch die persönlichen Geflechte nicht unterschätzen – zumindest lässt sich nicht beweisen, dass diese Verbindung nichts mit dem für kapitalistische Verhältnisse ungewöhnlich sozialen Denken und Empfinden dieses seit Ende der 20er Jahre einflussreichen und seit der Krise wieder vielbeschworenen Ökonomen zu tun hatte. Erstmalig wurde eine Laisser-faire-Wirtschaft abgelehnt und stattdessen staatliche Eingriffe empfohlen, um gerade auch die Arbeitslosigkeit zu bekämpfen.

Die unsichtbare Hand des Plans im Kapitalismus

1928 hatte die Sowjetunion den ersten Fünfjahresplan verabschiedet, eine wirtschaftspolitische Neuheit, die in vielen westlichen Fachzeitschriften erörtert wurde. Wer könnte bestreiten, dass sie Einfluss auf den Westen hatte? Fünf Jahre später begannen jedenfalls mit Roosevelts *New Deal* in den USA zum ersten Mal massive staatliche Eingriffe in die Marktwirtschaft, der man nicht mehr zutraute, von selbst die Armut überwinden zu können. Denn auch in den USA, wo sich die republikanischen Oligarchien schon in der Mitte des 19. Jahrhunderts zu demokratischen Spielregeln genötigt sahen, war deren Kombination mit dem aufkommenden Kapitalismus noch lange kein alle beglückendes Erfolgsmodell. Nicht nur in

Europa gab es in diesen hundert Jahren freiheitliche, liberale Staatsformen, in denen aber der Kapitalismus keine Steigerung des Wohlstandes brachte. Fortschrittliche Maßnahmen des *New Deal*, wie Börsenkontrolle, Arbeitszeitverkürzung, Verbot von Kinderarbeit und Mindestlöhne für Industriearbeiter, linderten die Härte des Daseins, doch ein Ende der Großen Depression wurde erst durch das Ankurbeln der kriegswichtigen Industrien 1941 eingeläutet.

Die im Windschatten der Oktoberrevolution operierende Arbeiterbewegung hat den Herrschern einen langen Lernprozess aufgenötigt. Diese Lektion wurde durch zwei Weltkriege verzögert. In Deutschland ist das reale Einkommen der Bürger zwischen 1914 und 1951 nicht gestiegen. Der Durchbruch kam leider wieder mit einem Krieg, dem Koreakrieg, der die Nachfrage weltweit ansteigen ließ. Innerhalb von drei Monaten wuchs die westdeutsche Industrieproduktion um 20 Prozent.[10] Erst als Kriegsgewinnler konnte Westdeutschland sein Wirtschaftswunder beginnen ... begünstigt durch die anziehende Nachkriegskonjunktur, den Marshall-Plan *und* den Konkurrenzdruck des sich ausbreitenden sozialistischen Weltsystems.

Erst jetzt erreichte die westliche Gewerkschaftsbewegung, was Marx nicht für möglich gehalten hatte – eine gewisse Emanzipation der Arbeiterklasse des Kapitalismus durch eine weitgehende materielle Unabhängigkeit. Die CDU verkündete die «Absage an den Klassenkampf», da sie selbst «endlich das Ressentiment zwischen arm und reich» überwinden wollte.[11]

Plötzlich schien die lange angekündigte unsichtbare Hand zu wirken. Da sie aber unsichtbar blieb, ist bis heute schwer zu beweisen, wer da eigentlich seine Finger im Spiel hatte. Immerhin werden der Hand beinahe göttliche Kräfte zugestanden. Auch Kapitalismus ist nicht nur rational, er gründet, wie Walter Benjamin kritisierte, auf etwas Religiösem. Wenn der Marxismus das Evangelium der Proletarier war, so ist der Marktliberalismus der Katechismus des Kapitals. Was also, wenn die heilende Hand gar nicht die des Marktes, sondern die des Plans war?

Man muss sich den Schöpfer als glücklichen Planwirtschaftler vorstellen. Mit einem Sieben-Tage-Plan. Nicht auszudenken, wenn die Erschaffung der Welt dem Markt überlassen worden wäre. Dann hätte am ersten Tag das Geld geschaffen werden müssen, am zweiten das Privateigentum, am dritten die Bank, am vierten die Börse, am fünften das Insolvenzverfahren, am sechsten Karl Marx und am siebenten der Hedgefonds. Wehe, wehe – so aber ging alles seinen göttlichen Gang, von der Schöpfung bis zur Vorsehung – eine durchgeplante Lehre. Da der Sündenfall, wenn nicht provoziert und beabsichtigt, so doch vorhersehbar war, stand neben dem Paradies gleich eine unwirtliche Welt zur Verfügung. Verbesserbar, durch den Pflug der Zivilisation. Ging etwas schief, wie in Sodom und Gomorrha, so hat nicht der Markt geheilt, sondern ein Bauplan, in diesem Falle der für die Arche Noah. «Einen neuen Himmel und eine neue Erde will ich schaffen, dass man der vorigen nicht mehr gedenke», verkündete der verärgerte Planer bei anderer Gelegenheit (Jes. 65,17).

Der Osten hat versucht, den religiösen Zentralismus im atheistischen Dirigismus aufzuheben, während sich der Westen des Zentralismus der Religion gern weiter bedient. Der Plan hat immer auch nach dem Kapitalismus gegriffen, mal mehr, mal weniger auffällig, aber er war nicht außer Kraft gesetzt. Ja, es gibt sogar ein *Plangesetz*, das zeitweise in den wirtschaftlichen Prozess eingreift. Die Subventionen im Kohlebergbau, in der Landwirtschaft und der Stahl- und Energiewirtschaft haben genauso wenig mit dem freien Markt zu tun wie die Gesetze zu Wettbewerbsbeschränkungen, zu Mitbestimmung und Umweltschutz. «Planung ohne Planwirtschaft», beruhigt die FAZ 1962.

Erst recht planen die Brüsseler Kommissare heute den Markt. Das heißt, der sogenannte freie Markt ist und war immer nur ein politisches Konstrukt. Je mehr Wünsche das Kapital in diesem Konstrukt durchsetzen kann, desto mehr Freiheit bescheinigt es dem Markt.

Umgekehrt hat der Markt immer auch im Sozialismus gewirkt, auch dort konnte er selbstverständlich nie gänzlich außer Kraft gesetzt werden. Schließlich ist der Geldverkehr nicht abgeschafft worden, die Produktionskennziffern orientierten sich an der Nachfrage, es gab sogar Ansätze von Marktforschung. In der Praxis sind Plan- und Marktwirtschaft nie idealtypisch verwirklicht gewesen.

Ein kurzes Verweilen in den Geschichtsbildern der unmittelbaren Nachkriegsgeschichte belegt, dass man sich dessen schon einmal bewusster war. In der heutigen Systemkrise wird gern an 1929 erinnert, aber ungern daran, weshalb das Ganze in der totalen Katastrophe endete: «Nach dem überzeugenden Misserfolg des Experiments Brüning, die Bereinigung der Weltwirtschaftskrise im Deutschen Reich grundsätzlich den Selbstheilkräften des Marktes zu überlassen, dürfte wohl heute niemand mehr das Bedürfnis haben, ein solches Experiment zu wiederholen ... Die Quittung für diese geistige Fehlleistung war damals die Machtübernahme durch den Nationalsozialismus.»[12] Seit 60 Jahren kann man ein Wissen voraussetzen, nach dem Demokratien zerbrechen können, wenn man sie den blinden Kräften des Marktes anvertraut. Die NS-Diktatur galt zu einem wesentlichen Teil als Versuch des Kapitalismus, die nicht bewältigte Krise in den Griff zu bekommen. Ist auszuschließen, dass die herrschende politische Klasse ein weiteres Mal ihre Pfründe durch autoritäre, gar faschismusähnliche Repressionen zu retten versuchen wird?

Oder hat selbst dieses Szenario als ein nationales ausgespielt und ist nur noch europaweit, amerikaweit, weltweit vorstellbar? Die Schreckensvision von internationalen, totalitären Schutzmechanismen für das Kapital ist atemberaubend. Gab es in der jüngeren Geschichte schon einmal Parallelen?

Nationalsozialismus war Kapitalismus

Heute ist weitgehend vergessen, dass im Nachkriegsdeutschland als historische Lehre galt: Mit dem Nationalsozialismus ist der Kapitalismus untergegangen. In diesem Punkt waren sich die Parteien, ob links oder katholisch, einig. Die CSU schrieb 1946 in ihr Programm, Großbetriebe dürften «unter keinen Umständen zu einem selbstsüchtigen und kapitalistischen Profitunternehmen ausarten». Auch die CDU trat im Februar 1947 in ihrem Ahlener Programm bekanntlich für eine anzustrebende «gemeinwirtschaftliche Ordnung» an. «Die neue Struktur der deutschen Wirtschaft muss davon ausgehen, dass die Zeit der unumschränkten Herrschaft des privaten Kapitalismus vorbei ist.» Das kapitalistische Wirtschaftssystem sei den Lebensinteressen des Volkes nicht gerecht geworden. Ziel einer sozialen und wirtschaftlichen Neuordnung könne nicht mehr das kapitalistische Gewinn- und Machtstreben sein, sondern nur das Wohlergehen des ganzen Volkes.

Neben Kommunisten sahen nun auch Sozialdemokraten die Chance eines völligen Neubeginns von revolutionärer Qualität. In einer programmatischen SPD-Erklärung hieß es schon im Juli 1945, der Kapitalismus sei als System zusammengebrochen, und auf der Tagesordnung stehe unmittelbar der Sozialismus. Lohnt es, nach dem Scheitern des Pseudosozialismus die Orientierung Suchenden an damaliges Denken zu erinnern? Geschichte wiederholt sich nicht, was aber nicht ausschließt, dass man aus Krisenanalogien Lehren ziehen kann.

Der spätere SPD-Vorsitzende Fritz Erler, der ab Januar 1946 trotz seiner antifaschistischen Widerstandstätigkeit von der französischen Besatzungsmacht wegen angeblicher Amtsvergehen in einem für NS-Täter eingerichteten Lager festgehalten wurde, verfasste dort seine Schrift: «Der Sozialismus als Gegenwartsaufgabe». «Sozialismus und Demokratie sind keine Gegensätze, sondern ein und dasselbe. Der Sozialismus ist die Vollendung der Demokratie», hieß es darin. Weder sei die Marktwirtschaft wirklich frei, noch habe die totalitäre Zwangswirtschaft etwas mit Sozialismus zu tun. Sozialistische Planung stehe nicht im Gegensatz zur Marktwirtschaft, vielmehr müsse diese sie in sich einbauen, um die «blinde Gesetzmäßigkeit des Marktes» auszuschalten. Es ist alles schon einmal gewusst worden. Was neu erscheint, ist nur vorübergehend vergessen.

Auf ihrem ersten Parteitag im Mai 1946 forderten die Sozialdemokraten dann die Nationalisierung der Großindustrie und eine Bodenreform, bei der die Großgrundbesitzer enteignet werden. (Die antikapitalistischen Forderungen der SPD sind in all den Jahren der Teilung fast ausschließlich im Osten erfüllt worden.)

Im Juni stimmten in Sachsen bei einem Volksentscheid 77,7 Prozent für die Überführung der Betriebe und Ländereien von Nazi- und Kriegsverbrechern in Volkseigentum. Erstaunlich, mit welcher Selbstverständlichkeit Basisdemokratie damals praktiziert wurde. Die Deutschen hatten nach dem auf zwölf reale, aber katastrophale Jahre geschrumpften «Tausendjährigen Reich» die Weimarer Republik noch in Erinnerung. Sie waren kein politisches Naturvolk, das noch nie etwas von Pluralismus und Parlamentarismus gehört hatte. Für das Abgleiten in den Nationalsozialismus und die beispiellosen verbrecherischen Perversionen dieser Zeit hatten quer durch alle Parteien diejenigen, die ihre Stimme wiedergefunden und zu ersten Erklärungen bereit waren, nicht einen diffusen Hang der Deutschen zu Nationalismus, Diktatur und Totalitarismus verantwortlich gemacht, sondern die von Großunternehmen ausgehende kapitalistische Gier, die schließlich alle erfasste. Ein strukturelles Motiv, das uns drei Generationen später womöglich wieder an einen Wirtschaft und Demokratie gefährdenden Abgrund führt?

Richtet sich heute die Wut der Menschen gegen die in virtuellen Blasen ihr Unwesen treibenden Finanzkapitalisten, während die Produzenten als Arbeitgeber zur Achse des Guten zählen, so sprach die damalige Erfahrung gerade gegen die kriegslüsternen Unternehmen. Die Lebensverhältnisse waren 1946/47 nicht nur in der Ostzone, sondern auch in den Westzonen äußerst schwierig.

Der Schwarzmarkt blühte. Im Frühjahr 1947 sank die Lebensmittelversorgung pro Kopf teilweise unter 1000 Kalorien. Es gab Massendemonstrationen von Hunderttausenden, die die Vergesellschaftung der Produktion forderten. So im April den Streik von 334000 Bergarbeitern im Ruhrgebiet zur Sozialisierung des Bergbaus. Adenauer besänftigte im Nordrhein-Westfälischen Landtag mit dem Versprechen, dass der Kapitalismus für immer vorbei sei.

Solche Bekenntnisse wurden auch in Westeuropa gern gehört. Nicht nur das deutsche Grundgesetz, sondern auch die Nachkriegsverfassungen Italiens, Frankreichs und anderer Staaten griffen auf, was die sozialen Kämpfe bislang eingebracht hatten. Von der Sozialordnung der Weimarer Reichsverfassung über den *New Deal* bis zu Elementen aus der sowjetischen Verfassung von 1936. Erstmalig wurde nun in westlichen Konstitutionen durchgesetzt, was bereits im Entwurf zur revolutionären deutschen Verfassung von 1848 enthalten war: Privateigentum ist dem Wohl der Allgemeinheit untergeordnet. Es kann gegen Entschädigung enteignet werden. Die französische Verfassung forderte, dass jedes Unternehmen, das den Charakter eines öffentlichen Dienstes oder eines Monopols habe, «Eigentum der Gesamtheit» werden müsse. In Artikel 3 der italienischen Verfassung wurde festgestellt, dass keine Demokratie herrsche, solange es wirtschaftliche und soziale Ungleichheiten gäbe.

1945: Erzwungener Fortgang des Kapitalismus unter Missachtung von Demokratie

Albert Einstein hielt damals die Lähmung des sozialen Fortschritts für das größte Übel des Kapitalismus: «Ich bin davon überzeugt, dass es nur einen Weg gibt, dieses Übel loszuwerden, nämlich den, ein sozialistisches Wirtschaftssystem zu etablieren, begleitet von einem Bildungssystem, das sich an sozialen Zielsetzungen orientiert. In solch einer Wirtschaft gehören die Produktionsmittel der Gesellschaft selbst und ihr Gebrauch wird geplant.»[13]

Im November 1946 hatte die SED auf sowjetische Initiative einen Verfassungsentwurf für ganz Deutschland vorgelegt, der neben den bürgerlichen Freiheitsrechten ernsthaft die Einführung der Planwirtschaft und die Überführung der Bodenschätze in Volkseigentum vorsah. Der Entwurf wurde von den Landtagen in der Sowjetischen Besatzungszone gebilligt.

Für diese Grundstimmung sprach auch einen Monat später ein Volksentscheid in Hessen. 72 Prozent der Bürger legitimierten eine Sozialisierung, die den Unternehmergeist nicht unterdrücken sollte, aber vorsah, Großbanken, Bergbau, Stahlindustrie, Bahn und Energiewirtschaft in Gemeineigentum zu überführen. Doch schon fünf Tage später erhob die amerikanische Militärregierung Einwände gegen diesen überwältigenden Mehrheitswillen. Sie hat die Demokratie immer dann nicht ernst genommen, wenn sie den wirtschaftlichen Interessen ihrer heimischen politischen Klasse widersprach. Erlaubt wurde nur eine staatliche Aufsicht über private Unternehmen, die schon zwei Jahre später komplett suspendiert wurde. Diese US-Spielregel erinnert jedenfalls verblüffend an gegenwärtiges Krisenmanagement angesichts des Banken- und Finanzcrashs im Herbst 2008, nur dass der Staat diesmal schon nach einem Jahr seinen Platz dem Kapitalismus wieder frei machen will.

Unbeeindruckt von den Bremsversuchen der Westalliierten erließ die Stadtverordnetenversammlung von Groß-Berlin im Februar 1947 das Gesetz zur Überführung von Konzernen in Gemeineigentum, das wiederum nur in Ostberlin eingehalten wurde. Wer verhinderte im Westen, dass es dazu kam? Einer der bundesdeutschen Geschichtsmythen besteht in der unumstößlichen Gewissheit, nach der die Amerikaner den Westdeutschen nach dem Krieg die Freiheiten der Demokratie gebracht haben. Es ist also mehr als Gotteslästerung, eine Zwischenfrage zu stellen, doch im Buch des Zweifels müssen alle Bedenken erlaubt sein. Haben die Westalliierten vielleicht eher die Freiheiten des Kapitalismus gebracht, im Zweifel auch gegen den demokratisch formulierten Willen von Deutschen? Ist der Kapitalismus in Westdeutschland nicht durch, sondern unter

Missachtung von Demokratie eingeführt worden? So wie der Sozialismus in Ostdeutschland auch?

Im Juni 1947 drückt Nordrhein-Westfalens CDU-Ministerpräsident Karl Arnold unbeirrt die gesamtdeutsche Stimmung über die Neuordnung der Wirtschaft zu jener Zeit aus: Da das kapitalistische Wirtschaftssystem seinen Zweck, nämlich die Bedarfsdeckung des Volkes, in sein Gegenteil verkehrt habe, müsse die Grundstoffindustrie, also Kohle, Stahl, Chemie, «in Gemeinwirtschaft überführt» werden. «Eine Beteiligung des privaten Großkapitals in den vorgenannten Betriebs- und Industriezweigen wird ausgeschlossen.»

In dieser für die USA unliebsamen Stimmung bieten sie im April 1948 den Marshall-Plan an, der Westeuropa zu den Bedingungen des amerikanischen Kapitalismus stabilisieren und die Westzonen Deutschlands in ein gegen die Sowjetunion gerichtetes Bündnis eingliedern sollte. Diese langfristig überaus erfolgreiche Strategie wirkt aber nicht sofort.

Noch beschließt der Landtag von Nordrhein-Westfalen im August 1948 das Gesetz zur Sozialisierung der Volkswirtschaft. Die britische Militärregierung verbietet seine Durchführung. Gleichzeitig wird in Düsseldorf das Gesetz über die Sozialisierung der Kohlewirtschaft verabschiedet. Doch unter dem Vorwand, eine so wichtige Entscheidung müsse von einer – noch nicht existierenden – deutschen Regierung und nicht von einer Landesregierung getroffen werden, verweigert die britische Militärregierung auch hier die Zustimmung. Kurz darauf lehnt General Clay die in Hessen, Baden-Württemberg und Bremen nach langen Diskussionen verabschiedeten Betriebsrätegesetze ab. Eine zu weitgehende Mitbestimmung der Gewerkschaften schwäche die durch Entnazifizierung ohnehin geschwächten Unternehmensleitungen.

Waren die Deutschen für die Demokratie noch nicht reif? Oder durfte es eben nur die verordnete, kapitalistische Demokratie sein? Doch das Privateigentum war ebenso wenig ein Garant gegen Faschismus wie das Volkseigentum gegen Stalinismus. Über Wirtschaftsordnung und Demokratie wird in jüngster Zeit wieder getrennt nachgedacht. Im Sinne von Demokratie als der zwar stets verbesserungswürdigen, aber unverzichtbaren Konstanten und Wirtschaft als der einem historischen Korrektiv stärker ausgesetzten Variablen. Oder umgekehrt: Kapitalismus als Konstante, Demokratie als Variable? Das könnte zur entscheidenden Zukunftsfrage werden.

Die Jahre nach dem Zweiten Weltkrieg haben Lehren hinterlassen, die es wert wären, heute zu Ende gedacht zu werden. Noam Chomsky: «In dieser Zeit gab es auf der ganzen Welt eine radikal-demokratische, regelrecht revolutionäre Stimmung. Als Siegermächte unternahmen Großbritannien und die USA sofort große Anstrengungen, um den antifaschistischen Widerstand auszuschalten und die traditionellen Gesellschaften wiederherzustellen. Vielerorts geschah das äußerst brutal.»[14]

Noch sind wir im Sommer 1948, als Ludwig Erhard marktvertrauend die Preise freigab und die Unternehmen durch Sondersteuern begünstigte. Dieser «Geniestreich» (so die Süddeutsche Zeitung am 19.6.2008) hatte eher verheerende Folgen: Schnell waren die Läden leer gekauft, die Preise schossen in die Höhe, die Arbeitslosigkeit stieg, und die Arbeiter verlangten das Ende des kapitalistischen Experiments.

Im Oktober 1948 rief die Stuttgarter Gewerkschaftsleitung zu einer Protestkundgebung gegen die Politik des Frankfurter Wirtschaftsrates unter Ludwig Erhard auf, an der Zehntausende teilnahmen. Im Anschluss kam es zu Ausschreitungen, Schaufenster von Geschäften mit überteuerten Waren wurden zertrümmert. Die amerikanische Besatzungsmacht beschrieb ihr Eingreifen in ihrer Zeitung «*Stars and Stripes*» am 28.10.1948 so: «Eine aufrührerische Menge wütete heute mehrere Stunden im Zentrum Stuttgarts. Der Aufruhr wurde nach 18.30 Uhr niedergeschlagen, nachdem Tränengas eingesetzt worden war. Am Abend hatte die Stadt ein kriegsmäßiges Aussehen durch eine berittene Formation und eine Panzerformation der Constabulary, die durch die Innenstadt Stuttgarts patrouillierten, um neue Ausbrüche zu verhindern.» Für die

Nachtstunden wurde eine Ausgangssperre verhängt. Warum weiß davon heute niemand mehr?

Der bizonale Gewerkschaftsrat nutzte die allgemeine Empörung und rief für den 12. November zum 24-stündigen Generalstreik gegen die Politik des Wirtschaftsrates und die der Besatzungsmächte auf. Er hatte dafür sogar die inoffizielle Genehmigung der Militärbehörden, die sich eine Ventilwirkung versprachen. Doch die Wut war so groß, dass es der größte Massenstreik seit der Weltwirtschaftskrise wurde – mehr als neun Millionen Arbeiter beteiligten sich. Auch das weiß heute niemand: Zu den Forderungen gehörten nicht die Erhöhung der Löhne, wohl aber die Überführung der Grundstoffindustrien in Gemeineigentum sowie die Demokratisierung und Planung der Wirtschaft.

Sicher war das Ausmaß der Empörung nicht vergleichbar mit jenem später am 17. Juni 1953 in der DDR, aber für die Besatzungsmächte auf beiden Seiten muss der kräftige Schuss vor den Bug ein frühes Trauma gewesen sein. Die Westalliierten und die Marktliberalen mussten fünf Jahre vor den Russen lernen, die Politiker zu mahnen, den «Wohlstand für alle» zu mehren. Insofern haben sich diese neun Millionen Generalstreikenden historisch verdient gemacht, und es wäre folgerichtig, auch ihnen einen ehrenden Platz im deutschen Nachkriegswiderstand einzuräumen. Denn wiederholen durften sie die Demonstration ihres Unmutes nicht – nach dieser Erfahrung wurde das politische Streikrecht nicht ins Grundgesetz aufgenommen.

Durch bitterste Erfahrung klug geworden, forderte der Deutsche Gewerkschaftsbund im Oktober 1949 bei seiner Gründung immer noch die Überführung der Schlüsselindustrien in Gemeineigentum und statt der «chaotischen Marktwirtschaft» eine zentrale Wirtschaftsplanung mit Vollbeschäftigung und Mitbestimmung. Nicht die Demokratie war im Nachkriegsdeutschland ernsthaft umstritten, sondern die Wirtschaftsordnung. Heute scheint es nach dem ersten Schreck über die jüngste Wirtschaftskrise schon wieder so, als seien Abstriche bei Bürgerrechten – wie nach dem 11. September in immer neuen Wellen vollzogen – eher hinzunehmen als Abstriche bei Eigentumsrechten. Dabei sind die Unternehmens- und Bankenschirme eine Fortsetzung der Bürger-Enteignung mit anderen Mitteln.

Nach den ersten Bundestagswahlen warnte die SPD, die der aus der Zentrumspartei hervorgegangenen CDU knapp unterlegen war, vor der Gefahr, «dass die bisherige Wirtschaftspolitik fortgeführt und die Spannungen zwischen den Klassen so gesteigert werden, dass die staatsbildenden Kräfte gelähmt und die deutsche Demokratie zerstört wird». Doch die amerikanischen und britischen Besatzungsbehörden wünschten nichts dringlicher, als die bisherige Wirtschaftspolitik fortzuführen. Sie gingen dazu über, verurteilte Kriegsverbrecher, darunter Friedrich Flick und andere Unternehmer, vorzeitig zu entlassen. Im Januar 1951 amnestierte der amerikanische Hohe Kommissar John McCloy alle Urteile der Nürnberger Prozesse unter fünfzehn Jahren, wovon wiederum insbesondere die Industriellen profitierten. Auch der in Nürnberg als Hauptkriegsverbrecher verurteilte Alfried Krupp kommt durch eine Amnestie frei, sein Vermögen und das seines Konzerns werden ihm unter der britischen Militärregierung zurückerstattet. 1953, acht Jahre nach Kriegsende, nimmt er seine alte Stellung wieder ein.

Wenn die Rückkehr zum alten Wirtschaften nach dem Zweiten Weltkrieg nicht zuletzt deshalb erfolgreich war, weil die Systemkonkurrenz die dem Markt wesensfremde Zähmung übernommen hatte, so wäre derzeit, bei analogem Festhalten am alten Wirtschaften, nicht auf ein Im-Zaum-Halten zu hoffen.

Konvergenz – die unsichtbare Hand des Marktes im Sozialismus

Theorien über die Wirtschaft sind bekanntlich die verhurtesten Lehren, die es gibt. In keiner anderen Wissenschaft spielen so viele materielle Interessen in Gutachten, Konzepte und schließlich

Gesetze hinein, sind die Vorurteile derart ideologisch, ja glaubensfundamentalistisch aufgeladen wie in der Ökonomie. Die Existenz von Interessen wird dabei gemeinhin heftiger bestritten als die des Heiligen Geistes. Meine Zweifel, ob auf diesem Denkpfad alles mit rechten Dingen zugeht, treiben mich, fortzufahren:

Nach dem Abdanken des Marktwirtschaftlers Erhard wurden in Westdeutschland von der Großen Koalition aus CDU und SPD unter der Flagge von «intelligenten Interventionen» heftige Brüche gewagt. Ja, um das seit Jahren umstrittene Stabilitätsgesetz verabschieden zu können, wurde im Juni 1967 sogar Artikel 109 des Grundgesetzes ordnungspolitisch erweitert: Bund und Länder hatten nun dem Ziel «gesamtwirtschaftlichen Gleichgewichts Rechnung zu tragen». (Dieser volkswirtschaftliche Anspruch gilt übrigens heute noch, da die soziale Kluft schwerlich als Gleichgewicht beschrieben werden kann.) Damals wurden jedenfalls die mittelfristige Finanz*planung* und mehrjährige Investitions*programme* eingeführt. Ein Grüß Gott an den Fünfjahresplan?

All das war aber keineswegs eine innerdeutsche Spielart. Die Franzosen führten in den 60er Jahren die «Planification» ein, die USA unter Kennedy und Johnson schwärmten für «New Economics», und auch der Republikaner Nixon verkündete 1971: «Jetzt bin ich Keynesianer.»[15] Das MITI der Japaner war etwas Ähnliches. Im Osten galt ein westlicher *Plan an sich* noch nicht als Fortschritt. Die Frage war: Wer plant in wessen Interesse? Immerhin wertete man die kapitalistische Regulierung als ein Mittel, sich gegen den Sozialismus zur Wehr zu setzen.

Auf der anderen Seite gab es wiederholt spektakuläre Versuche führender Kommunisten, trotz Widerständen in der eigenen Partei, die Losung auszugeben: Mehr Markt wagen! So Lenin 1921 mit seiner NEP (Neue Ökonomische Politik) und Ulbricht 1963 mit seinem NÖS. «Wer den Markterfordernissen nicht genügt, kann auch den gesellschaftlichen Erfordernissen nicht entsprechen», weissagte dieser. Die FAZ spottete, beim Neuen Ökonomischen System ginge es darum, «sich dem westlichen Wirtschaftssystem so weit anzunähern, als dies mit Marx und Lenin gerade noch vereinbar ist».[16]

Für dieses Modell wusste Ulbricht die Gegner nicht unter den Werktätigen, sondern in der oberen Parteiebene, eben weil diese an Macht einbüßen würde. Denn er bastelte an einem «demokratischen Kontrollsystem», einem «Instrument des Volkes», das «*selbständig* und *unabhängig* von den Leitungen und Leitern der Partei-, Staats- und Wirtschaftsorgane» arbeiten sollte. Unabhängig von der Partei und ihrer führenden Rolle – das war schon bemerkenswert. Im Gegensatz zu den schon 1946 gegründeten Volkskontrollausschüssen sollten die ABI in allen 21 ihnen zugeordneten Ministeriumsbereichen gegen Hemmnisse aller Art «unnachsichtig vorgehen» und sie «mit der Unterstützung der Öffentlichkeit ohne Ansehen der Person aufdecken», wie es im 1963 verabschiedeten Gesetz über die Arbeiter- und Bauern-Inspektionen hieß. Ein paar Jahre lang versuchten die ABI Tritt zu fassen in dieser Aufgabe und setzten in Betrieben und Verwaltungen manch aufsehenerregende Maßnahme durch. Doch mit dem Scheitern des NÖS verlor auch dieses Kontrollgremium an Einfluss. Erich Honecker ließ das Gesetz umschreiben, die Unterstellungsverhältnisse verkehrten sich, und die ABI hatte fortan zu kontrollieren, ob die Beschlüsse von Partei und Regierung zur Planerfüllung an der Basis auch richtig umgesetzt wurden.

Zu dieser Zeit erstarkte im Westen der von Sozialdemokraten bevorzugte Keynesianismus, der den Staat vom Laternenhalter zum wirtschaftspolitischen Akteur machte. Der Bergedorfer Gesprächskreis gab 1964 in Hamburg einen Protokollband mit dem Titel «Planung in der freien Marktwirtschaft» heraus. Doch schnelle Erfolge blieben aus, die westdeutsche Wirtschaft steckte in der Krise, 1967 hatte erstmals ein «Nullwachstum» gebracht, während die sozialistischen Ökonomien Osteuropas aufholten, die DDR unverkennbar. Schon forderten die protestierenden Studenten eine marxistische Systemtransformation. Sie hielten die revolutionäre Veränderung der Gesellschaft nicht nur für dringend nötig, sondern auch für machbar.

Ihre Forderung nach einem Rätesystem, wie es in der Sowjetunion nie durchgesetzt wurde, entsprang der Wut über eine Demokratie, die den Vietnamkrieg billigte.

Die Wut im Osten war nicht geringer, hier allerdings über den Einmarsch der Truppen des Warschauer Pakts in Prag. (Zumal man annahm, DDR-Truppen seien dabei gewesen.) Auch Ota Šik und seine Leute in der Parteiführung wollten mehr Markt wagen. Damals ist auf beiden Seiten nicht ausgeschlossen worden, dass das eigene System kippen könnte. Westprofessoren begannen von der Konvergenz der Systeme zu sprechen. Für eine kurze Spanne wurde die geheiligte Axiomatik von *Marktwirtschaft gleich Freiheit* und *Planwirtschaft gleich Diktatur* aufgegeben und als Ziel eine «moderne Industriegesellschaft» proklamiert. Sie sollte eine Vereinigung der Vorzüge beider Seiten sein, bei Vermeidung ihrer Nachteile. Jan Tinbergen von der Universität Rotterdam hielt die Unterscheidung zwischen einer sozialistischen und einer kapitalistischen Wirtschaftstheorie für überflüssig, schließlich gäbe es «für West und Ost auch nur eine Physik».[17]

Obwohl die Parteioberen der DDR von der plötzlichen Akzeptanz, ja der Aufforderung zum gleichberechtigten Betreten eines Dritten Weges geschmeichelt waren, entschieden sie dennoch, die Konvergenztheorie als «Instrument der ideologischen Diversion» abzulehnen. Hatten sie doch in ihrer unendlichen Wachsamkeit die wahren Absichten des Gegners durchschaut, in Äußerungen wie dieser: «Gegenüber dem ausbeuterischen Laissez-faire-Liberalismus des vergangenen Jahrhunderts hatte der Kommunismus seine geschichtsnotwendige, dialektisch sich entgegensetzende, auf soziale Verbesserung hin stimulierende Funktion. Gegenüber dem sozialtemperierten Liberalismus unserer Tage aber verliert er seinen Sinn.»[18]

Was würde wohl der Umkehrschluss für den unsozial temperierten Neoliberalismus unserer Tage bedeuten? Brauchen wir vielleicht eine differenziertere Neokonvergenztheorie? Damals jedenfalls sahen auch die westlichen Arbeitgeberverbände in dieser Lehre ein Spiel mit dem Teufel, nämlich ein systemwidriges Einfallstor für sozialistische Planwirtschaft.

Ob sich deshalb die Konvergenz recht bald aus der Praxis verabschiedete und so auch die Theorie blamiert war, ist, wie so vieles, nie abschließend aufgeklärt worden. Eine Deutung für die Rückkehr zu den ideologischen Verhärtungen könnte sein, dass die Reformen auf beiden Seiten letztlich nur auf die Mechanismen der Wirtschaft, nicht aber auf ihre jeweilige Grundordnung zielten. Beim NÖS standen die Eigentums- und Produktionsverhältnisse ebenso wenig zur Disposition wie Austausch und Verteilung. Und auch Karl Schillers Globalsteuerung, bei der Gewerkschaften und Verbände sich von «kollektiver Vernunft» leiten lassen sollten, war wohl weniger ein revolutionärer Neuansatz als eine behutsame Modernisierung, hin zu einer «aufgeklärten Marktwirtschaft». Leider erwies sich dieser sehr sympathische Begriff als Illusion. Interessengegensätze zwischen Arbeitern und Unternehmern ließen sich nicht im Namen eines fiktiven Gemeinwohls ausdiskutieren. Verteilungsfragen blieben Machtfragen und mussten erkämpft werden.

Umstürzlerisch war da schon eher die Gegenbewegung der Monetaristen der Chicago School, die sich unter Milton Friedman formierte. Im Kern wurde die Auseinandersetzung, dem Streit unter sozialistischen Reformern gar nicht so unähnlich, um die Rolle des Geldes und die Stimulierung von Interessen geführt. Welcher Kraftpol steuert die Wirtschaft? Die Ansichten waren mit denen der Keynesianer derart unversöhnlich, dass man wieder einmal zu der Überzeugung gelangen musste, die Wirtschaftslehre ist keine exakte Wissenschaft. Auf beiden Seiten nicht. Im Westen bleibt im Zweifelsfalle der Markt. Im Osten blieb im Zweifelsfalle der Zweifel.

Systemkonfrontation als zentrales Organisationsprinzip

Wie geschichtsvergessen müsste man sein, um nicht praktisch jede Aktion einer Seite gleichzeitig auch als Reaktion auf die andere zu verstehen? Der atomare Rüstungswettlauf begann schon während des Krieges. Stalin wusste um das Geheimprojekt Manhattan und ließ eine eigene A-Bombe entwickeln. Im September 1947, bei der Gründung der Kominform, glaubte der russische Kommunist Schdanow bilanzieren zu müssen, dass sich nach dem Ende des Krieges zwei Lager gebildet hätten, ein imperialistisch-antidemokratisches unter Führung der USA und ein antiimperialistisch-demokratisches unter Führung der SU. *Alle Belange seien dem Konflikt dieser Lager unterzuordnen.*

Kurz darauf verordnet der US-Militärgouverneur General Clay die historische Mission seiner Besatzung, nämlich «dass 42 Millionen Deutsche in der britischen und amerikanischen Zone der stärkste Vorposten gegen das kommunistische Vordringen sind, den es irgendwo gibt». In seinem Buch «Wege zum Gleichgewicht» beschrieb Al Gore den Entschluss der «freien Welt», *«die Niederlage des kommunistischen Systems zum zentralen Organisationsprinzip der ganzen Gesellschaft zu machen».* Mit der Niederlage des Sozialismus/Kommunismus zerfiel also das «zentrale Organisationsprinzip» des Westens. Und das soll keine nachhaltigen Folgen haben?

Es gibt beinahe nichts in der amerikanischen Politik, was Al Gore nicht auf jenes zentrale Prinzip zurückführt – alle außen- und militärpolitischen Entscheidungen, den Freihandel und die Entwicklungshilfe, die Kriege in Korea und Vietnam, das atomare Wettrüsten, Waffenlieferungen an Diktatoren, mit denen man durch nichts als den Antikommunismus verbunden war. Sogar die Unterstützung westeuropäischer Gewerkschaften durch die CIA diente dem Kernziel, den Westen als die attraktivere Ordnung zu profilieren.

«Als die Sowjetunion 1957 mit dem Start des Sputniks ein technologisches Meisterstück lieferte», so Al Gore, «gingen die USA erstmals zur Bildungsförderung auf Bundesebene über – nicht etwa weil der Präsident und die Kongressmehrheit den Eigenwert eines verbesserten Bildungssystems erkannt hätten, sondern wegen der Bedeutung naturwissenschaftlich-technischer Qualitäten im Kampf der Systeme.» Eine vergleichende Analyse über den gegenseitigen Einfluss auf Bildungsinhalte und -methoden zwischen West und Ost habe ich nicht gefunden.

Ebenso wenig wie eine gemeinsame Erfolgs- und Niederlagen-Geschichte der gänzlich aufeinander bezogenen Geheimdienste. Eigentlich ein Thriller von Anfang bis Ende. Wie als Reaktion auf die Organisation Gehlen im Februar 1950 aus der Hauptabteilung für den Schutz des Volkseigentums das Ministerium für Staatssicherheit wurde. Wie dieses eine Offensive gegen seine feindlichen Gegenspieler startete, in deren Ergebnis über tausend Agenten enttarnt und verhaftet und Hunderte der Öffentlichkeit als ehemalige SS- und Gestapo-Leute vorgeführt wurden. Die Kampagne «wuchs sich bis Ende 1953 zu einer Katastrophe aus, die Gehlens Dienst an den Rand des Unterganges brachte».[19] Die Organisation wurde 1955 als BND dennoch in den Dienst der Bundesregierung übernommen. Die Katastrophen wechselten mehrfach die Seiten, sogar als die Existenz des BND im Moment seines Endsieges wegen Wegfalls des Aufgabengebietes beinahe in Frage gestellt wurde. Bis der Terrorismus im rechten Moment Ersatzfeinde anbot ...

Nicht hinreichend beschrieben scheint mir auch die Verquickung der politischen Repressionen auf beiden Seiten. Im Osten wurde den freiheitlich gesinnten Kommunisten nach dem 17. Juni 1953 der besondere deutsche Weg zum Sozialismus ausgetrieben. Nichts blieb übrig von Karl Marx' Auffassung, wonach vollständige Freiheit des Einzelnen die Voraussetzung der Freiheit aller ist. Hunderte einstige Sozialdemokraten wurden entmachtet, diskriminiert, viele verhaftet. Die Folgen überlebten einige nicht. Doch die Vorgänge werden erst nachvollziehbar, wenn man die gleichzeitige Kommunistenjagd im Westen nicht ausblendet. 57 285 Verfahren wegen Landes- und Hochverrat und wegen Staatsgefährdung brachten allein von 1960 bis 1966 zahllose Kommunisten in Haft und um ihre bürgerliche Existenz, indem sie ihre Arbeit verloren, aus Werkswohnungen gekündigt und von staatlichen Zahlungen ausgeschlossen wurden. Die Folgen überlebten einige nicht.[20] Den linken Sozialdemokraten wurde der besondere deutsche Weg zum Kapitalismus ebenfalls ausgetrieben. Nichts übrig bleiben durfte von August Bebels Auffassung, wonach das Privateigentum an den Produktionsmitteln die Grundlage jedweder Knechtschaft ist.

Und folgte auf die Notstandsgesetze nicht bald die Verschärfung der politischen Strafgesetze in der DDR? Wie überhaupt die mögliche Einflussnahme der jeweiligen Gesetzgebung auf das Justizwesen der anderen Seite zu untersuchen wäre.

Eine faktengenau vergleichende, verflochtene Geschichtsschreibung könnte gängige Deutungen erschüttern – nicht zufällig wird die auf historischem Kontext bestehende Sicht gern mit dem albernen Äquidistanz-Verbot belegt. Das Vergleichen ist aber nicht nur in der Wissenschaft die einzige Möglichkeit, Unterschiede festzustellen, und hat deshalb nichts damit zu tun, die Merkmale entgegengesetzter Seiten aus einem vorsätzlich gleichmacherischen Abstand zu betrachten. Wenn seriöse Vergleiche neben schwerwiegenden Differenzen auch Ähnliches, Gemeinsames und Identisches zutage fördern, so wird man auch das akzeptieren müssen.

In diesem Sinne fehlt auch eine umfassende Studie darüber, wie Kultur und Medien von der jeweils gegnerischen Seite beeinflusst wurden. Was haben sich die kleinbürgerlichen SED-Funktionäre mit ihren Dekadenzverdikten vergeblich gegen westlichen Lebensstil, gegen Mode, Rock und Popkultur gewehrt. Und wie erfolglos suchten sie, kritische westliche Stimmen fernzuhalten. Jeden Abend wanderten Millionen Fernsehzuschauer in den Westen aus.

Und wie sehr war umgekehrt nicht nur die Studentenbewegung, sondern die bundesdeutsche Kulturelite von marxistischem Gedankengut zumindest beeindruckt. Man schaue sich nur die Jahrgänge der Edition Suhrkamp an oder das frühe Kursbuch, einst Zentralorgan der westdeutschen Intelligenz. Heft 18 etwa war Kuba gewidmet und druckte gleich drei Castro-Reden. «Mit der 16-bändigen Brecht-Ausgabe, die Suhrkamp 1967 herausbrachte, machten dort unglaublich viele Studenten plötzlich einen Linksschwenk», erinnert sich der Germanist Jost Hermand an die Wirkung des bis dahin von BRD-Bühnen boykottierten Dichters.

Der westdeutsche Autorenfilm war bis Ende der 70er Jahre von Brecht'scher Schauspieltheorie geprägt. Diese stand für den «sozialen Gestus», der den Fokus von der Figur auf das gesellschaftliche Beziehungsgeflecht verlagerte. Das durch Kunst transparent werden sollte. Man erinnere sich an die Debatten in der Filmwissenschaft, die Revolution durch Ästhetik erreichen zu können, wofür die Filme der Münchner Gruppe oder des Außenseiters Rainer Werner Fassbinder Stoff gaben. Die von den 68ern aufgerüttelten Hochschullehrer öffneten sich der DDR-Germanistik und DDR-Philosophie, alles weite, unbeackerte Forschungsfelder. Und ästhetische Separatisten wie Joseph Beuys verteidigten ihr Credo, nach dem jeder Mensch eine soziale Skulptur sei.

Von den linken Künstlern anderer westlicher Länder ganz zu schweigen. Sartres Urteil über Merleau-Ponty «... ein Antikommunist ist ein Hund, davon gehe ich nicht ab, davon werde ich nie abgehen»[21] ließ sich gut als Mahnung vereinnahmen, bei aller Kritik zu wissen, wo man hingehöre. Und auch Hollywood-Filme sperrten sich nicht, sie als Anklage gegen den Kapitalismus zu sehen. Stellvertretend für viele, die in die DDR wirkten, ließe sich Sydney Pollacks «Nur Pferden gibt man den Gnadenschuss» oder der Anti-Vietnamkrieg-Film «Coming Home» der Produzentin Jane Fonda nennen.

Im Kalten Krieg haben sich auch die Kulturen und ihre Medien bekämpft und so gegenseitig geformt. Ich erinnere mich, als junge Fernsehredakteurin einmal monatlich zur «Feindbeobachtung» eingeteilt gewesen zu sein. Eine Tätigkeit, die, wie wir wussten, auch auf der anderen Seite stattfand. Man hatte das gegnerische Abendprogramm des Fernsehens anzuschauen und bösartige Angriffe oder auch wohlwollende Argumente zu vermelden, auf die in irgendeiner Form einzugehen sich empfahl. Die vom DDR-Fernsehen mitgeschnittenen West-Sendungen bilden heute den Grundstock des bundesdeutschen Fernseharchivs.

Schon die permanente Öffentlichkeit, die Westrundfunk und Westfernsehen im Ostalltag implementierten, hat es unmöglich gemacht, dass die DDR totalitär war. Die Oberen mussten ständig darauf Rücksicht nehmen, ob der Westen bestimmte Maßnahmen zu ihren Ungunsten ausschlachten konnte. Ich komme darauf noch zurück. Aber auch Westintellektuelle haben die DDR, ohne ihre Fragwürdigkeit zu übersehen, als Rückendeckung für ihre Kritik an der eigenen Gesellschaft gebraucht. Was nicht ohne politische Folgen bleiben konnte.

Die These vom gegenseitigen Durchdringen der Systeme an deutsch-deutscher Bezogenheit lückenlos zu belegen, bedürfte es wohl Aberdutzender Dissertationen. Gerade wenn es um die komplexe Wirtschafts- und Sozialpolitik geht. Hier kann nur an einige markante Eckdaten erinnert werden.

Der Wettlauf um die bessere Sozialpolitik

Mehr als alle anderen Staaten dienten die beiden Deutschländer, mit ihren um den Beifall der Bürger konkurrierenden Wirtschaftsordnungen, als Schaufenster ihrer Systeme. Die «soziale Marktwirtschaft» und die «Errungenschaften» der Arbeiter- und Bauern-Macht waren Kinder des Kalten Krieges. Gleichzeitig haben sich beide Seiten von Anfang an auch unterstützt, nicht selten zum Missfallen der Siegermächte.

Schon einen Tag nach Gründung der DDR wurde zwischen beiden deutschen Staaten ein Abkommen über den innerdeutschen Handel geschlossen. Doch wenig später untersagten die Alliierten Hohen Kommissare der Bundesregierung, vertraglich vereinbarte

Stahllieferungen an die DDR zu leisten. Trotz vieler Störmanöver und Embargolisten blieb die BRD für die DDR nach der Sowjetunion immer der zweitgrößte Handelspartner.

Die vom Westen zum baldigen Abdanken vorgesehene Kommunisten-Nomenklatura wurde durch westlichen Wohlstand bis ins ideologische Mark erschüttert. Und die östliche Verheißung, kapitalistische Ausbeutung in einer klassenlosen Gesellschaft für immer zu überwinden, verschreckte die zum Verschwinden auserkorene Klasse: «Viele wegweisende Sozialreformen der 50er und 60er Jahre, die in ihrer Summe den Gehalt der Sozialstaatlichkeit der alten Bundesrepublik ausmachten, wurden stets *auch* mit Blick auf den östlichen Teil Deutschlands durchgeführt. Die Existenz eines anderen Gesellschaftssystems zwang die Bundesrepublik, ein sozialeres Profil auszubilden, als dies vermutlich ohne diese Konstellation der Fall gewesen wäre.»[22]

So verausgabten sich beide Seiten von Anfang an besonders in der für die Menschen am direktesten spürbaren Sozialpolitik. Dabei hatten beide unterschiedliche Stärken und Schwächen, die sie sich nicht selten bis zuletzt bewahrten. Im März 1950 verabschiedete der Bundestag das Gesetz zum sozialen Wohnungsbau – diesen Vorsprung konnte die DDR nie wieder einholen. Und schon 1951 lagen die Stundenlöhne in der Bundesrepublik mit 1,50 DM über den östlichen. Später wurde von gewerkschaftlicher Seite behauptet, bei Tarifverhandlungen habe die DDR immer mit am Tisch gesessen. Es wäre den Ostdeutschen allerdings lieber gewesen, ihre Gewerkschaft hätte mehr auf den eigenen Tisch gehauen, denn dass man im Westen mehr verdiente, war für viele nach all den Entbehrungen der Nachkriegszeit verständlicherweise die Hauptattraktion.

So wie die DDR an die Westlöhne nie heranreichen konnte, so hat die BRD den östlichen Vorsprung bei der Gleichstellung der Frau und im progressiveren Familienrecht nie einholen können. In entscheidenden Punkten bis heute nicht. Da man Details so schnell vergisst, sei an einiges erinnert:

Bereits im August 1946 ordnet der Befehl Nr. 253 der Sowjetischen Militäradministration gleichen Lohn für gleiche Arbeit für Männer und Frauen an. Im Herbst 1950, als der bundesdeutsche Gesetzgeber noch damit beschäftigt war, die Versorgung der Kriegsopfer und die Renten für Hinterbliebene zu regeln, verabschiedete die Volkskammer das Gesetz über den Mutter- und Kinderschutz und die Rechte der Frau. Zu denen gehörte, wegen der Ehe nicht zu Hause bleiben zu müssen und nicht auf traditionelle Frauenberufe beschränkt zu sein. Eine nichteheliche Geburt sollte schon damals kein Makel mehr sein. Das Kindergeld wurde seither jedes Jahr leicht angehoben, zumindest für kinderreiche Familien.

1954 geht darin die Bundesrepublik in Führung, da sie schon ab dem dritten Kind je 25 DM zahlt. 1958 legt die DDR nach, zahlt 20 Mark ab dem ersten Kind, was der Westen erst 1975 für nötig hält.

In den 80er Jahren waren jedenfalls 91 Prozent aller DDR-Frauen berufstätig und hatten gleichzeitig mindestens ein Kind. Die Vereinbarkeit von Beruf und Familie war das vorherrschende Lebenskonzept. (Was bei 8¾ Arbeitsstunden und einem hohen Aufwand an Hausarbeit zu frustrierender Doppelbelastung führte. Aber immer noch der beste weibliche Frust, der damals möglich war.) Die Kolleginnen fühlten sich ökonomisch weitgehend unabhängig, auch wenn sie in Führungspositionen in der Minderheit waren. Wenn die Ostfrauen heute deutlich mehr Rente haben als ihre Westschwestern, so deshalb, weil sie deutlich länger gearbeitet und eingezahlt haben.

Das Arbeitsgesetzbuch bot Schwangeren großzügigen Kündigungsschutz, der Anspruch auf einen Arbeitsplatz im Betrieb galt bis zum dritten Lebensjahr des Kindes. Das bezahlte Babyjahr konnte auch der Vater oder die Großmutter in Anspruch nehmen. Die Auszahlung des Kindergeldes (1987 bei zwei Kindern monatlich 150 Mark) wurde vom regelmäßigen Besuch von ärztlichen Schwangeren- und von Mütterberatungsstellen abhängig gemacht, was angesichts der heutigen Ratlosigkeit über Fälle von Verwahrlosung offenbar keine schlechte Idee war. Bei Pflege erkrankter Kinder wurde den Müttern zuletzt Krankengeld gezahlt, als wären sie selbst erkrankt.

Ab zwei Kindern arbeiteten Mütter bei vollem Lohnausgleich monatlich 15 Stunden weniger, hinzu kam für alle Frauen monatlich ein bezahlter freier Tag für die Hausarbeit. 1989 fielen so rund 17 Millionen Arbeitstage aus, wofür aus dem angeschlagenen Staatshaushalt rund 440 Millionen Mark aufgebracht wurden.

Kein Wunder, dass der Bankrott kam, könnte man meinen. Zumal das nicht alles war: Zuletzt zahlte der Staat pro Krippenplatz jährlich 4100 Mark. Ab dem dritten Lebensjahr konnten bekanntlich alle Kinder, deren Eltern es wünschten, in ebenfalls kostenlosen Kindergärten betreut werden. Von 35 Pfennig Verpflegung pro Tag abgesehen. Und danach besuchten die meisten Schulkinder bis zur vierten Klasse den Hort. Die Schülerspeisung wurde mit einer Million Mark subventioniert, die Eltern hatten für eine warme Mahlzeit nur 55 Pfennig zu zahlen. Da Schüler sehr viel mehr Ferien hatten als ihre Eltern Urlaub, besuchten jedes Jahr fast eine Million Kinder betriebliche oder volkseigene Ferienlager. Die Eltern bezahlten für Aufenthalt und Vollverpflegung vier Mark pro Woche …

Beweist das nicht nur, wie sich ein Staat übernehmen und dabei seine Frauen dennoch nicht halten konnte? Sie gingen von Ost nach West. Damals wie heute. Das stimmt und macht doch das andere nicht wertlos. Emanzipation ist eben mehr als soziale Selbstbestimmung, aber ohne diese ist Emanzipation nichts. Beide Seiten haben andere Schwerpunkte gesetzt, aber in Zeiten der neuen Kinderarmut könnte man sich für den damaligen politischen Willen wenigstens interessieren. Franz Josef Strauß schaute seinerzeit hin. Nachdem in den 70er Jahren in der DDR zinslose Kredite für junge Eheleute von 5000 Mark eingeführt wurden, dauerte es nur ein Weilchen, bis er dieses Konzept in Bayern kopierte.

Was zählt, was vergleicht man? Mitte der 50er Jahre herrscht zum Beispiel in beiden Teilen in etwa noch die 50-Stunden-Woche, seit langem forderte der DGB fünf Stunden weniger. Im Oktober 1956 kann die IG Metall das in einem Tarifvertrag erstmals bei vollem Lohnausgleich festschreiben. Vier Wochen später billigt das ZK der

SED ebenfalls Vorschläge zur Einführung der 45-Stunden-Woche, die schon im Januar Gesetz werden. Außerdem erhöht die Volkskammer die kleinen Renten. Doch ihr Triumph währt nur kurz.

Die Bundesrepublik müsse «sozial widerstandsfähig» bleiben und «attraktiv für die Zone», verkündet Adenauer. Wenig später landet er seinen größten Sozial-Coup. Der Bundestag beschließt die auf dem Generationsvertrag beruhende, dynamische Rente, was eine Steigerung um 60 Prozent bedeutet. Damit kann die DDR trotz angestrengter Schritte nicht mehr gleichziehen. Ihr bleibt im Moment nur, auf die gestiegenen Brotpreise im Westen zu verweisen, während das eigene Mischbrot, trotz erhöhtem Weizenanteil, billig bleibt.

Im Oktober 1957 spendet der Große Bruder sozialistischen Patriotismus, die Sowjetunion startet den ersten Sputnik, der 92 Tage im Weltraum kreist. Der Triumph wird gekrönt, als noch während dieser Zeit Sputnik 2 abgeschossen wird, mit dem ersten Lebewesen an Bord, der Hündin Laika. Um die Technik-Begeisterung des Nachwuchses zu fördern, wird in der DDR 1958 mit großem propagandistischem Rummel die MMM, die Messe der Meister von Morgen, eingeführt. Die BRD braucht noch sieben Jahre, bis sie mit ähnlichem Brimborium «Jugend forscht» auf den Weg bringt. (Heute erfährt man bei Wikipedia, die MMM sei so etwas wie «Jugend forscht» gewesen; dass es umgekehrt war, fällt niemandem auf.)

Im Weltraum sieht der Westen lange kein Land. Die Sowjetunion schickt die ersten beiden Menschen ins All, was für Chruschtschow «unsere Überlegenheit über das kapitalistische System» beweist. Die erste Mondsonde ist russisch, der Kosmonaut Leonow unternimmt den ersten Spaziergang im All, der erste deutsche Kosmonaut kommt aus der DDR. Der erste Bundesbürger startet erst fünf Jahre später. Natürlich ragt die Mondlandung der amerikanischen Astronauten Armstrong und Aldrin 1969 als sensationelle Großtat heraus. In den 40 Jahren seither hat nichts vergleichbar Spektakuläres stattgefunden.

Auf der Erde aber ging der kleine Wettlauf weiter. 1965, die DDR hat eben erst die 5-Tage-Woche legalisiert, beginnt die westdeutsche Schuhindustrie mit der 40-Stunden-Woche.

Die Einheit von Wirtschafts- und Sozialpolitik verkündete der VIII. SED-Parteitag 1971. Aber die Bürger hatten es langsam satt, sich das Selbsterwirtschaftete als Geschenk der Führung präsentieren zu lassen. Über die Verwendung der volkseigenen Mittel hätte das Volk ganz gern mit entschieden. Stattdessen wurde ihm vorenthalten, dass die Wirtschaft nicht so wuchs wie die Erwartungen und die DDR über ihre Verhältnisse zu leben begann. Die sozialistischen Wohltaten erkaufte man zunehmend durch Verschuldung im Ausland. In den folgenden Jahren wurden dennoch weitere Sozialgaben überreicht, darunter ein großangelegtes Wohnungsbauprogramm, die Erhöhung von Renten und Mindesturlaub sowie Preissenkungen z. B. bei Textilien. Die Abwesenheit von Arbeitslosigkeit blieb ein anhaltender Trumpf.

1976 beschloss die Bundesrepublik ein Sonderprogramm zur Wiederbeschäftigung von 200 000 Langzeitarbeitslosen. Eigentlich war die westliche Wirtschaft ab Mitte der 70er Jahre bemüht, die sogenannten Lohnnebenkosten, also Sozialleistungen, abzubauen, aber die östliche Konkurrenz hielt sie selbst da in Schach, wo es schwerfiel.

Das gegenseitige Belauern schloss gelegentliche Hilfe nicht aus. 1974 zum Beispiel, als Willy Brandt geht und die Probleme bleiben: Im Etat klafft eine Milliardenlücke – das größte Haushaltsdefizit in der Geschichte der Bundesrepublik, die Arbeitslosenzahlen steigen, und die Sozialdemokraten fallen erstmals in der Nachkriegsgeschichte in der Wählergunst. Helmut Schmidt muss das Ruder herumreißen, auch durch Schritte, die heute niemand mehr wahrhaben will.

Er schickt seinen Ständigen Vertreter Günter Gaus zu den seit der Wende Unberührbaren, um brüderliche Hilfe zu beschwören. Dabei kann er zu Recht auf das schlechte Gewissen der SED-Führung wegen der Guillaume-Panne setzen. Wie 2002 aufgetauchte

Stasi-Unterlagen[23] belegen, setzte Gaus «im Auftrag von Helmut Schmidt» Erich Honecker vertraulich darüber in Kenntnis, dass sich die Bundesregierung politisch und ökonomisch «in ernsten Schwierigkeiten» befinde. Durch Großaufträge der DDR an die westdeutsche Wirtschaft könne «sich die Situation zugunsten der SPD wenden», wird Gaus zitiert. Wie auch mit dem Notruf, die westdeutsche Regierung brauche die DDR zurzeit, «um mit ihren Problemen politischer Art fertig zu werden und an der Macht zu bleiben». Schmidts Bitte, die als Gegenleistung günstige Warenkredite anbot, wurde im Politbüro trotz eigener Finanzknappheit abgenickt, die westdeutsche Industrie erhielt die gewünschten Großaufträge, und der SPD-Kanzler regierte noch acht Jahre weiter.

Solange die DDR existierte, hat sie SPD-Kanzler gestützt, weshalb auch Brandt das gegen ihn gerichtete Misstrauensvotum durch von der Stasi bestochene Stimmen abwenden konnte. Aber jeder Gefallen rächt sich bekanntlich ...

So auch der von Strauß eingefädelte Milliardenkredit 1983. Einerseits wurde damit gegenüber den Kapitalmärkten die Kreditwürdigkeit der DDR demonstriert, andererseits ging es dem bayerischen Schlitzohr und seinen Gönnern langfristig ganz sicher nicht um eine Stärkung des Gegners. Was damals und bis heute viele nicht verstanden haben, hatte von Anfang an eine einfache Logik, vor der auch Sowjet-Ökonomen 1984 folgenlos warnten. Wer Geld nimmt, macht sich abhängig. Die Prawda tadelte: Die DDR verkauft sich für ein Linsengericht. Denn gemessen an den Gesamtkrediten, war der von Strauß eingefädelte nicht so schwerwiegend. Entscheidend war, dass die Geldmärkte die DDR nun wieder belieferten. Und so die DDR-Arbeiter dazu verführt wurden, über ihre Verhältnisse zu leben. Wobei abzusehen war, dass die Zinsforderungen sie schwer belasten würden. Von 1975 bis 1989 gingen 13,5 Prozent der mit hohem Aufwand zustande gebrachten Westexporte für Zinszahlungen drauf. Das war ein Nettobetrag von 30,7 Milliarden DM.[24] War der Milliardenkredit der Anfang vom Ende der DDR? Von da an galt zumindest: Ohne Westen kein Osten.

Anfang vom Ende der sozialen Marktwirtschaft

Gibt es für die soziale Marktwirtschaft ein vergleichbares Ereignis, mit dem sich das Blatt wendete? Der Punkt, an dem der von Betriebs- und Konzern-Eigentümern und deren Managern gesteuerte Kapitalismus zu einem wurde, bei dem die Macht an die Finanzinvestoren überging, scheint mir nicht genau genug beschrieben. Das ist vielleicht kein Zufall. Wenn allgemein bekannt wäre, wer das wann, warum und wodurch ermöglicht hat, ließe sich dieser unheilvolle Weg vielleicht rückabwickeln. Rückabgewickelt wird nämlich sowieso. Fragt sich nur, was, von wem, wohin.

Es war wieder ein Krieg, der alles auf den Kopf stellte, diesmal aber nicht in Form einer Konjunktur, sondern einer Pleite. Das erste Abstreifen einer vernünftigen Kapitalfessel geschah 1973, gegen Ende des Vietnamkrieges. Die USA hatten das Dreifache der Munitionsmenge des Zweiten Weltkrieges auf das kleine sozialistische Land regnen lassen und sich dabei so verschuldet, dass sie die Golddeckung des Dollars nicht mehr gewährleisten konnten. Damit war der Anker des 1944 in Bretton Woods beschlossenen Systems der festen Wechselkurse gelichtet. Die Kapitalverkehrskontrollen entfielen, und unter dem Druck der einsetzenden Devisenspekulationen begannen die Schweiz und kurz darauf die Bundesrepublik ihre Währung freizugeben und das System flexibler Wechselkurse einzuführen. Nach und nach folgten fast alle westlichen Länder.

Mit den Verfallserscheinungen des Realsozialismus, beginnend Ende der 70er Jahre, ist die zügelnde Wirkung seiner unsichtbaren Hand bereits schwächer geworden. Das Kapital hat offenbar einen sicheren Instinkt für durchhängende Zügel. Die Rücksichten ließen nach, bestanden aber noch. Mitte der 80er Jahre wurde eine weitere Fessel gekappt, nun wurden auch die Festkurse auf Kapitalverkehr, also die zwischenstaatlichen Geldbewegungen, die nichts mit Warenlieferungen oder Dienstleistungen zu tun hatten, freigegeben. Was mochten die Motive der dies gestattenden Politiker gewesen sein, gegen jede Vernunft die Stützen der Realwirtschaft zugunsten einer hochgefährlichen Spekulationswirtschaft zu opfern? Es fällt schwer, eine andere Antwort als Lobbyismus und Korruption zu finden. Das internationale Finanzroulette begann sich zu drehen.

Doch immer noch befand man sich in der Systemkonkurrenz, selbst wenn jene sozialistische Hand sklerotisch zu werden schien – man konnte sich täuschen, da war noch ein Restrisiko, noch gab es gegenseitige Abhängigkeiten. Verträge, Einflusssphären, Ressourcen, Militär. Noch schien es ratsam, langfristig zu denken, noch war der letzte Triumph nicht errungen, noch hätte eine Agenda des Sozialabbaus alles verderben können. Auf Sieg setzen hieß: nicht auf maximale Rendite setzen. Erst der Hauptgang, dann der Nachtisch.

Noch gingen die Unternehmer und Finanziers kein übergroßes Risiko ein und begnügten sich vernünftigerweise mit Zinsen, die zwar stiegen, aber nicht auffällig schneller als das Wirtschaftswachstum. Erst 1989, mit dem zweifelsfreien Niedergang des Konkurrenten, setzte praktisch über Nacht die Großoffensive des Kapitalismus ein. Nur dreizehn Tage nach dem Mauerfall wurde auf einer Sitzung des Zentralbankrats der erste Plan für eine Währungsreform vorgelegt. Die Details stießen noch auf Skepsis, aber dass die DDR mit all ihren sozialistischen Flausen aufgekauft und damit entmündigt werden sollte, stand von Anfang an fest.

Ab 1990, nachdem auch die Sowjetunion abgedankt hatte, konnten sich die Handlungsreisenden des Kapitalismus endlich die Dessertkarte reichen lassen. Mit dem beschriebenen *Konsens von Washington* gingen die Marktfundamentalisten zum verhängnisvollen Prinzip der bedingungslosen Profitmaximierung über. Und niemand fiel ihnen in den Arm. Im Gegenteil, in den meisten Staaten passierte Ähnliches wie in Deutschland: Zum 1. Januar 1991 entsprach der Gesetzgeber unter der Regierung Kohl den Wünschen der Wirtschaft und schaffte die Börsenumsatzsteuer ab.

Mit spekulativen Angeboten erlaubten sich die Banken, ihre Zinsversprechen deutlich über die Wachstumsraten des Bruttoinlandsprodukts hinaus zu steigern. Und siehe da, es gab keinen Widerstand mehr, auch die Politiker ließen sie gewähren, ja beugten sich den Lobbyisten und sekundierten das Treiben durch gesetzliche Freiräume. Seither fließt den Kreditgebern und Aktienbesitzern ein überproportionaler Anteil an der Vermögenssubstanz der Gesellschaft zu. Denn wenn die Einkommen aus Geldvermögen über der allgemeinen Wirtschaftsleistung liegen, müssen die Einkommen aus Arbeitsvermögen zwangsläufig darunter liegen. Die sogenannten Arbeitnehmer werden zunehmend zu Geldgebern, indem sie nicht nur für sich arbeiten, sondern mehr und mehr für die Zinsen und Renditen der Reichen. Die Lohnabhängigen sind am Ergebnis ihrer Wertschöpfung immer weniger beteiligt. Das nannte man in den Zeiten des Klassenkampfs Ausbeutung. In den Zeiten der laschen Hand kommen die Shareholder-Value-Jünger damit durch, es einfach Globalisierung zu nennen.

Ist diese Sicht nicht zu statisch?, fragt der Zweifel. Selbst wenn die Wirkung des einstigen Widersachers unterschätzt wird – verschwindet ein Konkurrent, kommt sofort der nächste. Man kann doch China oder Indien nicht übersehen, die treiben uns auch vorwärts.

Nein, darf man dem Zweifel da wohl widersprechen, sie treiben uns rückwärts, Richtung Abbau des Sozialstaates. Kein Land ist derzeit in der Lage, Druck auf uns auszuüben, die sozialen Menschenrechte einzuhalten. China und Indien schon gar nicht. Im Gegenteil, die Konzerne stehen in Konkurrenz um die Nichteinhaltung der UNO-Sozialcharta. Im klassischen Kampf um Absatzmärkte und billige Produktionsstandorte geht es nicht nur um ein Unterbieten von Lohnstandards. Demokratie und Sozialgesetzgebung gefährden den Standort.

Für Apple zum Beispiel montieren in dem chinesischen Ort Longhua, in der Sonderwirtschaftszone Shenzen, 200 000 Arbeiter den iPod. Sie müssen für 50 Dollar im Monat rund 15 Stunden am Tag arbeiten. Schlafräume für 100 Menschen sollen üblich sein, zu essen gibt es Reis pur. Besuch ist unerwünscht, er könnte die Arbeiter durch familiäre Belange von ihrem Arbeitsauftrag ablenken.

«Gilt Trotzkis Charakterisierung des zaristischen Russlands von 1905 als ‹eine Vereinigung der asiatischen Peitsche und der europäischen Börse› nicht ebenso für das heutige China?», fragt der slowenische Philosoph Slavoj Žižek. Er befürchtet, dass der Erfolg von Peitsche und Börse «ein Anzeichen dafür ist, dass die Demokratie, wie wir sie verstehen, nicht länger eine Bedingung und ein Beweggrund für die ökonomische Entwicklung ist, sondern ihr Hindernis».[25]

Wenn Maximalprofit das einzige Unternehmensziel ist, müssen Löhne gesenkt und Belegschaften halbiert, die Arbeitszeiten erhöht, die Leistungen für Soziales und Forschung vermindert werden. Kaum hat die Konkurrenz nachgezogen, wird das Ganze zum allgemeinen Standard erklärt, ohne dass irgendein sozialistischer Weltgewerkschaftsbund protestieren, geschweige denn ein sozialistisches Land Alternativen vorleben könnte. Diese Barrieren hat die sozialistische Zweite Welt, vielleicht als letzte Rache, mit sich fortgerissen. Erst nach der Sowjetära erfolgte der Sprung von der sozialen Marktwirtschaft zur radikalen.

Das weitere Einreißen von Barrieren erledigen nun ganz freiwillig die Regierungen. Statt, wie ein Urteil des Bundesverfassungsgerichtes 1997 fordert, Immobilienbesitz stärker zu besteuern, wird unter Kanzler Kohl entschieden, überhaupt keine Vermögenssteuer mehr zu erheben. Daran ändert auch die nachfolgende, rot-grüne Koalition nichts, obwohl es durchaus verfassungsgemäß gewesen wäre, in der Vermögenssteuer ein Umverteilungsinstrument zu sehen.

Wie verträgt sich diese kapitalfreundliche Politik mit der in den 90er Jahren aufkommenden Behauptung, der Sozialstaat sei nicht mehr finanzierbar? Sicher, die vielen Arbeitslosen und die erfreulicherweise immer älter werdenden Menschen wollen versorgt sein. Aber wozu haben wir eine der reichsten Wirtschaften? Wozu wächst sie, wird immer effektiver und leistungsfähiger, rühmt sich, Exportweltmeister, also Globalisierungsgewinner zu sein? Für wen wirtschaftet die Privatwirtschaft nach dem Ende der Volkswirtschaft eigentlich?

Selbst wenn da ein unbezahlbarer Rest bleibt, so könnten die Belastungen gerecht auf alle verteilt werden. Über die Zusammenlegung von Arbeitslosengeld und Sozialhilfe hätte man reden können, wenn nicht alle begleitenden Maßnahmen von Agenda 2010 bis zu den Hartz-Gesetzen auf Kosten der kleinen Leute gegangen wären: Für sie gab es weniger Tarifautonomie, Einschnitte bei Arbeitslosen- und Krankengeld, längere Arbeitszeit und weniger Kündigungsschutz, prekäre Arbeitsverhältnisse, von denen man dank Niedriglohn und Leiharbeit nicht mehr leben kann. Welche vergleichbaren Opfer sind den Arbeitgebern zugemutet worden? Was nutzt ein relativer Abbau der Arbeitslosigkeit, wenn er nur dazu führt, die Kluft zwischen Arm und Reich zu vergrößern? Also die Ausbeutung zu intensivieren?

2001 veranlasste Rot-Grün eine Steuerreform, die den Reichen 40 Milliarden DM schenkte. Kein Wunder, dass plötzlich fünf Milliarden fehlten, um eine Rentenerhöhung finanzieren zu können.

Tragischerweise hat gerade die Sozialdemokratie unter Kanzler Schröder kein Gespür dafür gehabt (oder haben wollen), dass (wegen des fehlenden Konkurrenten?) die Zeiten vorbei sind, in denen eine wirtschaftsfreundliche Politik auch eine bürgerfreundliche ist. 2004 wurden unter dem Agenda-Kanzler in Deutschland die bis dahin verbotenen Hedgefonds zugelassen. Deren Sittenwidrigkeit verrät oft schon die offizielle Postadresse: Steueroasen wie die Cayman Islands.

Der zusätzliche Gewinn brachte Kapital in die «Wagnisfinanzierungsgesellschaften», die Private Equity. Diese reinste Form des Kapitalismus entpuppte sich als kreditgestützter Aufkauf gesunder Unternehmen zum Zwecke der Profitverdopplung und Arbeitskräftehalbierung. Sie lockt mit höheren Renditen als Aktien. Erst seit dem Untergang des sozialistischen Blocks wurde das Kapital im wahrsten Wortsinn so unbefangen, dass es dreist 25 Prozent und mehr Rendite forderte.

Ein Jahr später kostet die Heuschrecken-Debatte die Wirtschaft nur ein müdes Lächeln. Die vom Gesetzgeber erlassenen Spielregeln haben dem Kapital endgültig ermöglicht, sich als einzige Kraft in der Welt absolut frei zu bewegen. Dabei gilt: Spekulation vor Investition. Ein Weltfinanzvermögen mit seriöser Deckung dürfte nicht dreimal größer sein als das Weltsozialprodukt. Die Wall Street hat einst Präsident Clinton großzügig mit Wahlkampfspenden bedacht. Dankbar hat er in vielen Bereichen die Regulierungen der Banken gelockert. Bekanntlich werden die Regeln der Wirtschaft zu großen Teilen in Amerika gemacht. «Aber nicht von der amerikanischen Regierung, und auch nur zum kleineren Teil vom amerikanischen Kongress, sondern von der amerikanischen Zentralbank, der Fed, und von der Wirtschaft selbst.»[26]

Wird Präsident Obama, umhergewirbelt im krisenhaften Strudel der Interessen derjenigen, die ihn finanziert haben, das Ruder herumreißen können? Denn das ist eben die Kardinalfrage, von der niemand behaupten möge, sie sei geklärt: Wer macht die Regeln der Wirtschaft? Der staatliche Plan allein war dazu unfähig, aber die Wirtschaft allein ist es ebenso. Die soziale Frage ist so ungelöst wie lange nicht mehr. Wenn demokratische Politik nicht die Regeln der Wirtschaft und damit der bürgerlichen Gesellschaft bestimmt, klonen sich vor aller Augen Plutokratien.

Erst in jüngster Zeit häuft sich eine Diagnose, die bislang tabuisiert war: Demokratie und Kapitalismus sind nicht identisch. Auch Diktaturen sind ein erträglicher Nährboden für Kapitalismus. Die durch die Krise bisher nicht aufgehaltene Schlacht um halsbrecherische Spekulationen und höchste Renditen sind eine Weltkriegserklärung gegen alle humanen Erwägungen menschlichen Zusammenlebens. Der Extremkapitalismus ist der eigentliche Extremismus des 21. Jahrhunderts.

Mit ihm verliert der Westen in dramatischem Tempo, was er sich im vorigen Jahrhundert im Ringen mit seinem Konkurrenten nach und nach eindrucksvoll aufgebaut hatte. Die öffentliche Verschuldung wird Dimensionen annehmen, mit denen kein nationales oder europäisches Stabilitätskriterium mehr zu halten sein wird. Der abzusehende Staatsbankrott könnte uns zwanzig Jahre nach der ersten eine zweite Untergangsgesellschaft bescheren. «Der Untergang kommt durch die Entwürdigung der Herzen», wusste Baudelaire. Der Frevel des Ostens ist mit dieser Diagnose poetisch trefflich umschrieben. Und der des Westens?

2. Vom Verlierer nicht lernen heißt verlieren lernen
Der Westen hat seine Beute verloren – eine Bilanz nach zwanzig Jahren

> *Das siegreiche Volk hat niemals einen Vorteil*
> *von den Trümmern des besiegten Volkes. Es bezahlt alles.*
> *Es leidet, auch wenn seine Waffen siegreich sind,*
> *wie im umgekehrten Fall.*
>
> VOLTAIRE

Vae victis! Wehe den Besiegten, hieß es, als 387 vor Christus die Kelten die Römer an der Allia besiegten. Vae victoribus! Wehe den Siegern, sagte ich, als 1989 nach Christus die Bonner die Ostdeutschen an der Spree besiegten. Alles deutete darauf hin, dass sie sich die Werte der Ostdeutschen unter den Nagel reißen, das Wissen und Erbe der Ostdeutschen ausschlagen und kein Gespür dafür haben würden, wie sehr sie nur eine Teilgesellschaft waren. «Siegerkomplex» nannte Michail Gorbatschow beim Petersburger Dialog 2006 in Dresden die «Krankheit der westlichen Freunde». Diese Krankheit der Selbstüberschätzung blendet aus, wie abhängig wir alle voneinander sind. Gerade auch der Sieger vom Verlierer.

Die Vereinigung stellte sich für viele Ostdeutsche recht bald als westlicher Beutezug dar. Er hat sich ins Gedächtnis eingebrannt – der Ausverkauf durch die Treuhand, der Millionen Arbeitslose zurückließ, der Immobilienkrieg gemäß dem Prinzip Rückgabe vor Entschädigung, das Ostdeutsche benachteiligende Sonderrecht, der unumgängliche, aber völlig überzogene Austausch der Eliten. 1990 war das beste Geschäftsjahr der Deutschen Bank in ihrer hundertjährigen Geschichte. Im Westen des Landes entstanden zwei Millionen neue Arbeitsplätze, und die Zahl der Einkommensmillionäre erhöhte sich um 40 Prozent. Zwanzig Jahre danach ist der Osten kein blühender Garten. Unter der (untreuen) Hand hat sich die einst fette Beute, zumindest für die Bürger, in ein Fass ohne Boden verwandelt.

Rückblickend bleibt es eine bemerkenswerte Leistung der neuen Machthaber, den Widerspruch gegen die Einheit als Anschluss weitgehend kanalisiert zu haben. War er zu kleinlaut, oder ist er mundtot gemacht worden? Beides. Es rächte sich damals, dass es in der DDR keine Tradition einer die Macht kritisierenden Öffentlichkeit gab. In der Literatur war der Spielraum zumindest etwas größer. «Allein die Intellektuellen konnten und hatten diese Aufgabe zu erfüllen. Sie taten es gewiss mangelhaft, sie haben versagt, sie haben sich durch Gewalt oder Verführung korrumpieren lassen, und sie haben diese Aufgabe auch einigermaßen erfüllt», fand Christoph Hein 1996 rückblickend.

Von der Tribüne der Großdemo am 4. November 1989 wurde zur Überraschung aller verkündet: Das DDR-Fernsehen überträgt live. Erstmalig konstituierte sich so etwas wie eine ostdeutsche Öffentlichkeit. Auf dem Sender Runde Tische, Bürgerforen, die investigative Jugendsendung 1199 – nie zuvor hatte das DDR-Fernsehen solche Einschaltquoten. Als Gründungsmitglied des Demokratischen Aufbruchs und stellvertretende Vorsitzende der ersten unabhängigen Untersuchungskommission hatte auch ich eine Medienpräsenz wie nie zuvor. Und nie danach. Denn «der Mut und die Lust, mitzusprechen in der vereinten Demokratie, ist denen im Osten rasch wieder ausgetrieben worden. Christa Wolf hat sich von den Belehrungen aus dem Westen bis heute nicht recht erholt», schrieb Gunter Hofmann in der *Zeit*. Und nicht nur sie.

Unter dem Damoklesschwert einer angeblich völlig bankrotten Wirtschaft und einer durch und durch korrupten, ja kriminellen Nomenklatura musste jeder, sich die Augen reibend, sehen, wo er blieb. Der Runde Tisch mit seinem schönen Verfassungsentwurf, der Unabhängige Frauenverband, die Reste der Bürgerbewegung, die frei gewählte Opposition SED-PDS – sie alle scheiterten mit dem Versuch, die Einheit gleichberechtigt nach Art. 146 GG zu vollenden. Der Weg über den Art. 23 GG, der bedingungslose Beitritt, erwies sich als die erste einer Kette von unsühnbaren Sünden.

Die Beitrittseinheit signalisierte von Anfang an: Da ist nichts, aber auch gar nichts, was uns von euch interessiert. Die Ostdeutschen wurden auf ihrer bescheidenen Mitgift sitzengelassen, weshalb die nicht von der Treuhand und anderen veruntreuenden Behörden oder von der Karriere aus heiterem Himmel begünstigten Westdeutschen die Einheit kaum als Gewinn empfinden konnten. Wir hatten ja angeblich nichts zu bieten.

Nach guter alter Konquistadorenmanier wurden den Einheimischen zuerst ihre Sprachrohre aus der Hand geschlagen. Was heutzutage bedeutet: Medien und Verlage abwickeln, intellektuelle Leitfiguren und moralische Instanzen vom Podest holen. Jürgen Habermas beklagte, «dass den Beitrittswilligen nicht viel mehr als Anpassung und Unterwerfung, jedenfalls kein politischer Handlungsspielraum mehr geblieben ist.»[1]

Ost-Kultur ausgegrenzt, aber ungeahnt resistent

Wahrlich, ich sage euch, das ist die Geschichte von Karin Ney:
Ich war eine erfahrene Dramaturgin der im Lande, aber auch bei unseren westdeutschen und ausländischen Kollegen wegen ihrer Professionalität geschätzten Hörspielabteilung vom DDR-Rundfunk. Die Akustik unserer Studios galt als die beste in Berlin. Bald nach der Wende sprach sich auch bei uns schnell herum: Der einstige Wehrmachtsoffizier und nun Rundfunkbeauftragte der Bundesregierung für die neuen Bundesländer, Rudolf Mühlfenzl, hat befunden, das DDR-Fernsehen habe 40 Jahre lang das stalinistische Unrechtssystem begleitet, womit ihm jede Berechtigung zum Weiterleben genommen sei. Großzügig entschied er: Das Sandmännchen darf bleiben.

Mühlfenzls despotisches Wirken bei der Abwicklung des DDR-Rundfunks darf man sich etwa so vorstellen: Wochenlang erreichten insbesondere die leitenden Mitarbeiter aller Redaktionen, auch der nur bedingt politischen, wie Sport, Musik oder unser Hörspiel, Entlassungsschreiben, die zu begründen nicht für nötig befunden wurde. Wer bis zum Herbst 1990 diesem Los entgangen war, durfte sich für eine Neueinstellung bewerben. Das habe ich getan.

Eines Tages wurden alle Bewerber vor eine Tür im ersten Stock von Block A bestellt. Wir wurden einzeln aufgerufen, gelangten über ein Vorzimmer in einen leeren Raum, in dessen Mitte ein Tisch stand, darauf ein Telefon. Der Hörer lag daneben. Wir wussten, wir müssen ihn aufnehmen und unseren Namen sagen. Wir wussten, die Stimme, die wir hören würden, sollte angeblich die des Herrn Mühlfenzl sein. Vielleicht war es auch die Gottes oder des Schicksals – sie stellte sich nicht vor. Wir wussten, die Stimme würde nur einen Satz sagen: Entweder «Sie werden übernommen» oder «Sie werden nicht übernommen». Dann hatte man den Raum zu verlassen und der Nächste wurde aufgerufen. Ich verließ ihn gesenkten Hauptes, ohne Blick für die Kollegen in der gleichen Situation. Es war so demütigend für mich und die anderen. An diesem Tag waren die steinernen Papierkörbe auf dem weitläufigen, parkartigen Rundfunkgelände an der Spree voller leerer Wein- und Schnapsflaschen.

Ähnlich undifferenziert wurde der gesamten DDR-Kunst vorgeworfen, ob Malerei, Literatur, Film oder Theater, sie habe dem Staat gedient und dessen Unrechtsregime unterstützt. Unmittelbar nach der Währungsunion wurden eine halbe Million druckfrischer Bücher an der Peripherie der Bücherstadt Leipzig auf Müllkippen entsorgt – Klassiker, Werke antifaschistischer Exilanten, wissenschaftliche Literatur, Bildbände, Noten von Bach, selbst Reden des amtierenden Bundespräsidenten Richard von Weizsäcker wurden, nur weil sie in der DDR publiziert worden sind, zu Abfall degradiert. Es ist allein der beherzten Rettungsaktion des Kattlenburger Pfarrers Martin

Weskott zu danken, dass ein großer Teil geborgen, in einer Scheune aufbewahrt, zugänglich gemacht und der ganze Vorgang ins öffentliche Bewusstsein gebracht wurde.

Anderes entging seiner Bestimmung nicht, fast alle kulturellen Netzwerke wurden zerschlagen, Autoren verloren ihre Lektoren, Dramaturgen, Kritiker und Literaturredakteure. Selbst ein so prominenter Schriftsteller wie Ulrich Plenzdorf, einer der meistgedruckten Autoren des Suhrkamp-Verlages, im Westen als Kronzeuge für östliches Aufbegehren gegen alles Sture und Starre einst hochwillkommen, fühlte sich «zur Ruhe gesetzt». Gerade auch von den Fernsehsendern, die seit 1998 alle Stoffe von ihm ablehnten. 2003 sagte er in einem Interview: «Ich habe diese Auseinandersetzung über die Deutungshoheit östlicher Schicksale glatt verloren.»

In einem seiner letzten Texte beschrieb Ulrich Plenzdorf das anhaltende Erstaunen darüber, mit welcher Vehemenz nach 1990 ein Teil des Volkes auf den unterlegenen, kleineren einschlug. Er zitierte einen der Sprüche seiner Mutter: «Wat, du Hund, du röchelst noch? Dann stech ich dir noch töter. Er röchelt noch – das ist der Punkt», sagte er.

Wo immer es noch röchelte, wurde die Treuhand angelegt. Missverstehe ich den Auftrag des Einigungsvertrages, die «kulturelle Substanz Ostdeutschlands» zu erhalten, richtig?, fragten sich die Bevollmächtigten dieser staatlichen Behörde und legten los. Der Gründer des nach der Wende entstandenen Linksverlages, Christoph Links, beschreibt in seiner Dissertation[2], was das bedeutete:

Die ostdeutschen Verlage «wurden nicht ausgeschrieben, sondern ohne Konsultation der Betroffenen nach unüberprüfbaren Kriterien ‹diskret› vergeben. Als zentrales Problem erwies sich dabei der vorrangige Verkauf an ihre direkten Konkurrenten im Westen des Landes ... Viele Verlage wurden für die symbolische eine Mark abgegeben», unter Auflagen, die weder kontrolliert noch eingehalten wurden. «Zu Beginn lag die Zuständigkeit für sämtliche DDR-Verlage bei einem einzigen Mitarbeiter, einem Bauingenieur. Ihm wurden – nach Protesten aus der Kulturwelt – zwei

Teilzeitarbeiter für ein Jahr zur Seite gestellt.» Deutlicher konnte das Mutterland seine Missachtung der Kultur der beitretenden, vaterlandslos gewordenen Gesellen nicht demonstrieren. Das Ergebnis war das erwünschte: Von den einstigen 78 DDR-Verlagen existieren heute noch zwölf. Von 6100 Arbeitsplätzen gingen 5500 verloren. Da sind die heimatlos gewordenen Autoren nicht mitgezählt. «Selbst mit den neugegründeten Verlagen zusammen werden in den ostdeutschen Bundesländern heute nur noch 2,2 Prozent der gesamten deutschen Buchproduktion erzeugt.» Leipzig, jahrhundertelang die «Nummer eins der deutschen Buchstädte, rangiert inzwischen auf Platz 16 hinter Göttingen, Saarbrücken und Heidelberg».

Die Erinnerung an DDR-Kultur wird so Gedanke um Gedanke ausgelöscht. «Vor 75 Jahren erschien ‹Die Weltbühne› zum letzten Mal in Deutschland», titelte das «Kalenderblatt» vom Deutschlandfunk am 7.3.2008. Es ist ja schön, dass der junge Redakteur diese mutige Zeitung würdigt. Aber ist es wirklich schon zu viel verlangt zu wissen, dass sie – weniger mutig, aber anständig – während der ganzen DDR-Zeit wieder herausgegeben wurde und dass es seither in Ostberlin gleich zwei verdienstvolle Nachfolger gibt? Den argumentscharfen *Ossietzky* und das kulturpflegende *Blättchen*.

Angesichts solcher Missachtung, die die Menschen nicht nur gegenüber ihren Leistungen in der Kultur, sondern praktisch in allen Lebensbereichen zu spüren bekamen, ist es nicht verwunderlich, dass Schriftsteller für Abwickler scharfe Worte fanden. Wolfgang Hilbig erregte sich über die «Unzucht mit Abhängigen», die erneut zum Verlust eigener Meinung durch Anpassungsdruck führe. Jurek Becker diagnostizierte eine gewisse «Fremdenfeindlichkeit zwischen Ost und West», Christoph Hein sprach von «der Denunziation einer Bevölkerungsgruppe», und Ulrich Plenzdorf fühlte sich an «Besatzerregime» erinnert. Klaus Schlesinger bedauerte, «in welch grobe Hände unsere Sache gefallen war» und befand, er habe seither «das Gefühl, dass die Zeit rückwärts läuft». Zwar räumte er ein, es sei «nichts alles schlecht, was aus dem Westen kommt». Dennoch bereitete ihm am Beitritt die meisten Kopfschmerzen, «dass wir nie wieder austreten können».

Nach Heiner Müllers Eindruck hat die Vereinigung zu einer Niveausenkung im gesamtkulturellen Bereich geführt. Und das nicht nur aus ökonomischen Gründen. «Auch durch die Form dieser Vereinigung, die natürlich eine Kolonisierung ist. Man hat hier einfach Entwicklungen abgeschnitten und eine ganze Struktur diskreditiert und paralysiert ... Und dann muss sich das erst wieder zusammenraufen. Das kann lange dauern.»

Es dauert bis heute.

Kaum eine und einer der DDR-Schriftsteller und Schriftstellerinnen, die in den Jahren der Teilung im Westen nicht nur in hohen Auflagen gedruckt, sondern auch gelobt und mit Einladungen und Preisen wohl bedacht wurden, hat die Jahre der Einheit unbeschadet überstanden. Die Dissidenz, die dem Westen so ausnehmend gut gefiel, solange sie auf die DDR gerichtet war, war, als sie auf das eigene Land überzugreifen drohte, nicht mehr erwünscht. Plötzlich wurde deutlich, dass sich viele dieser Autoren nicht vereinnahmen ließen, sondern sich einen fremden Blick bewahrt hatten.

Jurek Becker hatte 1990 (*Neue Rundschau*, Heft 1) einen kleinen «Einspruch gegen die große deutsche Euphorie» verfasst: «Der *real existierende Sozialismus* geht unter, kein Zweifel. Um den Verlust braucht man nicht zu weinen, wenn man die tatsächliche Situation dieser Länder vor Augen hat und nicht die Fiktion, die ihre bisherigen Führer als Wirklichkeit ausgegeben haben. Der Westen hat gewonnen, *das* ist das Problem. Wir im Westen leben in Gesellschaften ohne Zielvorstellung. Wenn es doch so etwas wie ein Programm gibt, dann lautet es: Umsatz. Theoretisch lässt sich Umsatz so lange steigern, bis unsere Welt in Trümmern liegt, und wie es aussieht, wird genau das geschehen ... Das Wichtigste an den sozialistischen Ländern ist nichts Sichtbares, sondern eine Möglichkeit. ... Osteuropa kommt mir wie ein letzter Versuch vor.»

Heiner Müller, Ende der 80er Jahre in Ost und West der meistgespielte deutsche Dramatiker, hatte die DDR in einem seiner Gedichte seine «wütende Liebe» genannt. Auch er kritisierte sie scharf und nahm sie dennoch an, als «Hoffnung auf das Andere». Denn der Kapitalismus war für ihn nur die «andre Barbarei». Das Problem war also die Alternativlosigkeit der Alternative. Hatte ihn jahrzehntelang die Kulturpolitik der DDR in zermürbende Konflikte gestürzt, so waren seine letzten Jahre gezeichnet von den in Medien verbreiteten bösartigen Attacken und Verdächtigungen der neuen Moral- und Kunstwächter des vereinten Deutschland. Er sprach von einer Atmosphäre antikommunistischer Pogrome.

Was störte nach 1989 so sehr an den eben noch gefeierten DDR-Schriftstellern? Der historisch belegte Umstand, dass die Sieger immer als Erstes die kulturellen Identifikationsfiguren der Besiegten demontiert haben, ist keine hinreichende Erklärung. «Das Einzige, was Kunst kann, ist Sehnsucht wecken nach einem anderen Zustand der Welt. Und diese Sehnsucht ist revolutionär», hatte Heiner Müller in der Hörspielreihe des DLF «Partisanen der Utopie» gewarnt. Könnte es sein, dass im höchsten Moment des Sieges die Sehnsucht nach einem anderen Zustand der Welt nicht nur unwillkommen, sondern in höchstem Maße provozierend war? Wie Provokateure behandelt wurden die kritischen Autoren jedenfalls.

Von jener Hoffnung auf das Andere wollte auch Stephan Hermlin nicht lassen. Nach dessen Tod warf Günter Grass Medien und Verlagen vor, Hermlin sei von moralischen Beckmessern einer «geheimdienstlichen Behandlung» unterzogen und «wie Freiwild gehetzt» worden.

Wahrlich, ich sage euch, das ist die Geschichte über die Behandlung von Stefan Heym:

Der Schriftsteller Stefan Heym hatte sich am weitesten in die Opposition gewagt, bis in die PDS und mit ihr in den Bundestag. Im Dezember 1994, am Vorabend seiner Rede als Alterspräsident, brachten alle Rundfunk- und Fernsehstationen die vom Innenministerium unter Manfred Kanther verbreitete Meldung, Heym habe für die Stasi gearbeitet. Kanther hatte auch alle Fraktionsvorsitzenden alarmiert. Um 21 Uhr rief Bundestagspräsidentin Süssmuth bei Heym an und legte ihm nahe, auf seine Rede bei der konstituierenden Sitzung des Parlaments zu verzichten, was er empört ablehnte. Die ganze Nacht verbrachten der 81-Jährige und seine Frau über seinen Stasi-Opfer-Akten, um herauszufinden, was gemeint sein könnte – vergeblich.

Am nächsten Morgen, unmittelbar vor der Rede, brachte ihm der damalige Direktor der Stasiunterlagen-Behörde, Geiger, die Beweise dafür, dass die Vorwürfe vollkommen haltlos sind. Vor 40 Jahren waren wegen eines anonymen Briefes zwei sich als Kriminalbeamte ausgebende Stasi-Leute bei Heym aufgetaucht und danach nie wiedergekommen. Die innenministerielle Attacke: nichts als eine schamlose Intrige. Zeit, die Abgeordneten darüber zu informieren, war nicht mehr. Wie er dann behandelt wurde, mag dank der Fernsehpräsenz deutlich in Erinnerung sein. Diese Szenen warfen Schlaglichter auf die 1994 herrschende politische Kultur des Landes: Abgeordnete, die sich beim Auftritt des Alterspräsidenten und jüdischen Schriftstellers von Weltruf nicht von ihren Plätzen erheben, die während seiner altersweisen Rede über Toleranz gelangweilt in Akten blättern, schreiben oder mit finsteren, arrogant-abweisenden Mienen dasitzen und jeglichen Beifall verweigern.

Anschließend gab Heym eine Pressekonferenz, die so eindeutig war, dass niemand jemals auf die Stasi-Vorwürfe zurückkommen konnte. Eine Kamera war nicht im Raum, es soll nicht einmal einen Tonmitschnitt geben. Auch die Presse hielt sich kleinlaut zurück. Die Klage gegen den Innenminister wegen Verleumdung wurde abgewiesen. Eine Meldung war das nicht wert.

Generell wurden Schriftsteller besonders gern angegriffen, wenn sie sich in die Nähe eines Amtes wagten. Ich will gar nicht von eigenen Erfahrungen reden. Aber in Erinnerung dürfte die unsägliche Debatte von 2004 um Christoph Heins Berufung zum Intendanten des Deutschen Theaters sein. «Ich bin am geistigen Klima gescheitert», sagte er, das absichtsvoll vergiftet, feindselig und diffamierend gewesen sei. Ausgerechnet Hein sollte für den «Mief des schlechten, alten Ostens» verantwortlich gemacht werden.

Und als Volker Braun Literaturchef der Akademie der Künste wurde, sollte er sich für ein Gedicht verantworten, für das er pikanterweise schon in der DDR angegriffen worden war. Einige Zunftgenossen schreckten nicht davor zurück, ihn als widerwärtigen Höhner und Menschenverachter zu verunglimpfen, was zum Glück in den großen Feuilletons nicht unwidersprochen blieb.

Waren es in Wahrheit Sätze wie diese, die ihm die Anfeindung eingebracht hatten? «Das Schreiben auf die Veränderung hin konnte nicht haltmachen vor der Zerstörung des Sozialismus, die ich nicht wollte, aber zeigen musste ... Auch mein Ort ist versunken, planiert und privatisiert wie die Gemüter. Der schmale Grat, auf dem ich ging mit meinen Seilschaften. Es ist jetzt unsere Niederlage, die wir errungen haben, mein Gelingen, das ein Scheitern ist, unsere nicht ohne Gelächter zu rekapitulierende Lage. Denn auch das Verschwinden beweist nichts.»

DDR-Autoren haben, nach der Erfahrung der wieder einmal zur Restauration erstarrten Revolution, öfter und deutlicher als viele ihrer Westkollegen die Frage gestellt, ob eine andere Ordnung nötig und möglich ist. Christa Wolf, in einer Rede auf dem Kongress der Internationalen Psychoanalytischen Vereinigung (25.7.2007 in Berlin): «Wir leben in einer von Grund auf verkehrten Welt: In ökonomisches Denken gezwungen, unter dem Diktat der Profitmaximierung, schaffen wir die Instrumente zu unserer Selbstzerstörung ...». Und sie beklagt, «dass wir, das Tempo der Entwicklung immer weiter beschleunigend, dem Wahn hingegeben, dass im grenzenlosen Wachstum der Produktion materieller Güter Ersatz für Lebenssinn liegt, ein Verhängnis heraufbeschwören, vor dem wir lieber die Augen verschließen».

Und in der Tat: Wegen solch offensiver Positionen findet man sich bald in die Defensive gedrängt. An Literatur wird kaum mehr der Anspruch gesellschaftskritischer Relevanz gestellt. Auch politische Sachbücher und Essays verkaufen sich in Deutschland heute schlechter als in der ehemaligen Bundesrepublik. In der Eventkultur ist der Unterhaltungsroman angesagt, während das Literarische unterliegt. Hanser-Verleger Michael Krüger weiß: «Der spannende Kampf zwischen Low and High Culture ist entschieden. Die Low Culture ist das Paradigma der Stunde, an ihr wird Maß genommen.» Und an diesem Maß wiederum hat das Fernsehprogramm ganz sicher seinen Anteil.

Die Zurücknahme kritischer Intelligenz in den Medien wird ergänzt von der an den Universitäten. In den Geistes- und Sozialwissenschaften werden die Lehrstühle in Pension gehender, die Gesellschaft hinterfragender Professoren nicht neu besetzt. Die «Initiative zur Rettung kritischer Wissenschaft» in Marburg ist ziemlich allein auf weiter Flur. Es herrscht der Opportunismus einer Universitätskultur, die gelernt hat, Sachzwänge zu akzeptieren. Eine Ästhetik des Widerstandes wird weder gelehrt noch gefördert, noch belohnt. Nicht der Citoyen, sondern der Bourgeois ist das angestrebte Ideal der Mehrheit. War Bildung und Kultur früher ein Reflexionsraum der Gesamtgesellschaft, so wird sie immer mehr zur globalen Ware.

«Wer eine Ware verkaufen will, muss den Markt studieren. Auch der Schriftsteller.» Den Markt beobachtend, lernt der Schriftsteller, sich listig zu äußern, nämlich «das Seine unter auferlegten Bedingungen zu schreiben», wusste Friedrich Dürrenmatt. Die auferlegten Bedingungen sind weitgehend verinnerlicht. Die Figur des kritischen Intellektuellen wird eher lächerlich gemacht. Die Auseinandersetzung ins Ästhetische zu verlagern ist der gebotene Weg. Der Markt hat allen, gerade auch den Jüngeren, die Instrumente gezeigt.

Doch auch zu dieser Art Forum sind längst nicht alle gebeten. «Die Kunst der DDR wird eisern ausgegrenzt», titelte die *Berliner Zeitung* am 8.12.1997, als der Kunstbeirat entschieden hatte, welche Gemälde den Reichstag schmücken sollten. Auch die meisten Museen der neuen Bundesländer verweisen unter ihren neuen Chefs DDR-Kunst zugunsten der hereinströmenden Westkunst in die Depots.

Und das geistige Leben in der vereinten Hauptstadt, mit ihrer oftgepriesenen Brückenfunktion nach Osteuropa? Ein Aushängeschild des intellektuellen Berlins in der einst geteilten Stadt sind die *Berliner Lektionen*. Seit 1987 haben auf Vorträgen im Renaissance-Theater 165 Intellektuelle aus aller Welt darüber reflektiert, welches Gedankengut zugunsten der Gesellschaft wiedergeboren werden sollte. Davon 135 aus Westdeutschland, Westeuropa und den USA und ganze 30 aus Ostdeutschland, Osteuropa und dem Rest der Welt. Ein deutliches Signal für Prioritäten.

Angesteckt von der allgemeinen Ranking-Manie, präsentierte die *Frankfurter Allgemeine Zeitung* 2002 die 100 wichtigsten lebenden deutschsprachigen Intellektuellen.[3] Einziges Kriterium der Wichtigkeit war Medienpräsenz, die wiederum als Mittelwert der Erwähnungen in den beiden Suchmaschinen Google und Alltheweb errechnet wurde. Auch wenn man dieses Merkmal lächerlich finden mag, so suggeriert es immerhin eine scheinbar transparente, unbestechliche Auswahl. Unter den hundert Namen waren nur fünf ostdeutscher Herkunft.

Wer, wie ich, ins Zweifeln geriet und sich bewusst machte, dass die Maschinen nur finden, was man ihnen zu suchen aufgegeben hat, erfuhr Erstaunliches. Als ich in beide Suchmaschinen eine Art Vermisstenliste ostdeutscher Intellektueller eingab, war leicht erkennbar, dass einige von ihnen klar dazugehört hätten, aber von den Auftraggebern ignoriert wurden. So las sich das Ranking wie ein Protokoll doppelter Ausgrenzung.

Die Devise von Rosa Luxemburg, wonach Freiheit immer die Freiheit der Andersdenkenden ist, hatte man der DDR zu Recht um die Ohren gehauen, selbst aber hält sich die bundesdeutsche politische Klasse die Ohren gern zu. Und wieder rächte sich, eine DDR-Erfahrung ignoriert zu haben: Was man ausgrenzt, wird stärker. Das haben in der ostdeutschen Vorwendezeit die Unzufriedenen aller Art, die Oppositionellen, die Bürgerrechtler, kritischen Künstler und Intellektuellen, in atemberaubender Dynamik erlebt. So wirkt auch die Botschaft wahrhaftiger DDR-Kunst und Wissenschaft nach, selbst wenn die Botschafter abgewickelt wurden.

Auf unergründlichen Pfaden ist östliches Bewusstsein ins westliche gesickert und hat sich als resistent, ja als ungeahnt ansteckend erwiesen. Es ist ein Bewusstsein, das dem Märchen von des Glückes Schmied, der angeblich jeder selbst ist, nicht glaubt. Stattdessen wird Zufriedenheit mit der Gesellschaft nicht nur von den eigenen Bankauszügen abhängig gemacht, es wird stärker in gesellschaftlichen Zusammenhängen gedacht und nach Interessen gefragt. In diesem Sinne neigt es eher dazu, ein unglückliches Bewusstsein zu sein. Verheißungen wie Freiheit und Demokratie sind ein geschenkter Gaul, dem man durchaus ins Maul schaut.

Die Nostalgie vieler Ostdeutscher ist weniger der DDR verhaftet als dem Traum von einem Westen, der sich nicht erfüllte. Der sich verdunkelte, sobald die Hinzugekommenen den Raum betraten. Bei den Einheimischen erweckte das den Eindruck, die Neuen hätten das Dunkel mitgebracht. Was insofern auch stimmte, als diese ihren sozialen Aufheller, der einst grenzüberstrahlend wirkte, eingebüßt hatten: das schon bei geringer Dosis hochwirksame, sozialistische Antibiotikum gegen Sozialabbau, nennen wir es Antikapitalistikum.

Eine Langzeitwirkung dieses Antikapitalistikums ist zwar nicht mehr in der bundesdeutschen Praxis, wohl aber im Denken der Ostdeutschen nachweisbar. Selbst zentrale Lerninhalte der einst höchst unbeliebten DDR-Staatsbürgerkunde genießen heute wieder Akzeptanz. Fragt man die jetzt Mitte Dreißigjährigen, so stimmen 78 Prozent der damaligen Behauptung zu, dass die eigentlichen Machthaber die großen Konzerne und die Banken sind. Zwei Drittel bejahen, dass die regierenden Politiker in erster Linie die Interessen der Reichen und Mächtigen vertreten. Und eine Mehrheit findet, dass die Kapitalisten die Arbeiter ausbeuten und es deshalb in der Bundesrepublik Klassenkampf gibt. Kein Wunder, wenn so gut wie niemand glaubt, das gegenwärtige Gesellschaftssystem werde die dringenden Menschheitsprobleme lösen.[4]

Und ebendiese Einstellungen greifen unerwartet auf den Westen über. Die BAT-Stiftung für Zukunftsfragen hat unter den Bundesbürgern Wertvorstellungen ermittelt, die sich heftig von denen, die an den bisherigen Konsum-, Ego- und Single-Trip gebunden waren, unterscheiden, dafür ziemlich identisch mit den in der DDR gelebten Leitbildern sind: soziale Gerechtigkeit als mit Abstand wichtigster Wert, danach Arbeitsleistung als Lebenssinn, gefolgt von Familie und Kinderwunsch, Freundschaft und Hilfsbereitschaft. Freiheit ist für weniger als die Hälfte «wichtig und wertvoll».

Der Zeithistoriker Paul Nolte bedauert in der FAZ vom 20.12.2008, dass «*soziale* Gerechtigkeit in kurzer Zeit zu dem zentralen Wert unserer Gesellschaft geworden ist». Dieser habe den Wert der Freiheit «an die zweite Stelle verdrängt». Er fragt sich, ob die Westdeutschen gar nicht so liberal, also «westlich» geworden sind, «wie sich die alte Bundesrepublik lange Zeit eingeredet hatte». Und welche Rolle die DDR-Prägungen in Ostdeutschland spielen. Er warnt vor einer «Gerechtigkeitsromantik», die auf den Wunsch nach «sozialer Gleichheit» hinausläuft. Darunter kann er sich offenbar nur vorstellen, dass «alle arm sind und unfrei». Um der Gefahr einer «Nordkoreanisierung» zu entgehen, empfiehlt er, «Abschied von der Gerechtigkeit» zu nehmen.

Selbst SED-Diktaturforscher zeigen sich überrascht, dass DDR-Prägungen «auch die Bevölkerung der alten Länder erfassen». Derweil verpufft ihre hochsubventionierte Delegitimierungsarbeit weitgehend: «Dabei ist das vereinigte Deutschland nicht westlicher, sondern eher östlicher, eher linker als rechter, eher sozialdemokratischer als liberal-konservativer sowie eher staats- als marktbezogener geworden ... Der in Westdeutschland seit den sechziger Jahren vorhandene breite Konsens über die politische und gesellschaftliche Ordnung ist seit der Vereinigung im Westen geschrumpft und im Osten mehrheitlich nicht vorhanden.»[5] In der größer gewordenen Republik sei «vieles in Bewegung geraten, was die bisherige politische und soziale Stabilität in Frage stellen könnte».

Respektlose Einmischung kommt aus unerwarteten Richtungen. Junge bildende Künstler zeigen in Ostberlin den neusten Trend: kapitalistischer Realismus. Alle zwei Wochen ist Vernissage – die Kuratoren erwarten «engagierte Auseinandersetzungen mit den Verhältnissen: Das System implodiert und explodiert gleichzeitig».

Ökonomische Bilanz der Einheit im Lichte des kapitalistischen Realismus

Was die Autorität des Westens letztlich untergraben hat, ist das Versagen in seiner vermeintlichen Kernkompetenz. Der Marktwirtschaft ist es in den letzten zwanzig Jahren nicht gelungen, ihre Überlegenheit zu beweisen und dem leidenden Osten nachhaltig auf die Beine zu helfen. Stattdessen schwankt sie selbst. Sie hat in der Bundesrepublik inzwischen mehr Gegner als Befürworter – das gab es nie zuvor. Nur die unmittelbar Verantwortlichen bestreiten noch, was für die ökonomische Vereinigung längst Zeitgeist ist: Desaster, Drama, Supergau.

Da auf das Ende des Pseudosozialismus die gleichen Vokabeln zutreffen, stellt sich aus westlicher Perspektive dennoch die nicht unberechtigte Frage, ob Ostdeutsche bei diesem Thema nicht etwas bescheidener, anspruchsloser, ja dankbarer sein sollten. Ist es nicht lebensweiser, das von der Geschichte angetragene Geschick als Glücksfall anzunehmen und für sich das Beste daraus zu machen? Die larmoyante Leier nervt doch nicht nur die Zuhörer, sondern verbittert auch die Klagenden.

Wir sind auch schon auf die Idee gekommen, lieber glücklich als unzufrieden zu sein, höre ich dann aus meiner Umgebung. Das setzt aber voraus, nicht dazu verurteilt zu sein, für den Rest des Lebens im falschen Licht dastehen zu müssen. Das wird als blankes Unrecht empfunden, nagt am Selbstwertgefühl und macht Angst. Sich ein wenig im eignen Glanz sonnen zu können ist so lebensnotwendig wie die Luft zum Atmen. Deshalb gehört es zu den perfiden Lüsten von mächtigen und weniger mächtigen Siegern, den Unterlegenen diese Luft zu nehmen.

Das ist kein Ost-West-Phänomen, sondern trifft jeden, dessen eigene Lebenslegende der seines Gegenübers im Wege steht. Andere zu erniedrigen scheint selbst zu erhöhen, und es bedarf schon einiger Herzensbildung, um zu spüren, dass es einen selbst beschädigt. Wenn es doch gelänge, uns nicht im Niedermachen, sondern im Wertschätzen zu übertreffen! Und dieses Wertschätzen beginnt mit Zuhören, selbst wenn es Klagen sind. Am hilfreichsten wäre, es hörten die zu, die einen ins unrechte Licht gerückt haben, die anderen eine Lebensleistung nicht zubilligen wollen.

Als ganz persönliche Entwertung empfinden viele, die trotz widriger Bedingungen engagiert und aufopferungsvoll gearbeitet haben, die noch immer grassierende *Legende von der total maroden DDR*. Gerade weil die Mär vom ökonomischen Bankrott andererseits auch unter Ostdeutschen beliebt ist. Denn das Eingeständnis, dass es ein politischer Bankrott war, würde die Sache zwar nicht besser, aber anders machen. Es bringt andere Verantwortung und eine weiter gestreute dazu. Im Sinne des Citoyens gar für jeden. Hätten die Bürger der DDR widerständiger sein können oder nicht? Allein das Nachdenken darüber ist unbequem. An einem ökonomischen Bankrott aber war nur die Plankommission schuld. Und der Chefvolkswirt und ein paar Generaldirektoren. Und ihre Köche und Pförtner. Aber die wollen das nicht auf sich sitzenlassen.

In den letzten Jahren sind zahlreiche sachkundige Studien erschienen,[6] die sowohl abschließende Berechnungen der Banken und des Statistischen Bundesamtes als auch von Wirtschaftsinstituten und DDR-Sachkennern auf den Punkt bringen. Seit es endlich eine seriöse Gesamtrechnung[7] gibt, weiß man manches genauer.

Die westdeutsche Forschung, die noch 1988 angenommen hatte, die Wirtschaftsleistung pro Einwohner in der DDR liege vor England und Italien, hatte sich geirrt. Sie lag 1989 knapp hinter beiden, aber vor Spanien. (Inzwischen rangieren die neuen Länder deutlich hinter Spanien.) Damals interessierte sich nach dem Zeugnis von Thyssen-Chef Dieter Vogel «die gesamte Stahl- und Werkstoffbranche Europas für die Kooperation mit den DDR-Maschinenbauern», wovon man sich auf den Leipziger Messen überzeugen konnte. Zwar hatte sich der enorme Produktivitätsrückstand gegenüber der BRD seit 1985 nicht mehr vermindert, was auf krisenhafte Defizite schließen ließ. «Dennoch kann von echter wirtschaftlicher Stagnation auch im letzten Jahrzehnt überhaupt keine Rede sein. Die BIP-Wachstums- und Investitionsraten in der alten BRD waren der DDR im letzten Zehnjahres-Durchschnitt nicht überlegen, sondern sogar niedriger», wie der Ökonom Karl Mai in seinem Rückblick mit westlichen Quellen[8] belegt. Natürlich gab es die bekannten Probleme, aber die gab es in England auch, das Anfang der 80er Jahre zahlungsunfähig war. Allerdings wollte die DDR sich natürlich nicht den kapitalistischen Vorgaben des IWF unterwerfen ...

Dabei war das Hauptproblem der DDR-Wirtschaft nicht einmal die Verschuldung. Zumindest lag diese deutlich unter den heute nach den Maastricht-Kriterien zulässigen Normen. Seit 1996 gibt es für die Forschung keinen Zweifel, dass die Zahlungsbilanz weniger dramatisch war, als die Selbstzeugnisse von Schürer und Schalk vorgaben. «Für die DDR-Verantwortlichen stellte sich diese Entwicklung freilich erheblich bedrohlicher dar, da ihnen überhöhte Zahlen der Verschuldung und des Schuldendienstes vorgelegt wurden», stellte die Bundesbank[9] fest. Die dramatisierte Darstellung empfahl sich aus einer «politisch motivierten Vereinfachung». Schürer und Schalk sprachen schlicht von «Verschuldung im NSW», also im nichtsozialistischen Ausland, sodass man dies als tatsächliche, also als Netto-Schuld und nicht wie korrekt als Brutto-Schuld verstehen musste. «Die Auslandsverschuldung der DDR war mit 20,3 Milliarden DM um mehr als die Hälfte niedriger, als wir es im Oktober mit den 49 Milliarden Valutamark ... ausweisen mussten»,[10] korrigierte Schürer selbst später das Irritationspapier. Wobei die Wendung «ausweisen mussten» zumindest Fragen offen lässt. Immerhin war der ahnungslose Egon Krenz mit dem Papier sogar zum ahnungslosen Michail Gorbatschow gereist, um Rat zu holen. Seit der Vereinigung muss jährlich etwa das Siebenfache dieser Schuld in den Osten transferiert werden – kein Desaster?

Nein, das wirtschaftliche Hauptproblem war wohl eher, dass die Menschen die trotz und wegen des Pumps sich vertiefende Ost-West-Kluft im Lebensstandard nicht mehr akzeptieren wollten. Dass auch im Westen mittels Staatsverschuldung ein «Vorgriffsverzehr» serviert wurde – wer wusste, wen scherte es schon. Denn hinzu kam die Verbitterung darüber, dass der permanente Mangel an Waren und an Glaubwürdigkeit, die Unterdrückung beinahe aller kreativen Ansätze, die Gängelung und Bevormundung Andersdenkender unnötigerweise die eigenen Potenziale erheblich beeinträchtigt hatten.

So kam, was kommen musste, nicht im Gewand des Glücksfalls, sondern der Notwendigkeit, die Glück nicht ausschließt. Die ökonomische Bilanz lässt sich sowohl vom Augenschein als auch mit dem Vorsatz, die Leistungen anderer wertzuschätzen, durchaus auch als Erfolgsgeschichte erzählen: Städte und Gemeinden sind nicht nur vor dem Verfall bewahrt, sondern trumpfen mit neuen Siedlungen und geschmückten Fassaden auf; die moderne Infrastruktur hat uns an den Weltkreislauf andocken lassen, einzelne Firmen und Stiftungen haben ein enormes Aufbauwerk vollbracht, einige Städte ragen als Leuchttürme übers Binnenland, die Umwelt hat aufgeatmet, Versorgungsmängel sind vergessen, viele, besonders Junge, reisen nach Herzenslust in alle Welt, und der Lebensstandard ist für die Mehrheit gestiegen. Wer eine Arbeit hat, verdient besser als zuvor, hat meist einen höheren Wohnkomfort, fährt einen schickeren Wagen und nutzt die Reisemöglichkeiten. Auch viele Rentner stehen sich besser und können ihren Teil vom Kuchen beanspruchen. Was will man mehr?

Um dem Zweifel gerecht zu werden, muss ich dieselbe Geschichte noch einmal im Stil des kapitalistischen Realismus erzählen: In Ostdeutschland stehen 15 Prozent der Wohnungen leer, Fensterflügel klappern im Wind, ein Geräusch, das man aus der Innenstadt von Detroit kennt. Die Infrastruktur hat Maß genommen an Produktions- und Einwohnerzahlen, die es längst nicht mehr gibt, und kommt viele deshalb teuer zu stehen. Die Umwelt hat sich erholt, seit die Schlote nicht mehr rauchen. Die Versorgungsmängel haben sich verlagert, aus den Kaufhäusern in die Ressorts Gesundheit, Bildung und Kultur. Die Frage, ob der Lebensstandard gehalten werden kann, ist für viele angstbesetzt. Schon jetzt leben mehr von Arbeitslosengeld und anderen Transfers als von Arbeit.

Die ostdeutsche Wirtschaft ist alimentiert wie ein uneheliches Kind. Und entsprechend unselbständig. Auch zwanzig Jahre nach dem Mauerfall reicht das im Osten Produzierte kaum aus, um auch nur zwei Drittel des eigenen Verbrauchs abzudecken. Das verarbeitende Gewerbe ist der Wachstumsmotor jeder Volkswirtschaft. Doch die neuen Bundesländer haben nach der Schocktherapie bis 2007 gebraucht, um die industrielle Leistungskraft der DDR von 1989 wiederzugewinnen (Statistisches Bundesamt). Nach der Bevölkerungszahl müsste sie 16 Prozent der gesamtdeutschen gewerblichen Wertschöpfung erbringen, schafft aber nur neun. Notfalls kann man dafür nach Bedarf noch jahrzehntelang die marode DDR verantwortlich machen.

Doch die östlichen Wachstumsraten (BIP) überstiegen seit der Wende nie die angeblich so schlechten 80er DDR-Jahre. Selbst 2006 und 2007 nicht, als von einem Boom die Rede war. Gerade wenn man zugutehält, dass nun von einer effektiven, oft hochmodernen Produktionsstruktur ausgegangen werden kann, ist der Leistungsabstand zu den osteuropäischen Ländern eher peinlich. In den letzten 18 Jahren betrug das durchschnittliche jährliche Wachstum in den neuen Bundesländern 1,6 Prozent – eine solche Durststrecke hat es in der DDR nie gegeben. Das ist weniger als die Hälfte des Wachstums von Kroatien oder Ungarn oder Tschechien, und es ist nur ein knappes Drittel des Zuwachses von Slowenien, Polen und der Slowakei.[11]

Wie ist diese Kluft zu erklären? Mit Blick auf den polarisierten Lebensstandard in diesen Ländern verbieten sich einfache Antworten. Offensichtlich ist dennoch: In Osteuropa war keine *Währungsunion* zu überstehen, die den eigenen Kapitalstock über Nacht zerstörte. Eine *Treuhand*, die auf eigenen Wunsch von der Regierung zum «Außer-Acht-Lassen einfachster und nächstliegender Überlegungen» beim Umgang mit dem Volkseigentum ermächtigt wurde, wie in Deutschland geschehen, kam dort nicht zum Zuge. Es gab keinen Konkurrenten, der an einer vorsätzlichen Deindustrialisierung ein Interesse gehabt hätte. Keines dieser Länder war Opfer einer gnadenlosen Gier, durch die 95 Prozent des volkseigenen Wirtschaftsvermögens in westliche Hände übergingen. So viel staatliche Misswirtschaft wie in der Zeit des Treuhandkommandos hat es im RGW, der Wirtschaftsgemeinschaft des Ostblocks, während der ganzen Planwirtschaft nicht gegeben.

Durch den Immobilienkrieg entzweit

Auch das Prinzip «*Rückgabe vor Entschädigung*» blieb den osteuropäischen Ländern weitgehend erspart. Eine Regelung, die als genetischer Fehler der Einheit beschrieben wurde, wenn nicht als ihr Strick. Die Betroffenen, die Opfer, können das nur bestätigen. Als DDR-Bürger waren sie sich gewiss, dass niemand sie aus ihren Häusern, Wohnungen und Wochenendgrundstücken hinauswerfen würde, egal ob sie Mieter oder Eigentümer waren. (Wenn sie nicht gerade im Grenzgebiet oder auf Kohleflözen lebten.) Auch der Gedanke, seine Bleibe aus finanziellen Gründen aufgeben zu müssen, lag jenseits aller Erwägung. Von solcher Haltung geprägt, sah sich die ostdeutsche Bevölkerung durch das Vermögensgesetz unvermittelt mit 2,2 Millionen Forderungen auf Rückgabe von Wohn- und Wochenendgrundstücken konfrontiert, vorzugsweise von Menschen oder Institutionen, die die DDR verlassen und im Westen bereits eine kleine Entschädigung für ihre zurückgelassenen Häuser bekommen hatten. Dabei bezog sich ein Restitutionsantrag oft auf mehr als ein Grundstück, nämlich auf Straßenzüge, Ortsteile, Dörfer, ja, ein Freiherr wollte eine ganze Stadt: Putbus.

Zweifellos war es durch die Teilung und deren Folgen in vielen Fällen zu Unrecht gekommen, aber der Gesetzgeber stand vor der Frage, wie viel Geschichte nach zwei Generationen aufgerollt werden kann, ohne den Rechtsfrieden zu verletzen. Zumal unter denjenigen, die Ansprüche auf Rückgabe stellten, nur mehr drei Prozent leibhaftige Alteigentümer waren. 97 Prozent waren Erben, oft zweiter oder dritter Ordnung, nicht selten zerstritten und ohne Bezug zu den fraglichen Grundstücken, deren neue Besitzer nun schon zwei- oder dreimal so lange dort wohnten wie einst die Vorfahren der Anspruchsberechtigten. Ein Lastenausgleich wie nach dem Krieg, mit symbolischen Gerechtigkeitsgesten, wäre eine mehrheitsfähige Lösung gewesen.

Stattdessen entschied die westliche Ministerialbürokratie eigentumsdogmatisch und parteiisch: Rückgabe. Nun begann ein Hauen und Stechen, ein Rausekeln und Prozessieren um unser Oma ihr klein Häuschen, um Lauben, Miethäuser, Villen, Schlösser und Gärten. «Hat sich Ihr Hausbesitzer schon gemeldet?», war auf Wände und Grundstücksmauern gesprüht. Für die juristische Eigentumsstreitigkeiten kaum gewöhnten DDR-Bürger kam das einem Kulturschock gleich. Niemand kann mit Sicherheit sagen, wie viele Menschen in diesen Immobilienkrieg ziehen mussten. Geht man von der zurückhaltenden Annahme aus, dass von einem Antrag nur *eine* vierköpfige Familie betroffen war, rechnet man die zwei Millionen hinzu, die durch schleichende Enteignung, also durch Umwandlung von langjährigen, preisgünstigen in kündbare, preisungünstige Pachtverträge ihre Wochenendgrundstücke aufgeben mussten, und erinnert man sich auch an die Mieter, die durch Schikanen oder Edelsanierung verdrängt wurden, so ist die Annahme, dass es über die Hälfte der Ostdeutschen waren, nicht überzogen.

So, wie das Gesetz angelegt war, hat ein Beilegen des Konfliktes durch Entschädigung praktisch keine Rolle gespielt. Ganze 4,6 Prozent der Anträge wurden so beschieden. Fast jede fünfte beanspruchte Immobilie ist zurückgegeben worden, genau: 419 820.[12] (Etwa 20 000 Fälle sind zum Jahresbeginn 2009 immer noch offen.) Womit am Anfang niemand gerechnet hat: Fast 60 Prozent der Antragsteller sind schließlich abgewiesen worden oder haben aus Einsicht in die Aussichtslosigkeit selbst zurückgezogen. Die Praxis war also: Ablehnung vor Rückgabe vor Entschädigung.

Also alles halb so schlimm? Man wird den Ämtern für offene Vermögensfragen und den Gerichten, bis auf einige unnachvollziehbare Fälle, korrekte Arbeit bescheinigen können. Aber der Umstand, dass in weit mehr als einer Million Fälle Sachwerte zurückgefordert wurden, auf die gar kein Anspruch bestand, zeigt Bedenkliches. Bei dieser Einheit ging es von Anfang an auf Deubel komm raus ums Sichern der eigenen Pfründe, nicht um ein erfreutes, großzügiges, hilfsbereites Aufeinanderzugehen. Diese Motivlage wurde zusätzlich herausgefordert durch Gesetze, die so umfangreich, kompliziert und novellierungsbedürftig waren, dass auch Juristen nicht mehr durchgesehen haben. Insofern war es in jedem Fall schlimm, mit einer Restitutionsforderung konfrontiert zu sein. Denn die Antragsteller haben oft mit ungeahnter Rigorosität und Brutalität agiert und ihre Rechtsmittel durch alle Instanzen ausgeschöpft. 160 000 Widersprüche und 60 000 Klagen beschäftigten nicht nur die Instanzen. Sie verunsicherten, ja zermürbten die betroffenen Ostdeutschen über Jahre. Aber auch viele Westdeutsche sahen sich in ihren durch die unübersichtlichen Gesetze zu optimistischen Erwartungen enttäuscht. Die Verbitterung auf beiden Seiten wäre vermeidbar gewesen.

Den Fall der einstigen Gagfah-Siedlung im Südosten Berlins, in der ich wohne, habe ich ausführlich beschrieben.[13] Erst erhob die Bundesanstalt für Angestellte Anspruch auf die 350 Reihenhäuschen mit ihren tausend Bewohnern. Wir waren entsetzt, dass nicht nur private Eigentümer, sondern auch Körperschaften des öffentlichen Rechts sich auf Kosten der Neubundesbürger sanieren wollten, gründeten eine Bürgerinitiative, finanzierten den Rechtsbeistand, erforschten die Geschichte der 1950 in Volkseigentum überführten Siedlung, schrieben Presseerklärungen, demonstrierten, blockierten eine vielbefahrene Ausfallstraße. Nach Jahren musste die BfA eingestehen, was sie von Anfang an gewusst haben wird: Sie war nicht Rechtsnachfolger der RfA, der letzten Vorkriegseigentümerin. Ich hörte einen BfA-Verantwortlichen sagen: Man habe es versuchen müssen, Prozesse gingen bekanntlich mitunter zur Verwunderung aller Beteiligten aus.

Kaum hatten wir diese Gefahr überstanden, ging das Spiel von vorn los: Eine in Frankfurt am Main ansässige «Immobilien Ost GmbH» streckte ihre Greifer nach uns aus. Um es kurz zu machen: Es hat siebzehn Jahre gedauert, bis die Bewohner der Siedlung bestätigt bekamen, dass die Häuser, in denen sie wohnen und die sie in der DDR gekauft hatten, ihnen auch tatsächlich gehören. Eine erfreulicherweise abgelehnte Restitution also. Dennoch siebzehn Jahre, in denen die Bewohner nicht nur genervt waren, sondern weder einen Kredit zum Erhalt des ungewissen Eigentums aufnehmen, noch es verkaufen konnten. Sie saßen in der Falle und waren in ihrer Lebensplanung erheblich eingeschränkt. Halb so schlimm?

Viele Menschen haben diesen Nervenkrieg um Häuser und Wohnungen nicht ausgehalten und haben sich, ohne ihre Rechte auszuschöpfen, verdrängen lassen. In den besonders schönen Wohngegenden konnten sie oft mit den geforderten Mietpreisen nicht mehr mithalten – so wurde eben sozial umsortiert. Ob auf dem Weißen Hirsch in Dresden oder in den Königsbädern an der Ostsee. An der Küste haben sich 40 000 finanzstarke Westpensionäre niedergelassen, sie dominieren die Gemeinderäte und haben damit die Kulturhoheit. Sie stellen die Bürgermeister und ziehen ihre Klientel nach ...

Ähnlich sieht es im sogenannten Speckgürtel Berlins aus. In Kleinmachnow etwa, dem vornehmen Westberliner Zehlendorf benachbart, ist weniger als ein Fünftel der Bewohner noch alteingesessen. Und selbst von denen leben die meisten nicht mehr in ihren ursprünglichen Häusern, sondern in einer für die Verdrängten gebauten Siedlung mit dem sinnfälligen Namen «Stolper Weg». Sie alle haben Platz gemacht für das neue Elite-Personal, Ministerialbürokraten, Ärzte, Anwälte, Minister Schönbohm, den Chef des KaDeWe ... Das Pro-Kopf-Einkommen der Gemeinde soll heute an zehnter Stelle Deutschlands stehen. Im katholischen Kindergarten, so erzählte die Kindergärtnerin, habe ein Mädchen mit süddeutschem Dialekt zu einem einheimischen Kind gesagt: Mit dir spiele ich nicht, du bist ja so arm, dass deine Mutter arbeiten gehen muss.

Der Kampf der Kulturen zwischen Ost und West ist unvermeidbar. Im Übrigen gelegentlich auch reizvoll. Sein Ausgang ist offener, als man denkt. Das Prinzip Rückgabe vor Entschädigung hat dabei unnötig viel verschlissen: Verständnis, Kraft und guten Willen. Durch Leerstand und Verfall auch Häuser.

Zu den Leidtragenden gehören schließlich alle Steuerzahler. Sie haben die Vermögensämter im Bund, den Ländern und all den Kreisen mit ihren Tausenden Angestellten bezahlt und bezahlen einige Ämter immer noch. Saniert sind in erster Linie die Finanzstarken und ihre Anwälte.

Auf dem rechten Auge blind – suspektes Sonderrecht Ost

Das Gesetz zur Regelung offener Vermögensfragen hat auch deshalb für Unmut gesorgt, weil es Teil des anhaltenden *Sonderrechts Ost* ist. Anspruch auf Rückgabe von Alteigentum bestand nämlich nur für im Beitrittsgebiet belegenes Vermögen. Obwohl auch im Westen so manche Rechtsfrage unerledigt geblieben war, weil es Bürgern der DDR bis zur Wende untersagt war, mit offiziellen Behörden der Bundesrepublik zu korrespondieren. Wenn einige von ihnen nach der Vereinigung nun Ansprüche auf Häuser ihrer einst im Westen wohnenden Eltern oder Verwandten anmeldeten, bekamen sie abschlägigen Bescheid, egal übrigens, ob es sich um jüdisches Eigentum handelte oder nicht. Während den westdeutschen Alteigentümern die Anmeldefristen mehrfach verlängert wurden, erfuhren die östlichen, dass ihre Ansprüche angeblich schon vor Jahren endgültig abgelaufen seien. So offen sollten die offenen Vermögensfragen natürlich nicht sein. In diesem Sinne war die Eigentumsregelung ein Schutzgesetz für Westeigentümer.

Das schließt nicht aus, dass in einigen Belangen auch Rücksicht auf östliche Gewohnheiten genommen wurde. So genießen die verbliebenen Datschennutzer einen Kündigungsschutz, der bis maximal 2015 reichen wird. Auch fortbestehendes Eigentum an Gebäuden, die auf fremdem Grund und Boden stehen, wird zum Teil immer noch anerkannt. Das im Sachenrecht festgelegte Ankaufsrecht der östlichen Nutzer zum halben Verkehrswert kam nach westlicher Rechtsauffassung geradezu einem Erdrutsch gleich. Bedeutet es doch für den Bodeneigentümer eine halbe Enteignung. Für Nutzer in den preiswerten ländlichen Gebieten hat dieser Kompromiss akzeptable Lösungen gebracht. In Ballungsgebieten aber sieht es anders aus. Heidemarie Wieczorek-Zeul: «Wer in den vergangenen Jahren kein großes Vermögen bilden konnte, wessen Ersparnisse durch die Währungsumstellung halbiert wurden, wer von der Arbeitslosenunterstützung oder Rente leben muss, dem müssen die Regelungen des Sachenrechtsbereinigungsgesetzes notwendig als existenzielle Bedrohung erscheinen, in letzter Konsequenz gar als Maßnahme zu ihrer Vertreibung von Grundstück und Haus.»

Ein Schlag in die Magengegend war für etwa 20 000 redliche, im Grundbuch stehende Hauseigentümer, dass sie dieses Haus verloren, weil das Bundesverfassungsgericht die umstrittene Stichtagsregelung als verfassungskonform anerkannt hat. Diese Regelung hatte ein vom Runden Tisch angeregtes und unter der Regierung von Lothar de Maizière in Kraft getretenes Verkaufsgesetz annulliert, das für die meisten Ostdeutschen die einzige Chance war, wenigstens am Ende der DDR die von ihnen genutzten Häuser und Grundstücke zu erwerben. Es hatte deshalb große Akzeptanz in der Bevölkerung, war aber durch den willkürlichen Stichtag nach einem Jahr vom eckigen Tisch gewischt worden.

Daraufhin geschah etwas Einmaliges: Die Länder Brandenburg und Sachsen-Anhalt legten beim BVG eine Normenkontrollklage gegen diese Regelung ein, weil es sich um eine vom Grundgesetz verbotene, echte Rückwirkung handele. Nämlich die nachträgliche Annullierung von nach Recht und Gesetz geschlossenen Kaufverträgen. Das wurde im Urteil vom 23.11.1999 auch ausdrücklich bestätigt, aber ausnahmsweise für rechtens erklärt. Angeblich habe sich kein schützenswertes Vertrauen auf den Bestand der Hausverkäufe in der späten DDR bilden können.

Die Betroffenen kamen aus dem Staunen nicht heraus. Hatten doch die Regierenden in Ost und West den zum Beitritt fit zu machenden Ostdeutschen in diesem Punkt ununterbrochen Vertrauen eingeredet, selbst noch nach In-Kraft-Treten der Stichtagsregelung: Der damalige Ministerpräsident de Maizière: «Redlich erworbenes Eigentum bleibt erhalten.» Günther Krause: «Niemand muss sein Haus aufgeben.» Richard Schröder: «Im Übrigen ist die ganze Angelegenheit grundsätzlich abgesichert durch den neuen Grundgesetzartikel 143.» Dieser besagt, dass in der DDR vorgenommene Eingriffe in das Eigentum nicht mehr rückgängig gemacht werden.

Wie viel Misstrauen in die Politiker der frei gewählten Volkskammer und der bundesdeutschen Rechtsprechung wurde hier vorausgesetzt? Die zweite Begründung im Urteil des BVG war für die Betroffenen noch zynischer. «Ferner kommt ein Vertrauensschutz nicht in Betracht, wenn überragende Belange des Gemeinwohls, die dem Prinzip der Rechtsstaatlichkeit vorgehen, eine rückwirkende Beseitigung von Normen erfordern.» Warum dem Gemeinwohl gedient ist, wenn Tausenden redlichen Familien die Häuser, in denen sie seit Jahren wohnten, weggenommen werden, ist nicht erklärt worden. Dem Rechtsfrieden dienlicher wäre es gewesen, die Erben der Alteigentümer, die «de facto keine vermögenswerten Rechte mehr innehatten», wie das Gericht einräumte, aus dem Treuhandfonds zu entschädigen. Nach dem Vertrauen in den Rechtsstaat der durch echte Rückwirkung enteigneten Bürger sollte man jedenfalls lieber nicht fragen. Die einzige Normenkontrollklage ostdeutscher Länder war gescheitert.

Die wiederholte ausnahmsweise Aufhebung des strikten grundgesetzlichen Rückwirkungsverbots war wohl das Bedenklichste am Sonderrecht Ost. Eine echte Rückwirkung bedeutet, dass ein Gesetz nachträglich ändernd in abgeschlossene, vergangene Tatbestände eingreift. Dies ist nicht nur im Eigentumsrecht geschehen, sondern auch im Sozialrecht und im Strafrecht.

Am 24.10.1996 fasste das Bundesverfassungsgericht einen Beschluss, der in der Presse als «juristisch sensationell» gefeiert wurde. Für Angeklagte aus der DDR wurde nicht nur das sie schützende Rückwirkungsverbot aufgehoben, sondern auch die Bestimmung des Einigungsvertrages, wonach die juristische Bewertung nur nach dem für sie gültigen DDR-Strafrecht zu erfolgen habe. Anders wären die Mauerschützen- und Schießbefehl-Prozesse nicht vorangekommen. Um Politik und Moral aus der Rechtsprechung nicht ausklammern zu müssen, ist die als Reaktion auf die Nazizeit entstandene Radbruch'sche Formel wieder ins Gespräch gekommen. In Umbruchzeiten ist sie tatsächlich die einzige Chance, schwerwiegende Unrechtsgesetze im Nachhinein nicht akzeptieren zu müssen.

Dieser richtige Gedanke ist auch 1950 in die europäische Menschenrechtskonvention aufgenommen worden. Nachdem Art. 7 (1) das Rückwirkungsverbot festschreibt, weist (2) darauf hin: Dadurch darf die Bestrafung einer Person nicht ausgeschlossen sein, die sich einer Handlung schuldig gemacht hat, welche zum Zeitpunkt ihrer Begehung nach den von den zivilisierten Völkern anerkannten Grundsätzen strafbar war.

Das leuchtet ein. Umso entsetzter war ich, als ich unter diesem Artikel eine kleine, noch heute gültige Fußnote entdeckte. Soweit ich sehe, hat Westdeutschland als einziger Staat bei Ratifikation der Konvention diesen Passus nicht akzeptiert, weil das Grundgesetz das absolute Rückwirkungsverbot vorschreibe. Damals, als es um die Integration der Nazis ging und das rückwirkende Recht von Nürnberg nicht anerkannt werden sollte, spielte sich die Bundesrepublik als juristischer Musterschüler auf: revolutionäres Naturrecht – mit uns niemals. Nun aber, als es um die Delegitimierung der Kommunisten ging, war der damalige Vorbehalt vergessen.

Es ist diese permanente Doppelmoral, die im Osten nicht so besonders gut ankommt.

Einige der besonders kränkenden und diskriminierenden Sonderregelungen für den Osten sind inzwischen vernünftigerweise ausgelaufen. So sind die Hartz-IV-Bezüge endlich an das westliche Niveau angepasst worden, das niedrig genug ist. Gewichtiger noch als der ärgerliche finanzielle Nachteil ist ja bisweilen der gesetzlich autorisierte Stempel, Bürger zweiter Klasse zu sein. Schwächere sind durch symbolische Akte besonders wirksam zu erniedrigen.

Aufgehoben wurde nach zehn Jahren, dass ins Ausland geschickte Soldaten aus den neuen Ländern weniger Sold, im Falle einer Verletzung oder gar des Todes auch weniger Entschädigung bekommen haben. Ein ähnliches Beispiel ist die *Beschädigtenrente für Kriegsopfer des Zweiten Weltkrieges*, die, obwohl eingeräumt wurde, dass «die Einbuße an Lebensfreude» für alle gleich ist, in den neuen Ländern zunächst deutlich geringer ausfiel. Und auch, wer von den Betroffenen nach der Wende in den reicheren Westen zog, blieb bei den 70 Prozent Versehrtenrente stehen. Einmal Osten, immer Osten.

So musste im März 2000 erst das Bundesverfassungsgericht eingreifen, um klarzustellen, was klarer kaum sein kann. Dass es nämlich mit dem Gleichheitsgebot unvereinbar ist, wenn bei gleicher Beschädigung ungleiche Renten gezahlt werden. Schließlich sei diese Leistung auch in der Bundesrepublik mit ihren wirtschaftlich unterschiedlich starken Regionen immer gleich gewesen. Im Osten sollte diese Einsicht allerdings erst ab Anfang 1999 gelten, weil da angesichts der so langsam verlaufenden wirtschaftlichen Angleichung absehbar wurde, dass «die Kriegsopfer Ost die gleiche materielle Würdigung ihres im gleichen Krieg *für die staatliche Gemeinschaft* erbrachten Gesundheitsopfers» nicht mehr erleben würden.

Ein bisschen viel Opferrhetorik beim BVG. *Würdigung* des Opfers *für* die *staatliche Gemeinschaft*? Sicher, die Soldaten mussten in den Krieg ziehen, ob sie wollten oder nicht. Ob sie wollten oder nicht, wurden sie zu Kriegsopfern und Kriegstätern zugleich. Was sie in diesem Angriffskrieg taten, war, ob sie es wollten oder nicht, ausschließlich, und zwar ganz und gar ausschließlich, *gegen* die staatliche Gemeinschaft gerichtet. Deshalb sollte man die «Genugtuungsfunktion» der Opferrente nicht überstrapazieren. Natürlich musste nach der Einheit eine einheitliche Lösung gefunden werden. Angeblich stand die angespannte Haushaltslage der Gerechtigkeit im Weg. Die Kriegsopferrente wird aus dem Fonds Arbeit und Soziales bezahlt.

Statt aber den Kreis der Genugtuungsberechtigten um 60 000 Ostdeutsche zu erweitern, hätte man überlegen können, ob nicht die DDR-Regelung ökonomisch und politisch sinnvoller gewesen wäre. Da gab es kein eigenständiges Recht der Kriegsopferversorgung. Kriegsbeschädigten wurden, wie allen Geschädigten, ob durch Unfall, Krankheit oder Geburt, Leistungen durch die Sozialversicherung gewährt. Da man sich bemühte, auch für Blinde und Behinderte geschützte Arbeitsplätze zu schaffen, hatten diese ein eigenes Einkommen und eine selbsterarbeitete Altersrente. Nur wer im Krieg sehr schwer, nämlich mindestens zu zwei Dritteln, körpergeschädigt wurde, hatte Anspruch auf eine zusätzliche Kriegsbeschädigtenrente. Das waren am Ende der DDR schätzungsweise 5000 Personen.

In der Bundesrepublik erhielten zu diesem Zeitpunkt 618 433 einstige Wehrmachts- und SS-Angehörige eine Kriegsopferrente. Eine körperliche Schädigung von einem Viertel genügte. Hätte man da nicht einen Mittelweg finden können? Dies wäre zwar wieder ein rückwirkender Eingriff in bestehende Rechte gewesen. Aber wenn «die Gründe des öffentlichen Interesses so schwerwiegend» sind, dass «sie Vorrang haben vor dem Vertrauen des Bürgers auf den Fortbestand seines Rechts», ist so was schon mal möglich, urteilte das Bundesarbeitsgericht im Dezember 1995 großzügig. In einem anderen Zusammenhang allerdings.

Damals strich das Gericht die Ansprüche von etwa 4000 DDR-Arbeitsunfallopfern, die durch den Einigungsvertrag anerkannt waren und in den ersten Nachwende-Jahren auch anstandslos gezahlt worden waren. Als die öffentlichen Mittel knapper wurden, sollte das plötzlich nicht mehr gelten. Das Gericht räumte wiederum ausnahmsweise echte Rückwirkung ein. An diesen Ostinvaliden spart der Staat seither jährlich 10 Millionen Euro.

Betroffen war beispielsweise die Brandenburgerin Rosemarie Götz. Als 17-jährige Studentin hatte sie an einem obligatorischen Arbeitseinsatz im DDR-Institut für Lehrerbildung teilgenommen. Auf einer Baustelle erhielt sie die Aufgabe, Bänderschmuck in die Richtkrone zu flechten. Doch die erst provisorisch befestigten Dachbinder hielten dem böigen Gewittersturm nicht stand, einer stürzte dem knienden Mädchen auf den Rücken. Die Wirbelsäule brach und verheilte in Fehlstellung, seither hat Rosemarie Götz ständig Schmerzen und schwere gesundheitliche Probleme, der Traum, Sportlehrerin zu werden, war vorbei. Sie ist zu zwei Dritteln arbeitsunfähig.

Das Arbeitsgesetzbuch der DDR schrieb in solchen Fällen vor, dass der Betroffene wenigstens finanziell so gestellt werden müsse, als sei der Unfall nicht passiert. Frau Götz bekam eine Unfallrente, die die Differenz aus ihrem Einkommen und dem, was sie als Sportlehrerin mit Hochschulabschluss verdient hätte, ausglich. Die volle Altersrente war gesichert. Jedenfalls bis 1995. Dann wurde der gesetzliche Anspruch gestrichen und so jährlich einfach 8400 Mark abgezogen. Obwohl alles, worauf Behinderte angewiesen sind, teurer wurde: öffentliche Verkehrsmittel, Taxen, Medikamente, Bäder ... Rosemarie Götz hat das Gefühl, dass die Gesellschaft ihr Schicksal nicht mehr respektiert, sie spricht von einem Eingriff in ihre Vermögensrechte, vom Bruch der Verfassung, gar von Vereinigungskriminalität.

Sag mir, wem du dein Geld gibst, und ich sage dir, wer du bist

Ostdeutsche schauen oft noch mit fremdem Blick auf die Symbolkraft von westlichen Geldleistungen. Was einmal geregelt wurde, muss nicht so bleiben, wenn es nicht sinnvoll ist. Das haben sie stärker verinnerlicht. Kriegsopferrenten etwa sind in der Bundesrepublik mehrfach erhöht worden. Irgendwie hatten sich offenbar alle an deren Berechtigung gewöhnt, obwohl der Begriff doch ganz schief ist. Denn die eigentlichen Kriegsopfer, die Zivilbevölkerung, die Frauen und Kinder, die bei Bombenangriffen in Kellern verschüttet wurden, sind nicht gemeint. Materiell gewürdigt wurden und werden vor allem die, die den verbrecherischen Krieg in Gang hielten, ob sie wollten oder nicht: Wehrmachts- und SS-Angehörige und Zivildienstleistende. Natürlich, der Staat hat eine gewisse Verantwortung für jene, über deren Leben er sich angemaßt hat, zu verfügen. Aber wer Krieg führt, verfügt immer auch über das Leben der gesamten Bevölkerung. Andererseits unterschätze ich nicht, was Männern in Kriegen angetan wird. Psychotherapien sollten bei Bedarf unbegrenzt gewährt werden. Doch wie fragwürdig diese unbesehene Soldatenopfer-Bezahlerei ist, wurde 1998 durch einen von der DDR-Justiz geerbten Fall deutlich:

Heinz Barth, als Offizier der Waffen-SS beteiligt an der Erschießung von 42 tschechischen Zivilisten und im französischen Ort Oradour-sur-Glane an der Ermordung von 642 Einwohnern, die bei lebendigem Leibe verbrannt wurden, ist in der DDR zu lebenslanger Haft verurteilt worden. Er war der Einzige, der je für dieses Massaker bestraft wurde. Den Vorgesetzten von Barth ist in der Bundesrepublik nie ein Prozess gemacht worden. 1997 wegen seines Alters und der später zugezogenen Kriegsverletzung begnadigt, hatte er nichts Besseres zu tun, als Kriegsopferrente zu beantragen.

Die Verhandlungen am Potsdamer Sozialgericht wurden verfolgt von Beobachtern aus Frankreich und Tschechien. Als das Gericht einräumen musste, keine rechtliche Handhabe für den Entzug der

Rente zu haben, entstand ein Grummeln in der Presse, besonders in der ausländischen. Erst 1998, mehr als 50 Jahre nach Kriegsende, sah sich der Gesetzgeber genötigt, im Bundesversorgungsgesetz eine Lücke zu schließen: Wer in der NS-Zeit «gegen die Grundsätze der Menschlichkeit und Rechtsstaatlichkeit» verstoßen hatte, dem sollten die Ansprüche aberkannt werden.

Zu dieser Zeit bezog noch etwa eine Million Menschen Kriegsopferrenten, mehr als die Hälfte davon Witwen. Der Militärhistoriker Gerhard Schreiber schätzte, dass immer noch 50 000 Nazi-Verbrecher oder deren Angehörige vom Steuerzahler finanziert wurden. Seither hat unter anderem das Simon-Wiesenthal-Center in Jerusalem Zehntausende Namen an die Bundesregierung weitergeleitet, um eine Streichung der Rente zu ermöglichen. Darunter ein 83-jähriger KZ-Aufseher aus Auschwitz-Birkenau und die Witwe des promovierten Juristen, SS-Obersturmbannführers und Chefs der Gestapo in Wesermünde, Werner Braune. Wegen zahlreicher Massaker an Juden, Sinti und Roma, darunter der Massenmord von Simferopol auf der Krim, bei dem im Dezember 1941 innerhalb von drei Tagen 14 300 Juden erschossen wurden, ist er in Nürnberg zum Tode verurteilt worden – ein Gericht, das die Bundesrepublik wie gesagt nie wirklich akzeptiert hat.

Die Ludwigsburger Zentralstelle zur Aufklärung von NS-Verbrechen hat nach der Gesetzesänderung jahrelang all diese Anträge bearbeitet. Doch meistens konnten die angegebenen Namen nicht klar zugeordnet werden oder waren gar nicht erfasst. «Unsere Arbeit hat wohl nur in einigen wenigen Fällen zu Entzügen geführt», meint Staatsanwalt Riedel. Was die Versorgungsämter aus den Auskünften gemacht haben, das hat man in Ludwigsburg nicht weiter verfolgt. Ich werde an die Pressestelle des zuständigen Ministeriums für Arbeit und Soziales verwiesen. Auch dort weiß man nicht auf Anhieb Bescheid, fragt freundlicherweise in den Ländern nach. Bisher sind nur in 96 Fällen Geldleistungen versagt oder entzogen worden. 64 Anträge sind noch nicht abschließend entschieden.

Gerichte tun das ihre, Großzügigkeit walten zu lassen. Sie haben einen Teil der Rentenentzüge wieder rückgängig gemacht. So hob im Juli 2006 das Bundessozialgericht ein Urteil des Landessozialgerichtes Mannheim gegen einen KZ-Wärter von Auschwitz auf, der die eintreffenden Häftlinge an der Rampe selektiert hatte. Es sei der Befehlsnotstand, unter dem der Mann gestanden habe, nicht entlastend berücksichtigt worden.

Kuriose Fußnote am Rande: Zur Kriegsopferrente gehört bei Bedarf auch eine monatliche Kleiderverschleißpauschale. Da hierdurch nicht ein immaterieller, sondern ein materieller Schaden kompensiert wird, darf diese Leistung im Osten niedriger sein.

Die Finanzbeamten sind auf dem rechten Auge meistens blind. Im selben Moment, in dem den ostdeutschen Kämpfern gegen den Faschismus die Renten um 300 DM gekürzt wurden, kam die deutsche Bürokratie auf die Idee, den lettischen und ukrainischen Legionären der Waffen-SS Kriegsversehrtenrenten auszuzahlen.

Das Bundesbesoldungsgesetz von 1992 erkennt alle öffentlich-rechtlichen Dienstherren in Nazideutschland und in den besetzten Gebieten weiterhin als rentenrelevant an, während «systemnahe» DDR-Angestellte die sogenannte Strafrente hinzunehmen haben. So bringt ein Arbeitsjahr als NS-Beamter, z.B. als Professor, maximal 5,3 Entgeltpunkte, was 137 € entspricht, ein Arbeitsjahr als zusatzversorgter DDR-Professor maximal 1,8 Entgeltpunkte, also 40 €.

Nach dieser Logik wurde einem Dozenten einer Ingenieur-Fachschule mitgeteilt, dass seine DDR-Rente von 1200 Mark eingefroren werde, bis überprüft sei, ob sie auf «Unrechtsentgelten» beruhe. So kam es nur zu einer Anhebung um ca. 100 DM. 1994 wurde sie nach dem Sozialgesetzbuch VI neu berechnet. Nun holte den Ingenieur seine Vergangenheit als junger Ministerialbeamter in Görings Luftfahrtministerium ein. Den ob seiner DDR-Laufbahn zunächst eingeschüchterten alten Mann traf beinahe der Schlag. Aber vor Freude. Die monatliche Rente betrug nun 4997 DM, und obendrein gab es eine Nachzahlung von 149900 DM.

Manche, wie z.B. Helmut Schmidt, haben immer wieder beklagt, dass nach 1990 mit den Kommunisten schlimmer umgegangen wurde als nach 1945 mit den Nazis. Aber das ist nicht das Problem. Das Problem ist, dass nach 1990 mit den Kommunisten schlimmer umgegangen wurde als *zur gleichen Zeit* mit den verbliebenen Systemträgern der Nazis. In der Zu- oder Aberkennung von Geld hat sich nach der Wende die geltende Moral materialisiert.

Und damit komme ich über das Symbolische hinaus endlich zu den gravierendsten, weil die meisten Menschen betreffenden rechtlichen Unterschieden. Immer noch bekommt man für eine gleiche Lebensleistung im Osten deutlich weniger Rente als im Westen. Aber vor allem ist es ein Unding, dass 20 Jahre nach dem Mauerfall die älteste emanzipatorische Forderung der Arbeiterbewegung für die meisten unerfüllt ist: gleicher Lohn für gleiche Arbeit. Dass vergleichbare Arbeit gleich qualifiziert ausgeführt wird, bestreitet niemand. Dennoch hält es der Gesetzgeber weiterhin für richtig, Landesbeamte und Richter mit weniger Lohn abzuspeisen, als den Kollegen im Westen bezahlt wird. Und obwohl inzwischen bewiesen ist, dass niedrigere Löhne kein Mittel sind, die doppelt so hohe Arbeitslosigkeit im Osten einzudämmen, halten die Tarifparteien flächendeckend an der geringeren Bezahlung fest. Ärzte etwa haben in den neuen Bundesländern mit 95 Prozent des Westniveaus zufrieden zu sein. Andere Berufsgruppen mit deutlich weniger. Das schiefe Lohngefüge geht so weit, dass es selbst Knastbrüdern keine Gleichheit gönnt.

Die Konsequenzen von alldem reichen weit über die diskriminierten Empfänger hinaus. So ist das Budget der Krankenkassen an die durchschnittliche Grundlohnsumme im Bundesland gekoppelt. Also fällt auch das Krankengeld niedriger aus. Und ein Arzt in Brandenburg hat pro Patient nur drei Viertel dessen, was er im wohlhabenderen Westen hätte. Das belastet nicht nur das Arzt-Kassenpatient-Verhältnis, sondern verhindert letztlich gleiche Gesundheit im selben Staat.

Zumal auch das Arbeitsrecht im Osten, wo viele ganz ohne Tarifverträge arbeiten, nicht eben bekömmlicher ist: längere Arbeitszeiten bei weniger Urlaub. Und weniger Kündigungsschutz, was den Anpassungsdruck erhöht. Psychosomatisch orientierte Ärzte erklären, warum Angst am Herzen wehtut: weil die Spannung auf die Koronargefäße drückt.

Auf meine Frage, mit welchen Mitteln man endlich das unterschiedliche Lohn- und Rentenniveau überwinden könnte, macht Egon Bahr einen einfachen Vorschlag: Zum 20. Jahrestag des Mauerfalls werden alle den Osten benachteiligenden Regelungen beseitigt. Man rechnet durch, was das kostet, und schafft dann entsprechend weniger Tornados an!

Die naheliegendsten Ideen haben bekanntlich meist nicht die entfernteste Chance. Möge aber niemand behaupten, es wäre bei gutem Willen nicht möglich gewesen, das Sonderrecht Ost schneller zu überwinden.

Gibt es ein falsches Leben im richtigen?

Wo kein einheitliches Arbeitsgesetzbuch, da versucht das Kapital die Standards zu senken. Und die Gewerkschaften haben das Nachsehen. Der Osten als Experimentierfeld für moderne Ausbeutung. Wenn hier schon neue Betriebe entstehen, dann nicht selten solche mit prekären Arbeitsplätzen, die zudem im Umland unerwünschte Belästigungen mit sich bringen, Mülldeponien oder Großflughäfen. So der Ausbau des bislang zweitrangigen Leipziger Messe-Flugplatzes zum für Nachtflüge zugelassenen, drittgrößten Luftfrachtdrehkreuz der Welt. DHL, einst in den USA gegründet, ist inzwischen Tochter der Deutschen Post AG. So wie andere Firmen in die Billiglohnländer Rumänien oder Ukraine ziehen, haben die DHL-Flughäfen in Brüssel und Köln zugunsten von Schkeuditz dichtgemacht. Über die Bewohner der nördlich von Leipzig gelegenen Orte donnern jede Nacht sechzig Flugzeuge hinweg. Es werden noch mehr werden.

Gibt es ein falsches Leben im richtigen?

Wahrlich, ich sage euch, das ist die Geschichte von Sabine Ebert:

Als Chemiefacharbeiterin hatte sie ihren Meister gemacht, war Schichtleiterin in Buna, wusste, was Arbeit ist. Diese eher zierliche Frau in den Vierzigern. Dann wusste sie, was Arbeitslosigkeit ist. Bis die gelben DHL-Busse über die Dörfer fuhren, auch durch ihr Thalheim, 40 Kilometer von Schkeuditz entfernt. Über Lautsprecher wurden Formblätter zur Bewerbung für Arbeit auf dem wachsenden Flughafen angeboten. Sie hatte sich schon zu oft vergeblich beworben, fuhr direkt zu dem Arbeitgeber und hatte Glück. Vier Wochen Anlernzeit im englischen East Midland, dann durfte sie in Schkeuditz als «Operation Agent 1» anfangen. Nur Nachtschicht. Denn es gehört zur Philosophie dieses Expressdienstes, dass die Kunden am Morgen ihre Ware geliefert bekommen. Sie sollte entweder aus Lkws Pakete ausladen oder bei der Ankunft von Flugzeugen im «Warehouse» Pakete aus Containern aufs Band hieven («Offload») bzw. diese für abfliegende Maschinen vom Band in die Container packen («Reload»). Maximalgewicht der Pakete 31,5 Kilo. Wer draußen arbeitet, hört trotz Ohrenschützern den Lärm der pausenlosen Starts und Landungen. Und gegen den Kerosin-Gestank, den die Flugzeuge hinterlassen, gibt es sowieso keinen Schutz.

Doch bei einer offiziellen Arbeitslosigkeit von 20 Prozent in der Region kommen die Leute aus einem Umkreis von 80 Kilometern angefahren, um jede Arbeit zu jeder Bedingung zu machen. Sie sind dankbar für den Frachtflughafen, auch wenn das meiste stupide Knochenarbeit ist. «Meine Ärztin hat gefragt: Sind Sie sich bewusst, wie das über die Wirbelsäule und die Gelenke geht? Aber anfangs waren es ja nur vier Stunden pro Nacht. Davon konnte man nicht leben und nicht sterben. Spritgeld ging auch noch ab. Eine Zeit lang hat das Arbeitsamt zugezahlt, dann lief das aus. Da hab ich wie ein Stier beim Duty-Manager um mehr Stunden gekämpft. Fast einenhalb Jahre habe ich das gemacht, nach der Schicht war ich von der Schinderei wie verleiert. Zuletzt kam ich bei 30 Stunden pro Woche im Monat auf 900 € brutto.»

Gleich nach der Probezeit tritt Sabine Ebert in ver.di ein, denn sie «interessiert sich fürs Soziale». Schließlich bekommt sie die Chance, sich als «Assistant Technical Staff» zu qualifizieren. Früher wäre das wohl eine Verwaltungsangestellte gewesen, auch jetzt geht es um Zeiterfassung, Schichtpläne, Urlaubsplanung. Sie lernt viele Kollegen kennen, kandidiert für den Betriebsrat und wird schließlich für diese Arbeit freigestellt. Nun hat sie den vollen Durchblick, was auf dem Flughafen läuft. Etwa 1800 Leute, oft überqualifiziert, sind fest angestellt. Davon allerdings etwa 80 Prozent in unterschiedlichen Teilzeitmodellen, also alle unterbezahlt. Das schafft einen enormen Druck. Das Risiko und die Unwägbarkeiten sind auf die Beschäftigten verlagert.

Aber der Betriebsrat hat schon einiges erreicht. Mit den Chefs gibt es eine gute Zusammenarbeit. Nur das mittlere Management ist oft überfordert und hat wenig soziale Kompetenz. Bei witterungsbedingten Verspätungen oder aus anderen Gründen werden von einem Tag zum anderen die Schichtpläne umgeworfen, sodass die Arbeiter überhaupt kein Privatleben planen können. «Da wird ein Maß von Flexibilität verlangt, das kaum zu beschreiben ist. Für Familien mit Kindern ist das tödlich. Wenn auch noch der Sonntag wegfällt, gibt es kein Familienleben, viele Kinder bleiben sich selbst überlassen. Ich höre viel von kaputtgehenden Ehen. Unsere Leute leben, um zu arbeiten.» Und das auch noch schlecht entlohnt. Urlaubs- oder Weihnachtsgeld wird grundsätzlich nicht bezahlt. «Hier wird auf Verschleiß gefahren. Wir haben einen sehr hohen Krankenstand. Die Leute klappen einfach um.»

Am Anfang waren viele Leiharbeiter da, man erkannte sie an der anderen Kleidung. Man wusste, diese oft auch überqualifizierten Hartz-IV-Empfänger waren gezwungen, die gleiche Arbeit für noch weniger Geld zu machen. «Leiharbeit dient nur dazu, Stammbelegschaften zu zerstören. Das ist staatlich subventionierte Sklaverei zugunsten von Privatfirmen», hatte die Vertrauensfrau bei ihrer Gewerkschaft gelernt. Der Betriebsrat hat sich gewehrt – da er den Dienstplänen zustimmen muss, hat er ein Druckmittel in der Hand. Aber kaum waren es deutlich weniger Leiharbeiter, nahm die Zahl der Praktikanten zu. Das sind vom Steuerzahler bezahlte sogenannte «Marktinstrumente». Denen wird versprochen, dass sie übernommen werden, wenn sie eine Weile für monatlich 500 € von der Arbeitsagentur die reguläre Arbeit machen. DHL ist der Kosten entledigt. Die Praktikanten werden oft nicht ordentlich angelernt. Da gab es auch allerhand Unfälle. Aber wenn sie ihre Zeit abgeleistet haben, erklärt DHL, dass sie keinen brauchen und niemanden übernehmen. Dann stehen die Empörten vor der Tür des Betriebsrates. «Und wir können nichts machen, denn für sie ist die Arbeitsagentur zuständig, nicht wir.»

Etwa die Hälfte der Belegschaft sind Gewerkschaftsmitglieder. Das ist nicht schlecht, ein Erfolg auch der engagierten Vertrauensleute von ver.di. Es soll aber noch besser werden. Ende des Jahres 2008 ist die Friedenspflicht abgelaufen, dann soll um bessere Löhne gekämpft werden. Schon jetzt arbeitet Sabine Ebert nach der Arbeit noch drei, vier Stunden für ihre Gewerkschaft. Das verlangt niemand von ihr, aber anders wären die vielen Hilferufe nicht zu bewältigen. Sie hält gern den Kontakt zu den Teams, fährt raus zu den Kollegen an den Fliegern und Förderbändern. «Ein gewisser Zusammenhalt ist da, aber das geht nicht so weit wie früher, als man auch nach der Arbeit ab und an noch gemeinsam etwas unternahm. Die Leute wohnen zu weit auseinander, haben weder Freizeit noch Geld dafür.»

Die ver.di-Frau hofft, dass die Krise nicht auf den Warentransport durchschlagen wird. Dann würden die Bedingungen noch härter werden. «Ich kämpfe dafür, dass unsere Leute eines Tages arbeiten, um zu leben. Und zwar in Würde.»

Der Westen als Verlierer der Einheit

Ausnahmslos alle ostdeutschen Städte und Gemeinden liegen heute deutlich unter der durchschnittlichen Wirtschaftsleistung der EU. «Wenn oft von den Leuchttürmen Dresden oder Leipzig berichtet wird – die harten Fakten der volkswirtschaftlichen Gesamtrechnung beweisen, derartige Leuchtturmregionen existieren nur auf dem Papier einiger Publizisten oder Reden von Ministerpräsidenten.»[14] Ostdeutschland ist und bleibt leider eine geschlossene unterentwickelte Region. Die wenigen hochproduktiven Standorte ähneln mehr den vielbeschworenen «Kathedralen in der Wüste».

Eine – selbst allmähliche – Angleichung der wirtschaftlichen und sozialen Verhältnisse, wie sie das Grundgesetz vorschreibt, scheint bis auf weiteres ausgeschlossen. Sind die Hochrechnungen der Deutschen Bank zu pessimistisch? Sie gehen davon aus, dass der Osten Deutschlands im Vergleich zum Westen in den nächsten Jahrzehnten nicht aufholen, sondern weiter zurückfallen wird. 2050 soll der Abstand dann wieder so groß sein wie 1989.

Dafür sind wir nicht auf die Straße gegangen, sagen die, die im Lebensniveau von Mezzogiorno schon jetzt einen unerreichbaren Traum sehen. Ein Ausweg wäre nur denkbar, wenn durch wirtschaftspolitische Eingriffe, etwa ein staatlich finanziertes Investitionsprogramm zur Ansiedlung neuer Technologien und Forschungen oder das Zuweisen von Marktanteilen, für den Osten die Nachteile ausgeglichen würden, die Krieg, Reparationszahlungen, Planwirtschaft, Treuhand und Neoliberalismus hinterlassen haben. Doch Pläne für solch strukturpolitische Zugriffe auf eine konkurrierende Region sind dem Kapitalismus wesensfremd, mächtige privatwirtschaftliche Interessen stehen dagegen. Es wird also nichts dergleichen stattfinden. Zumal das generelle *Beihilfeverbot* der neoliberalen EU-Gesetzgebung Subventionen verachtet. Die Ausnahmeregelungen sind praktisch unwirksam, da die EU-Kommission durch eine «nullifizierende» Auslegung Kapitalismus pur betreibt.

Wandel durch Restauration. All die volltönenden Ratschläge all der selbstgewissen Sonderkommissionen Ost haben nicht gefruchtet. Der konservative Weg zur Einheit ist gescheitert. Der Westen hat den Osten gewogen und für zu leicht befunden. Er hat seine Potenzen gering geschätzt, sie verstümmelt und hat nun einen hinderlichen Klotz am Bein. Eine Planwirtschaft der gierigen Meute auf dem Markt zum Fraß vorzuwerfen war interessengesteuert, also leichtfertig und letztlich selbstzerstörerisch. Ehe der Sieger sich besinnen konnte, war seine Beute verteilt. Nur nicht ans Volk.

Das sieht seinen einstigen Wohlstand dahinschwinden. Schon 2004 wollte laut Forsa jeder vierte Westdeutsche die Mauer wiederhaben. Im Osten waren es nur halb so viele. Der nahtlose Übergang vom Proletarier zum Prekarier hat noch nicht die Massen ergriffen. Trotz aller gesellschaftlichen Misere hat sich die persönliche materielle Lage der meisten Neubundesbürger gegenüber ihrem Vorleben nicht zuletzt dank der enormen Finanztransfers verbessert. An dieser Elle gemessen, und es ist nach westlichem Selbstverständnis die einzig gültige Elle, können sich die Ostdeutschen mehrheitlich durchaus als Sieger der Einheit empfinden. Immerhin 39 Prozent geben das an, aber nur 18 Prozent der Westdeutschen.[15] Deutlich mehr West- als Ostdeutsche sehen sich als Verlierer.[16]

Die politische Klasse weiß, dass sie das östliche Gewinner-Gefühl bei Strafe ihres Untergangs alimentieren muss. Denn bliebe der Finanzbaldrian aus, drohte der Absturz, und den Ostdeutschen bliebe nichts als die demütigende Einsicht, dass sie, ihres kulturellen Selbstwerts beraubt, nicht mehr Herr im einst eigenen Hause sind, also weder souverän noch frei. Diese Einsicht lässt sich nur durch einen zufriedenstellenden Lebensstandard kompensieren. Wenn der Wohlstand, also der Hauptgrund, dem Westen angehören zu wollen, durch ausbleibende Transfers flächendeckend hinfällig würde, wären tatsächlich separatistische Unruhen einzukalkulieren, die – einmalig in der Geschichte der vom Verlassenwerden betroffenen Seite – von den gebeutelten Westschwestern und -brüdern von Herzen unterstützt würden.

Denn so falsch, wie alles gelaufen ist, sitzen sie nun auf unabsehbare Zeit in der Transfer-Falle. Der Hauptteil der jährlich etwa 100 Milliarden Euro, die in den Osten fließen, wird für Arbeitslosengeld, Rente und Sozialleistungen ausgegeben, auf die ein gesetzlicher Anspruch besteht. Sparen ließe sich theoretisch nur an den 13 Prozent des Transfers, die echte Sonderleistungen für die östliche Wirtschaftsförderung sind.[17] Wenn die aber wegbricht, wird es noch mehr Niedriglohnempfänger, Arbeitslose und Frührentner geben. Die unvermeidbar steigenden Sozialtransfers würden die Einsparungen auffressen. Das heißt, am Osten sparen geht nicht. Die Gier der Privatisierer zum Nulltarif hat eine Gegend zurückgelassen, die aus eigener Kraft viel weniger lebensfähig ist als zuvor. Die aber durch die nationale Einheit Anspruch auf westliche Standards hat.

Nach 20 Jahren fragt niemand mehr, weshalb sich einige wenige an den «Fehlern» des verkorksten Beitritts hemmungslos bereichern durften, während die vielen, die das maßlose Treiben lediglich geschehen ließen, dauerhaft zur Kasse gebeten werden. Unterm Strich zahle ich?

Der Sieger muss zahlen und büßt dabei auch noch sein über Jahrzehnte gültiges Wertesystem ein.

So gesehen ist nicht zu bestreiten: Der Westen ist der Verlierer der Einheit.

3. Vom ultimativen Ostvorsprung
Der Westen hat praktisch Erprobtes verloren

> *Nur wenn die Sieger Tempel und Götter*
> *der Besiegten achten,*
> *dann vielleicht, erliegen sie nicht*
> *dem eigenen Sieg.*
> AISCHYLOS 500 Jahre v. u. Z.

Die herablassende Nichtachtung der Beitrittswilligen und ihrer sonderlichen Mitgift hat die vermeintlichen Sieger von Anfang an Autorität gekostet. Eingetreten mit dem Gestus von Befreiern, wurden sie von vielen als Besatzer wahrgenommen. Was Günter Gaus vor der Wende wiederholt den «irrationalen, totalitären Antikommunismus» der großen Mehrheit in Westdeutschland nannte, steigerte sich danach nicht selten zu bemitleidenswerter Komik. Inzwischen scheint die Tonlage dieser Mehrheit etwas kleinlauter geworden. Andere wollen immer noch nicht von ihrem schlichten Ostbild lassen.

Der Historiker Hans-Ulrich Wehler: «Die kurzlebige Existenz der DDR hat in jeder Hinsicht in eine Sackgasse geführt ... Alle falschen Weichenstellungen, die in Ostdeutschland vorgenommen worden sind, müssen nach dem Vorbild des westdeutschen Modells in einem mühseligen Prozess korrigiert werden. Das ist die Bürde der neuen Bundesrepublik nach 1990.»[1]

Ist die Bürde der neuen Bundesrepublik nicht vielmehr, dass das westliche Modell als Vorbild versagt und alle falschen Weichenstellungen des völligen Missachtens östlicher Praktiken nun eine mühselige Korrektur erfahren müssen?

Jens Reich jedenfalls fand die Lektüre des fünften Bands von Wehlers Gesellschaftsgeschichte, aus dem das Zitat stammt, «irritierend und enttäuschend». Die «völlig einseitige Behandlung aus der Sicht der Herrschenden» führe dazu, dass Millionen Ostdeutsche «nicht als Akteure dargestellt auftreten, sondern als eine Art Schafherde». Dabei habe es in all den Jahren eine durchaus nicht nur kleinbürgerliche und kleinkarierte Gegenkultur gegeben, an der das Regime immer wieder abprallte. «Der Hauptirrtum Wehlers bei dieser Analyse der DDR ist, dass er das System ohne genaue Differenzierung als links-totalitär einstuft.» Mit Hinweis auf die Wechselwirkung durch die «Verklammerung beider Staaten als Eckstein des jeweils anderen Systems» fragt Reich, wo in der Weltgeschichte es ein vergleichbares Experiment gegeben habe.[2]

Gibt es denn wirklich keinerlei Neugier auf die unvollendeten Ideen, aber auch praktischen Erfahrungen dieses Experiments, die seit der Wende auf der Straße liegen und auf diesem für sie ungeeigneten Platz zwangsläufig mit Füßen getreten werden? Der sozialistische Entwurf gilt als gescheitert und deshalb nicht weiter hinterfragenswert. Nicht nur der Sozialdemokrat Wehler ist blind dafür, dass die traditionellen *antikapitalistischen* SPD-Forderungen wenn überhaupt, dann in der DDR ernst genommen wurden. Um dafür Beispiele zu finden, muss man gar nicht weit zurückgehen und keineswegs den längst verwehten Geist von Godesberg bemühen.

Wie grün und sozialdemokratisch war die DDR?

Wörtliche *SPD-Programmziele* aus den 90er Jahren, deren Verwirklichung in der DDR weiter gediehen war: Abbau der Klassenvorrechte, mehr Gleichheit in der Verteilung von Einkommen und Vermögen, Beteiligung aller am Produktivvermögen, Verhinderung von Bodenspekulation, Vorrang von Nutzungsrechten (Erbbau, Miete, Pacht) bei der Grundstücksverfügung, Vergesellschaftung als demokratisches Element und Förderung des Genossenschaftsgedankens,

Zurückdrängung des Einflusses von Banken und Versicherungen auf Grundentscheidungen der Wirtschaft, Vollbeschäftigung und soziale Sicherheit, Gleichberechtigung von Mann und Frau, Kindergärten und Ganztagsschulen, elternunabhängige Bildungschancen, Zugang zu Sport und Kultur für alle.

Und den Grünen ist erst recht nicht aufgefallen, dass einige ihrer Forderungen nur auf der anderen Seite akzeptiert wurden. Wörtliche *Programmziele der Grünen* aus den 90er Jahren, deren Verwirklichung in der DDR weiter gediehen war: eine grundsätzliche Neuorientierung beim Umgang mit Grund und Boden (Verfügung gesellschaftlich steuern), tiefe Eingriffe ins Mietrecht, Mietpreisbindung, Abschaffung des Berufsbeamtentums, Trennung von Kirche und Staat, keine Gewaltdarstellung in Medien, Vorrang der Schiene vor der Straße, auf Straßen Höchsttempo 100, weg vom Autozwang durch preiswerten öffentlichen Nah- und Fernverkehr, eine Studienfinanzierung, die Studenten nicht zwingt, nebenbei erwerbstätig zu sein, Streichung des § 218, kostenlose Pille.

Warum konnten die meisten dieser offensichtlich vernünftigen, aber grundstürzenden Eingriffe in der DDR in Angriff genommen werden, während sie in der Bundesrepublik keine oder schlechtere Chancen hatten? Der Hauptgrund dürfte in der Abschaffung des derartige Ziele bremsenden, privatwirtschaftlichen Eigentums gelegen haben. Nur durch die dadurch gewonnenen größeren Handlungsbefugnisse der Politik konnte erstmalig die Logik des Maximalprofits durchbrochen und die Kapitalmacht in ihre Schranken gewiesen werden. Bankiers, Börsianer, Spekulanten, Unternehmer und Großgrundbesitzer gaben nicht mehr den Ton an. Wenn es überhaupt eine historisch zu nennende Leistung des Pseudosozialismus gegeben hat, dann war es diese. Hätte man sich für diese Erfahrung interessiert, wäre die Krise vielleicht vermeidbar gewesen.

Das Verhältnis von Herr und Knecht, von Vorgesetzten und Arbeitern war in bestimmten Bereichen auf den Kopf gestellt. Die Jahrtausendfrage der Machtbeschränkung ist weit unter das Reflexionsniveau zurückgefallen, das es während der Konkurrenz der Systeme schon einmal hatte. Wie gelang es in den Ländern des sowjetischen Machtbereichs erstmalig, die sozialen Menschenrechte anzuerkennen und weitgehend zu garantieren? Warum ist dennoch die Verbindung von Gleichheit und Freiheit in der Menschheitsgeschichte bisher nie geglückt?

Der dem kapitalistischen Privateigentum angeborene Charakter der Selbstverwertung des Werts, der Plusmacherei, der zu immer neuem Wachstum zwingt, ohne Rücksicht auf Umwelt und Lebensweise – er ist keinen Legitimationszwängen mehr ausgesetzt; enthemmtes Kapital zeigt nun, was es kann. Das ist die schwerwiegendste Folge aus dem geringschätzigen Entsorgen eines experimentell erprobten Gegenmodells. Erprobt auch im Sinne von nunmehrigem Ahnen, wo der Fehler lag.

Es gibt keinen Beweis dafür, dass die Ineffektivität der Planwirtschaft am Volkseigentum gelegen hat, aber viele Argumente dafür, dass der Grund mangelnde Demokratie war. Vor zwanzig Jahren wollten die federführenden friedlichen Revolutionäre Volkseigentum und Demokratie versöhnen. Das war der Kern des Verfassungsentwurfes des Runden Tisches. Doch zu so viel Kühnheit waren weder die Ein-Volk-Demonstranten bereit, noch die frei gewählten, aber nichtsdestotrotz in marktwirtschaftlichen Belangen mehrheitlich kompetenzfreien Volkskammerabgeordneten. Ihre Einflüsterer aus dem Westen vertraten auf ihre Art den diskreten Charme der Bourgeoisie. Die Beitrittsvariante nach Art. 23 GG entsprach ihren handfesten Interessen.

Eigentumsstrukturen erklären sich nach Marx nicht einfach aus der Frage, wem was gehört, sondern umfassen im ökonomischen Sinn all die durch Interessen definierten Spielregeln der Aneignung. Die sozialdemokratische Auffassung, wonach Verfügungsgewalt letztlich wichtiger sei als Besitztitel, erschien nach der Wende in neuem Licht. Freiwillig verscherbelten die neoliberalen Politiker das ihnen zu treuer Hand anvertraute Eigentum des Volkes, und es schien sie nicht zu betrüben, dass sie damit auch Aneignungsrechte unwiderruflich aus der Hand gaben. Hatten sie, untergebracht in Aufsichtsräten und treuhändischen Beiräten aller Art, persönliche, materielle Vorteile davon?

Nehmen wir zu ihren Gunsten an, dass sie angesichts des sozialistischen Desasters an die grundsätzliche Überlegenheit des Privateigentums glaubten. Dann wäre darauf aufmerksam zu machen, dass dies zumindest auf ungenügende Kenntnisse schließen ließ. Studien und Statistiken belegen: «Wenn man die Bundeskonzerne mit privaten Firmen vergleicht, die auf denselben Märkten tätig sind, so lässt sich bei Betrachtung der Konzernergebnisse bislang keine systematische Über- oder Unterlegenheit der staatlichen Unternehmen feststellen.»[3] Zu Zeiten der Systemkonkurrenz galt es gerade als Vorzug der westlichen Staatsbetriebe, ihnen volkswirtschaftliche Unternehmensziele mit Programmcharakter vorgeben zu können. Deshalb betrug der Anteil des Staates nach Umsatz und Kapital in den Wirtschaftsbereichen Energie, Transport, Grundstoffindustrien und Kommunikation 1980 in Indien 89, in Großbritannien 84, in Frankreich 80, in Schweden 72, in der Bundesrepublik Deutschland 59, in Japan 30 und in den Vereinigten Staaten immerhin noch 15 Prozent.[4]

Staatseigentum gehört nicht dem Staat

Im bundesdeutschen Recht existiert der Begriff des Volkseigentums nicht, obwohl den Unterschied zum sogenannten öffentlichen, also staatlichen Eigentum eigentlich niemand erklären kann. Mir hat der damalige Direktor des Deutschen Instituts für Wirtschaftsforschung, Lutz Hoffmann, überzeugend dargelegt, dass es Staatseigentum nicht gibt, da der Staat keine juristische Person sei, sondern nur wechselnder Verwalter des dem Volke Gehörenden. Es gibt also kein Eigentum, das dem Staat gehört. Es gehört immer dem Staatsvolk. Da sich dieses mit der Einheit vergrößerte, hätte man auch über die Vorzüge eines größeren Anteils an Volkseigentum nachdenken können. Dieses Nachdenken hätte die Frage einbeziehen müssen, wie ein konstruktives Eigentümerbewusstsein zu erreichen wäre – etwas, das es weder in den östlichen noch den westlichen staatlich geführten Betrieben gegeben hat. Wie wäre die Kluft zwischen Verstaatlichung und Vergesellschaftung zu verringern? Inwieweit sind ökonomische Entscheidungen demokratischen Prozeduren unterzuordnen? Ist eine Ökonomie überhaupt mit moralischen Zielen zu belasten?

Die angeblich alternativlose, radikale und überstürzte Privatisierung war jedenfalls juristisch nicht zwingend. Als eine besondere Form des öffentlichen Eigentums existiert in der Bundesrepublik das kommunale Eigentum. Es gehört zu den wichtigen Steuerungsinstrumenten des Sozialstaates. Wenn ein Großteil des dafür geeigneten Volkseigentums den Kommunen der östlichen Bundesländer übertragen worden wäre, hätten sich diese ihre Handlungsfähigkeit nicht von privaten Trägern weitgehend aus der Hand nehmen lassen müssen. Stattdessen sind sie mit zinserhöhten Altschulden belegt worden, deren Streichung für niemanden ein Verlust gewesen wäre. Denn der Gläubiger war die aufgelöste DDR-Staatsbank. Wer dazu beigetragen hat, dass allein das Land Brandenburg 30 Jahre lang jeweils 18 Millionen Euro fiktive DDR-Schulden an westliche Banken abzahlen muss, der sollte keine Krokodilstränen über Transfers in den nicht lebensfähigen Osten vergießen.

Bei etwas mehr gutem Willen hätte man auch darüber nachdenken können, ob nicht der Wohnungs- und Grundstücksmarkt letztlich doch eine öffentliche Angelegenheit sein sollte. Gemischte Erfahrungen lagen vor, warteten darauf, ausgewertet zu werden. Auch das, wie beschrieben, verhängnisvolle Prinzip Rückgabe vor Entschädigung war juristisch keineswegs vorgegeben. Es handelt sich vielmehr auch nach westlichem Recht um eine übertriebene Bevorzugung der privaten Eigentümerstellung. Die Sozialpflichtigkeit hätte verlangt, der gesicherten Nutzung von Wohn- und Gewerbegebäuden Vorrang zu geben vor jahrzehntelangen, oft mit Leerstand verbundenen Rechtsstreitereien. Die Eigentümer wären auch mit Abfindungen korrekt behandelt gewesen.

Das Volkseigentum beruhte auf dem Unrecht der Enteignung, wird eingewendet; es konnte deshalb nach westlichem Rechtsverständnis nicht einfach übernommen werden. Doch durch Revolutionen und erst recht durch verlorene Kriege entstandene Eigentumsverluste sind in der Geschichte fast immer anerkannt worden. Wer bedingungslos kapituliert, sollte nach einem halben Jahrhundert keine Bedingungen stellen. Die Historie rückabwickeln zu wollen bringt Ärger. Zumal genau besehen auch das große Privateigentum an Ländereien und Fabriken nicht ohne Raub, Enteignung und Ausbeutung zustande gekommen ist. Gerade deshalb war es ja mit östlichem Rechtsverständnis nicht vereinbar. Die Eigentumsfragen hätten in Ruhe, mit Bedacht verhandelt werden müssen.

Doch das war gegen die Interessen des Filzes aus Abgesandten westlicher, konkurrierender Unternehmen und Beamten der Ministerialbürokratie nicht durchzusetzen. Ziel des von einigen Bankiers in Windeseile ausgearbeiteten Vermögensgesetzes war vielmehr, durch die Wiederherstellung alter Besitzverhältnisse alte Machtstrukturen zu restaurieren. So manche Politiker, die dem 1000-seitigen Einigungsvertrag aus Zeitnot ohne gründliche Lektüre zugestimmt hatten, rieben sich später die Augen, wie *vorgestrig* alles wurde. Die Befugnis, das Kommando zu übernehmen, wurde wieder an Geldbesitz gebunden. Dazu gehörte auch die nicht seltene Refeudalisierung von Feldern und Wäldern zugunsten eines Adels, der land- und forstwirtschaftlicher Bildung und des Sinns für Naturschutz inzwischen entwöhnt war.

Wenn die ehemaligen Besitzer nicht von den Alliierten enteignet worden waren, wurde jetzt auch nicht mehr danach gefragt, welche Rolle sie im Dritten Reich gespielt hatten. Kaufverträge aus der Nazizeit galten als höheres Rechtsgut als solche aus DDR-Zeiten. Weil nämlich die Eigentumsstrukturen im Nationalsozialismus durchaus kapitalistisch geblieben sind, während die DDR eine angeblich eigentumslose Ordnung war. Also eine noch größere *Un*ordnung als die Nazizeit. Das Konstrukt des Unrechtsstaates rechtfertigte die Reprivatisierung besonders hilfreich.

Privat oder gemeinschaftlich – der Unterschied im Großen zog zwangsläufig die meisten Unterschiede im Detail nach sich. Vieles davon erwies sich als untauglich und ist zu Recht im Orkus verschwunden, anderes hätte zumindest vom Ansatz her durchaus eine Bereicherung westdeutschen Lebens sein können. Doch aus Abneigung vor dem Bücken hat der Sieger seine Beute einfach nicht aufgehoben. Alles landete, demonstrativ unbesehen, auf dem Misthaufen der Geschichte. Wo einiges nun heimlich wieder ausgegraben wird, um es möglichst als eigene Idee zu verkaufen. Ob einheitliche Krankenversicherung, Schulen, Krippen oder Polikliniken. Anderes ist weniger im Bewusstsein, weshalb an diese vermeidbaren Verluste hier in keiner Wertigkeit verpflichteten Reihenfolge erinnert werden soll.

Überlegenes Modell für die Landwirtschaft

Bei der Vereinigung trafen zwei konträre Landwirtschaften aufeinander. Im Westen herrschte das im Grunde museale Leitbild des bäuerlichen Familienbetriebes: Auf kleinen Äckern wird hochintensiv, aber auch hochsubventioniert und dennoch ständig vom Aus bedroht gewirtschaftet. Von 1989 bis 1999 haben 220 000 Höfe aufgegeben. Nicht wirklich eine Erfolgsgeschichte. Hat man sich in dieser Zeit für die östliche Alternative interessiert?

Ja, in der freudigen Erwartung, die Zwangskollektivierten würden nun scharenweise zu «Wiedereinrichtern». Dieses sprachliche Ungetüm war so bürokratisch wie unzutreffend. Denn nach zwei Generationen bedeutete der Schritt zum Einzelbauern für keinen Genossenschaftler ein «wieder», selbst wenn die väterlichen Höfe noch standen. Hatten diese Väter einst nur unter starkem Druck dem kollektiven Bearbeiten ihrer Schollen zugestimmt, so hatten sich ihre Töchter, Söhne und Enkel an die Vorzüge des gemeinschaftlichen Wirtschaftens gewöhnt. Trotz diverser Fehlorientierungen (Rinderoffenställe nach sowjetischem Vorbild Anfang der 60er) und Krisen (Gigantomanie nach USA-Vorbild Ende der 70er) haben die Bauern die Genossenschaft nicht mehr in Frage gestellt. In den 80er Jahren sind fast 100 000 neue Mitglieder in die LPGs eingetreten, ganz unspektakulär und ohne Zwang.[5]

Die staatliche Agrarpolitik der Bundesrepublik ist zweifellos nicht genossenschaftsfreundlich. Dieses Eigentum ist hierzulande suspekt, da es eine höhere Stufe von vergesellschaftetem Besitz darstellt. Es gewährleistet allen Genossen die gleichen Mitspracherechte, unabhängig davon, ob einer mehr oder weniger eingebracht hat. Die Verteilung der Erträge erfolgt weitgehend nach Leistung. Diese bewusst gesetzte Eigentumsgleichheit unterscheidet Genossenschaften von Aktiengesellschaften und GmbHs.

Aber obwohl diese Kooperationen als Keime des Sozialismus gelten, hatte die Treuhand gottlob keinen Zugriff. (Sie durfte nur Wälder verscherbeln und die volkseigenen Güter, denen aber nur zehn Prozent der Felder gehörten.) Die Treuhand kam nicht an die LPGs heran, weil entgegen den Vorstellungen vieler Westler Kollektivierung eben nicht Verstaatlichung bedeutete; die Äcker sind immer im Privateigentum der Bauern geblieben, die all die Jahre im Grundbuch standen. So gab es eigentlich keinen Grund, am Status der Genossenschaften überhaupt etwas zu ändern, bis auf den, dass alles in Rechtsformen des mal besseren, mal schlechteren bundesdeutschen Rechts überführt werden musste, sonst drohte die Auflösung. Eine Art Zwangs*ent*kollektivierung.

Diese Absicht wurde aber dummerweise durch das bundesdeutsche Genossenschaftsgesetz erschwert. Den LPGs am ähnlichsten sind darin Produktivgenossenschaften, die im Handel, bei Dienstleistungen und Banken funktionierten, lediglich als Agrargenossenschaften unbekannt waren. Verbieten ging also nicht, deshalb wurden die Bauern mit erheblichen Fördermitteln und Privilegien zum Austritt gelockt und mit erheblichen Benachteiligungen und fiktiven Altschulden vom Verbleiben in den Genossenschaften abgeschreckt – es half dennoch nichts. Drei Viertel der Bauern bekundeten, in der Gemeinschaft verbleiben zu wollen.

In einer Studie aus dem Jahr 2000 wurden folgende Motive genannt: selbstverantwortliches Wirtschaften, das Gefühl der Zusammengehörigkeit und der sozialen Geborgenheit, die Anerkennung im Beruf, der kollegiale Umgang und die Qualifikationschancen.[6] Auf dem Lande hatte nämlich eine Bildungsrevolution stattgefunden, 96 Prozent der Bauern und 92 Prozent der Bäuerinnen konnten eine abgeschlossene Berufsausbildung vorweisen, davon fast ein Drittel ein Fach- oder Hochschulstudium. Sehr im Unterschied zu den westlichen Kleinbauern.

Die Landwirtschaft ist der einzige Bereich des Ostens, in dem der Westen nicht seine eigene Elite unterbringen konnte. Bei so viel Eigensinn blieb nur, die störrischen Fremdkörper zu denunzieren und anzufeinden. Statt den Erfahrungsschatz der einstigen LPG-Vorsitzenden zu heben, beschimpften die Medien sie als «Rote Barone». Ungeachtet oder auch in Anbetracht der Strukturvorteile durch die großen LPG-Flächen gab es Attacken von Ministerien, Verbänden und kleinbäuerlichen Interessenvereinigungen. Die Tierbestände mussten wegen westlicher Fleisch-Lieferungen dramatisch reduziert werden, nur die Hälfte der Rinder und ein Viertel der Schweine blieben im Bestand. Das war der Hauptgrund, weshalb Zigtausende Tierpfleger ihren Arbeitsplatz verloren. (Die ostdeutsche Landwirtschaft wird heute auch wegen der verordneten Begrenzungen weniger intensiv betrieben als zuvor. Was sich nachteilig auf die Hektarerträge, aber vorteilhaft auf die durch Gülle und Dünger weniger belasteten Böden auswirkt.)

Die EU zeigte ihren Unwillen gegenüber Genossenschaften, indem sie ihnen pro Hektar weniger Fördermittel als den Einzelbauern gab. Auch die Bundesregierung verabschiedete ungünstige Anpassungsgesetze; fiktive Altschulden und unklare Entschädigungsansprüche für ausscheidende Mitglieder belasten die Betriebe. Teile der Bodenreform wurden wider den Einigungsvertrag ausgehebelt. Gegen sie weiter benachteiligende Gesetzesentwürfe setzten sich die LPG-Nachfolger zur Wehr, übergaben im Herbst 1996 71 000 Protestunterschriften, verhinderten durch einen bundesweit geltenden Kompromiss ihren möglichen Untergang.

Die meisten der Nachfolgebetriebe entschieden sich für die neue Form der Agrargenossenschaften, andere, je nach westlichem Berater oder durch Zufall, für Personengesellschaften oder GmbHs. Die Form war vielen nicht so wichtig, Hauptsache, sie durften weiter gemeinsam wirtschaften. Die Mitbestimmung oder die Art der Entschädigung der in Rente Gehenden handhaben wohl viele so, wie sie es gewohnt sind. Wenn man sich an jeden Buchstaben des Gesetzes gehalten hätte, so meinen manche, hätten viele Genossenschaften liquidiert werden müssen. Spezielle Ironie der Geschichte: Nur durch flächendeckende Gesetzesverstöße in Richtung mehr Wirtschaftsdemokratie war es möglich, dass die Landwirtschaft Ostdeutschlands heute eine der produktivsten Europas ist.

Arbeiten in Mecklenburg-Vorpommern auf 100 Hektar im Schnitt 1,2 Beschäftigte, so sind es z. B. in Rheinland-Pfalz 5,5. In den Wachstumsmärkten Biorohstoffe und ökologisch erzeugte Lebensmittel haben die östlichen Bundesländer einen deutlichen Vorsprung. Mit 12 Prozent Ökolandbau liegt wiederum Mecklenburg-Vorpommern, in dem übrigens jahrelang die PDS den Umweltminister stellte, bundesweit an der Spitze. Hier ist ein Teil der Modernisierung, die dem Westen noch bevorsteht, bereits gelaufen.

Hat sich die, ach, so flexible Marktwirtschaft in den letzten zwanzig Jahren für die östlichen Innovationen interessiert? Es gibt in Westdeutschland inzwischen drei Agrargenossenschaften nach LPG-Vorbild. Hört, hört – bitte wo?

In Zeetze, Darchau und Krusendorf. Eine Enklave von früheren DDR-Dörfern im Amt Neuhaus an der Elbe, die 1990 auf Beschluss der Gemeindeverwaltungen dem Bundesland Niedersachsen zugeschlagen wurden. Weil es vor dem Krieg so war. Die Ansässigen wurden nicht gefragt. Die Genossenschaften haben ihren Tierbestand reduziert und daraufhin auch ihre angestellten Lohnarbeiter. Die Besserstellung der Landbesitzer gegenüber den Landlosen, die es so früher nicht gab, hat zu neuen Konfliktlinien in den Dörfern geführt. Aber von den Vorzügen der großen Felder haben alle etwas. Trotz des schlechten Aufkaufpreises für Milch. Mit 33 Cent pro Liter könne man nicht wirtschaften, sagt mir der Vorsitzende aus Krusendorf, 38 Cent wären das Minimum. (In der DDR gab es 1,70 Mark.) Die Kontrolleure aus den niedersächsischen Ämtern kommen gern in die «Ostbetriebe». Denn die haben ein richtiges Büro und eine richtige Buchhalterin, man bekommt einen Platz und kann in Ruhe die Bücher durchsehen. Das ist bei Einzelbauern nicht so.

Zu den Bauern am Westufer der Elbe, mit ihren kleinen Familienhöfen, haben die Genossenschaftler keinen Kontakt. Es gibt hier keine Brücke über die Elbe. Man sieht sich nicht, aber spürt die Vorbehalte gegenüber der Konkurrenz aus dem Osten, die all ihre Produkte nach wie vor nach Mecklenburg liefert. Und zu Fachberatungen mit Berufskollegen ständig dorthin fährt, weil diese die gleichen Probleme und Vertrautheiten haben.

Manchmal kommen Jüngere vom westlichen Flussufer, sehen, dass man hier freie Tage hat und Urlaub, dass die finanzielle Haftung nicht so groß ist. Einige wären einem gemeinschaftlichen Arbeiten gegenüber aufgeschlossen, aber die Älteren «haben die Hand drauf».

So existieren immer noch zwei konträre Landwirtschaften. Fliegt man heute über Deutschland, erkennt man an der Feldergröße sehr schnell, ob man sich über Ost oder West befindet. Kein geteilter Himmel mehr, aber geteilter Boden allemal.

Berufsbeamtentum ist entbehrlich

Das Berufsbeamtentum ist bekanntlich von Feudalherren eingeführt worden, um auch in gehobenen Positionen ergebener Untertanen gewiss zu sein. Deren Anstellungsverhältnis basierte auf Treue zum Monarchen. Ihm wurde gegen bevorzugte Vergütung die volle Arbeitskraft auf Lebzeiten verschrieben. Aus dem Diener des Fürsten ist der Staatsdiener geworden. Am Prinzip hat sich bis heute nichts geändert: Privilegien gegen Gehorsam.

Die DDR hatte eigentlich eine Vorliebe für feudale Strukturen, aber diesen Zopf hatte sie abgeschnitten. Der Pseudosozialismus konnte sich dieses peinlich verstaubten Modells entledigen, weil er andere entworfen hatte. Nomenklaturkader für die höheren Ebenen und Parteidisziplin für die mittleren. Von beiden wurde ebenfalls Treue erwartet. Insofern hat die DDR bei diesem Thema wahrlich keine Alternative zu bieten.

Nimmt man als Hauptkennzeichen von Beamten ihre Unkündbarkeit, dann wäre wiederum die ganze DDR verbeamtet gewesen. Was den Umgangston betrifft, aber eher nicht. Glaubten viele hierzulande anfangs, die wieder üblich gewordene Ansprache von Herr zu Knecht sei eben der quasikolonialen Situation geschuldet, so entpuppten sich diese Kommunikationsformen inzwischen nicht selten als Innenansichten der westlichen Bürokratie. In der DDR war das Verhältnis von Vorgesetzten zu Untergebenen oft das von Erziehungsberechtigten zu Erziehungsbedürftigen, was bei aller Penetranz und manchmal auch Infamie dennoch meist im familiären Ton blieb. Der autoritäre Anweisungston aber, der sich durch formale Hierarchie legitimiert glaubt, war im östlichen zivilen Leben weitgehend in Vergessenheit geraten.

Bei der Vereinigung von einem Staat ohne Beamten und einem mit Beamten ist absichtsvoll versäumt worden, über eine Frage nachzudenken, die auch zentral für dieses Buch ist: Wie viel Disziplinierung brauchen Gesellschaften, und welche Formen sind der Demokratie angemessen?

Vom Allgemeinen Preußischen Landrecht von 1794 über das Reichsbeamtengesetz von 1873 bis zu den Artikeln 128 bis 131 der Weimarer Reichsverfassung von 1919: Die Machthaber hatten ihre Beamten im Griff. Ab 1934 wurde der Beamteneid als eine persönliche Treuebekundung gegenüber Adolf Hitler missbraucht. Spätestens hier hätten die Beamten aufwachen müssen und sich nicht als willfährige Gehilfen von Verbrechen einspannen lassen dürfen – doch nur wenige Diener des Dritten Reiches widerstanden der Willkür.

Artikel 33 (5) des Grundgesetzes legte dennoch fest: «Das Recht des öffentlichen Dienstes ist unter Berücksichtigung der hergebrachten Grundsätze des Berufsbeamtentums zu regeln.» Hergebrachte Grundsätze? Woher denn? An deutschen Beamten sind die völkerrechtswidrigen beiden Weltkriege jedenfalls nicht gescheitert. Für den Vorsitzenden des Deutschen Beamtenbundes, Peter Heesen, ist ein Beamter ein Beschäftigter, «der in besonderer Weise darauf verpflichtet worden ist, ausschließlich nach Recht und Gesetz zu handeln».[7]

Sehr merkwürdig. Eine juristische Tautologie. Da nun mal jeder vor dem Gesetz gleich ist, ist auch jeder in gleicher Weise an Recht und Gesetz gebunden. Eine Selbstverständlichkeit, die nicht extra betont zu werden braucht. Solches Denken erinnert mich immer an die Nina-Naserowa-Methode, bei der sich die sowjetische Aktivistin verpflichtete, pünktlich zur Arbeit zu erscheinen und aus eigenem Antrieb ihre Maschinen zu pflegen.

Dass Beamte einen Treue-Eid schwören müssen, lässt auf ein gewisses Misstrauen schließen, was doch eigentlich beleidigend ist. Wer noch gebundener an die Vorschriften ist, der müsste eigentlich allen, sogar seinen Dienstherren, in den Arm fallen, wenn diese Gefahr laufen, Gesetze zu übersehen. Dessen Widerstandsrecht müsste unter besonderem Schutz stehen. Aber da habe ich wohl etwas falsch verstanden. «Vom Beamten wird erwartet, dass er d i e s e n S t a a t und seine Verfassung als einen hohen positiven Wert erkennt und anerkennt, für den einzutreten sich lohnt.»[8]

Gegen geforderte Verfassungstreue ist nichts zu sagen, ihr unterliegen wir alle, und das ist gut so, weil die Verfassung gut ist. Aber an erster Stelle wird für den Beamten Treue zu «diesem Staat» verlangt, was dann prompt verstanden wird als Treue zu den jeweils Regierenden, was immer sie gerade verzapfen.

«Bei Beamten auf Probe und bei Beamten auf Widerruf rechtfertigt die Verletzung der Treuepflicht r e g e l m ä ß i g die Entlassung aus dem Amt.»⁹ Ja, nach § 36 Bundesbeamtengesetz können die «politischen Beamten» wie Staatssekretäre und Ministerialdirektoren, Botschafter, Pressesprecher, Bundesanwälte und führende Geheimdienstler auf Vorschlag des zuständigen Ministers durch den Bundespräsidenten «jederzeit in den einstweiligen Ruhestand» versetzt werden. So unkündbar ist man also gar nicht. Die sächsische Verwaltungsvorschrift redet nicht um den heißen Brei herum: «Politische Treuepflicht bewährt sich in Krisenzeiten und in ernsthaften Konfliktsituationen, in denen der Staat darauf angewiesen ist, dass der Beamte Partei für ihn ergreift.»

Und sie hat sich bewährt. Soviel ich weiß, haben die bundesdeutschen Beamten geschwiegen bei der Wiederbewaffnung und der flächendeckenden Kommunistenhatz mit 125 000 Ermittlungsverfahren in den 50er Jahren, bei den Notstandsgesetzen der 60er, den Berufsverboten der 70er, der Raketenaufrüstung der 80er, dem Angriffskrieg gegen Jugoslawien in den 90er Jahren sowie dem Sozial- und Grundrechte-Abbau im neuen Jahrtausend.

«Die Verdienste der öffentlichen Verwaltung auf allen ihren Ebenen liegen nicht zuletzt darin, dass grundlegende ordnungspolitische Maßregeln effektiv und geräuschlos gewährleistet sind», hält Hans Mommsen den Beamten zugute.¹⁰ Gerade in Krisenzeiten, in denen der Staat gern zu fraglichen Überreaktionen neigt, ist Geräuschlosigkeit angesagt. Die Erkenntnis, dass politische Angepasstheit «sich lohnt», dürfte leichtfallen. Die Verbeamtung gilt als Karrieresprung – kein Wunder, wenn bei guter Führung Unkündbarkeit und doppelt hohe Pension locken.

Ich habe mich immer amüsiert, wenn Westbeamte sich darüber mokiert haben, dass unter Ostdeutschen soziale Sicherheit ein höheres Gut ist als Freiheit. Dabei haben diese Beamten für ihre staatliche Versorgung und die Unkündbarkeit ihr Streikrecht, praktisch auch ihr Recht auf Ungehorsam und Widerspruch gegen den Dienstherren, also letztlich ihre politische Unabhängigkeit an den Staat verkauft, wie Schlemihl seinen Schatten.

Genau betrachtet gibt es Erklärungsbedarf zwischen Absatz 1 Art. 33 GG, der die «staatsbürgerliche Gleichheit aller Deutschen» verspricht, und Absatz 5 desselben Artikels, der den Beamten nach den «hergebrachten Grundsätzen» unmissverständlich ihr Streikrecht entzieht und damit auch ihre staatsbürgerliche Gleichheit. Ein Beweis dafür, dass Beamte nicht in die Logik der Demokratie passen.

Das sieht der Vorsitzende des Deutschen Beamtenbundes natürlich ganz anders. Seiner Meinung nach stellt der Beamtenstatus «dank der Streikfreiheit für die Bürger sicher, dass bestimmte Bereiche staatlicher Dienstleistung ohne jede Beeinträchtigung ständig gewährt werden». Doch wenn der Hausmeister nicht aufschließt und heizt, kann der Lehrer nicht unterrichten. Wenn die öffentlichen Verkehrsmittel lahmgelegt sind, werden die Studenten ihren nicht streikenden Professor nicht erreichen. Ohne ihr Fußvolk können die Beamten überhaupt keine Beeinträchtigung verhindern.

Herr Heesen aber legt noch eins drauf: «Wer den Beamtenstatus abschaffen will, der will alle staatlichen Bereiche bestreikbar machen, der will damit auch die Politik, die gewählten Parlamente und Regierungen in ihrer Entscheidungsfreiheit beeinträchtigen. Dieser Weg würde der Demokratie und dem sozialen Leistungsstaat schaden.»

Tja, wenn der Herr Ministerialrat Wutzwitz streikt, das wäre schon sehr traurig, für uns alle. Und wenn es der Polizeipräsident ihm nachtut, freuen sich all die armen Sünderlein. Und wenn dann der gesamte Geheimdienst streikt, halten wir den Atem an. Nicht ohne nach einer Weile richtig durchzuatmen. Aber nur kurz, denn jetzt hat sich die ganze Regierung angeschlossen, und wir haben das Nachsehen, ganz ohne unsere verehrte Obrigkeit.

(Denn das macht man sich gar nicht so bewusst – auch fast die Hälfte unserer werten Bundestagsabgeordneten sind Beamte.) Doch da man hierzulande nur für materielle Ziele streiken darf und den Nichtmehrbeamten nichts weggenommen werden soll als ihre Treuepflicht – warum sollten sie bei gleich guter Versorgung plötzlich massenhaft streiken? Zumal das berufliche Selbstverständnis oben genannter Herrschaften sich ja streikend nur der Lächerlichkeit preisgeben würde.

Zwei junge Frauen aus einer sächsischen Behörde haben mir beinahe konspirativ und unter dem Versprechen, sie nicht zu verraten, die Verwaltungsvorschrift der sächsischen Staatsregierung kopiert, die in allen Bundesländern ziemlich gleich lautet. Darin steht, dass an die Angestellten im öffentlichen Dienst zwar weniger hohe Anforderungen als an Beamte gestellt werden, dass aber auch sie den Staat, in dessen Dienst sie stehen, nicht «angreifen» dürfen, sonst könnten sie fristlos entlassen werden. Und niemand erkläre, was a n g r e i f e n ist. In der Praxis bedeutet es einfach, man darf seinen Vorgesetzten nicht kritisieren. «Wir mussten alle eine Erklärung unterzeichnen, nach der es verboten ist, die Leitung der Behörde zu kritisieren und darüber öffentlich zu sprechen.»

Ist da im Osten wieder einmal etwas falsch verstanden worden? Nein, das entspricht der bundesdeutschen Rechtsprechung: «Es steht dem Beamten nicht zu, seinem Vorgesetzten Verfehlungen vorzuwerfen.»[11]

Wenn 60 Prozent der Mitglieder der Gewerkschaft Erziehung und Wissenschaft Beamte sind, wird man sich auch über eine Zurückhaltung der Gewerkschaften in dieser Frage nicht wundern. Gern will ich glauben, dass es im Alltag deutscher Hochschulen kaum Reglementierung gibt. Wer zu einem Sachgebiet forscht und lehrt, wird sich keine Begrenzung auferlegen müssen, erst recht nicht, wenn es sich um ein Gebiet handelt, das niemanden stört. Dennoch wird man nicht behaupten können, dass sich unsere Hochschulen derzeit als Räume kritischer Öffentlichkeit verstehen. Es gibt eindeutig einen Verlust an kritischer Theorie.

Zwar ist es möglich, nach aufwendigem ZDF-Casting Karl Marx zum zweitgrößten Deutschen zu küren – aber an keiner der drei Universitäten der deutschen Hauptstadt gab es bis zur Wirtschaftskrise ein Angebot zu marxistischer Kapitalismuskritik. Während an der Pariser Elite-Uni Science Politique ein Seminar zum Kommunistischen Manifest auch zuvor schon selbstverständlich war.

An der Berliner Humboldt-Universität wurde ein Programm zur Kodifizierung von Gewalt mit Millionen gefördert, als aber ein Germanistik-Professor im Akademischen Senat Unterschriften gegen den Irak-Krieg sammeln wollte, bekam er keine zusammen.

An der Gießener Universität erhoben der Soziologieprofessor Bruno W. Reimann und seine Mitarbeiter im Juni 1999, während des NATO-Krieges gegen Jugoslawien, eine Erkundungsstudie. Angesichts des ersten Krieges mit Beteiligung der Bundeswehr und der Bedeutung, die Wissenschaftler in der Öffentlichkeit haben, erwartete er engagierte Meinungsäußerungen. Von den 410 angeschriebenen Professoren antworteten 13. (Darunter von den 16 Gesellschaftswissenschaftlern einer.) Von 300 wissenschaftlichen Mitarbeitern antworteten 10. (Kein Unterschied also zwischen den treuepflichtigen Beamten und all den jungen Assistenten und Dozenten, die mit ihren Zeitverträgen erpressbar und gefährdet sind.) Ein Teil der Antworten erschöpfte sich auch noch in Methodenkritik – die Frage sei indiskret, politische Meinungen seien Privatsache.[12] Besonders auffällig war das Schweigen der Alt-68er.

Seit den Göttinger Sieben ist viel Wasser die Leine hinabgeflossen. Wie es letztlich flächendeckend gelungen ist, die 68er zu disziplinieren und zu korrumpieren, darüber war bei all den rückblickenden Reflexionen eher wenig zu erfahren. Ist ökonomische Unabhängigkeit generell an politisches Wohlverhalten gebunden? Die vereinte Kompetenz der bundesdeutschen Universitätselite ist jedenfalls kein wahrnehmbares Frühwarnsystem gegen gesellschaftliche Fehlentwicklungen. Wo blieben die Alarmsignale gegen den wirtschaftlichen Irrationalismus? Ganze Generationen wurden marktbesessen erzogen. Wer aber Korrekturmechanismen ausblendet oder auch diese Funktion dem Markt überlässt, wird früher oder später scheitern, gerade auch ökonomisch.

Der passionierte «Leihbeamte» Wilhelm Boeger, der sich in seinen Büchern wie kein anderer über den derzeitigen deutschen Beamten lustig macht, will nicht so weit gehen, seinen Stand abschaffen zu wollen. «Man muss den Beamten nur klarmachen, dass ihnen keiner verbieten kann, Mut und Zivilcourage zu haben. Wir brauchen im öffentlichen Dienst keine Loyalität zum Staat, sondern zum Bürger. Keine Staatsbeamten, sondern Bürgerbeamte», sagt er mir.

Das klingt gut. Aber aus unerfindlichen Gründen scheint den Beteiligten nicht auszureden zu sein, dass Mut und Zivilcourage ihren Preis haben. Es würde zweifellos nichts nutzen, im Realkapitalismus das Anpassungsmodell politische Treuepflicht gegen ein anderes, vielleicht schlimmeres austauschen zu wollen: Angst um Arbeit. Die Alternative wären nur wirklich demokratische Strukturen und Vollbeschäftigung. Da diese in der DDR gewährleistet war, verlor das hergebrachte Beamtenmodell an Verheißung. Da aber Demokratie nicht gewährleistet war, kam so etwas wie ein Bürgerbeamter ebenfalls nicht zustande. Was folgt daraus für heute?

Wer vertritt das Volk?

Werde ich nun etwa noch die verfemte Volkskammer in den Zeugenstand für versäumte Anregungen bemühen? Will ich behaupten, die zu fast 60 Prozent aus Hochschulabsolventen bestehenden Abgeordneten hätten trotz allem in den Ausschüssen notwendige Arbeit erledigt und gelegentlich vernünftige Gesetze verabschiedet? Das wäre allzu dürftig. Nein, ein Parlament ohne Opposition ist ein Scheinparlament, die Idee der «Nationalen Front» hat sich schon in ihrer sprachlichen Militanz nie aus der Bedrohungsperspektive des Kalten Krieges befreien und eigene Souveränität behaupten können.

Unabhängig von all diesen Pervertierungen gab es ein Detail, das noch einmal interessant werden könnte – im Osten fast schon vergessen, im Westen kaum je zur Kenntnis genommen. Ich meine die rein formale Zusammensetzung der Volkskammer. Nur die Hälfte der Fraktionen hatte ein Parteien-Ticket. Immerhin ein Drittel der

Parlamentarier war von anderen gesellschaftlichen Gruppen und Interessenvertretungen delegiert: der Gewerkschaft, den Frauen, der Jugend, der Kultur, zeitweilig auch den Konsumgenossenschaften und der Vereinigung der Verfolgten des Naziregimes.

Die Frage, ob Parteien noch geeignet sind, *allein* die Interessenvertretung des ganzen Volkes zu übernehmen, muss erlaubt sein, auch wenn damit eine Grundgesetzänderung verbunden wäre. Wie viele Mitglieder sollen die Parteien noch verlieren, bis uns etwas dämmert? Zurzeit machen Mitglieder der im Bundestag vertretenen Parteien 2,2 Prozent der Wahlberechtigten aus. Warum eigentlich ist diese Minderheit gesetzlich legitimiert, einzig aus ihren Reihen die gesamte Volkvertretung zu rekrutieren?

Natürlich liegen die Gegenargumente auf der Hand. Wer sollte zusätzlich berechtigt sein, wie ist Lobbyismus zu verhindern, wie sind Mehrheitsmanipulationen durch Doppelmitgliedschaften in Organisationen *und* Parteien zu vermeiden, eine Unsitte, die auch die SED beherrschte. Dennoch hat nicht zuletzt das Beispiel der Runden Tische gezeigt, dass solche Schwierigkeiten überwindbar sind, wenn man nur will.

Warum sollte, was sich in Krisenzeiten bewährt hat, nicht auch darüber hinaus Bestand haben? Zumal wir, gemessen an der Zahl der Nichtwähler und der Parteiverdrossenen, längst in einer Krise des Parlamentarismus stecken.

Eine Öffnung auch für Interessenvertretungen der Gewerkschaften und der Arbeitslosen, von sozialen Bewegungen, dem Mittelstand, von Wissenschaftlern, Friedensforschern und Kulturschaffenden wäre ein basisdemokratischer Ansatz. Gelegentlich ist auch über eine zweite Kammer aus Sachverständigen zu den drängendsten Gegenwartsproblemen nachgedacht worden.

Nichts muss so bleiben, wie es ist. Nicht mal die Gedanken. Weder im Großen noch im Ganzen. Schon gar nicht im Kleinen.

Über das Verpackungsunwesen

Nehmen wir also nach diesen Fundamentalüberlegungen ein scheinbar kleines Beispiel für etwas Veränderungsbedürftiges. Jeder Deutsche verbraucht jährlich 230 Kilo Papier. Das ist Weltspitze. Leseland, gebildete Nation? Nein, Verpackung.

Ich bin in einem Land aufgewachsen, in dem Papier immer knapp war. Das war für keinen Beruf so schmerzlich wie für meinen. Denn unser Produkt, Manuskripte, konnte gar nicht so oft in Bücher verwandelt werden, wie die Leute sie kaufen wollten. Papier musste für Devisen importiert werden, wurde also kontingentiert. Jeder Autor musste warten, bis ihm mal wieder zehn Paletten zugeteilt wurden. Der eine länger, die andere weniger lang. Ein Jahr, zwei. Dann drängelte man beim Verlagsleiter, drohte gar. Schließlich bekam man wieder mal eine Auflage von fünfzehntausend. Kaum waren sie in den Buchhandlungen, da waren sie auch schon wieder weg. So schnell konnten die gar nicht importieren, wie wir schrieben. Und gelesen wurden. Einmal habe ich einen Bildband gemacht. Das bedeutete K u n s t d r u c k papier. Das wurde mehr gehaucht als gesprochen, mehr gebetet als erhofft. Denn dieses hochwertige, holzfreie Papier war dreimal so teuer. Die Fotos waren dann aber auch vom Feinsten, Hochglanz.

Heute druckt jede Würstchenbude ihre Folder auf Kunstdruckpapier. Wenn die Hochglanzkataloge kommen, bin ich immer wieder gekränkt – dieses wertvolle Papier wird zweckentfremdet. Ich habe mir jedenfalls Wertschätzung und Ehrfurcht für das Material Papier bis heute bewahrt. Und auch die Papierindustrie weiß, dass Altpapier Holz und Wasser spart. Deshalb sind die Ostdeutschen mit der Entsorgung ihres SERO-Systems auch des Rechts benommen worden, die von ihnen käuflich erworbenen Materialien als Sekundärrohstoffe selbst wieder zu veräußern. Es war keine schlechte Idee, Kinder in Aufkaufstellen für Altpapier und Einwegflaschen ihr Taschengeld aufbessern zu lassen und ihnen nebenbei die Achtung für Grundstoffe und vergegenständlichte Arbeit beizubringen. Die aus dem Mangel an Rohstoffen geborene, gleichwohl vernünftige Devise war: Vermeiden geht vor Verwerten, Verwerten vor Beseitigen.

Jedes Jahr landen 33 Kilo Werbeprospekte in meinem Briefkasten, die ich nicht lese. Wegen dieses Unsinns muss allein für mich alle sieben Jahre ein Baum gefällt werden. Jede Woche ärgere ich mich erneut, dass ich gezwungen bin, allein einen ganzen gelben Sack voller Grüner-Punkt-Verpackungen verschuldet zu haben. DDR-Verpackung war minimalistisch, von nicht zu überbietender, hinreißender Hässlichkeit. Darin steckte die ganze Missachtung des Konsums. Wenn jemand eine Ware wirklich braucht, dann wird er sie in den Regalen schon finden. Und so war es ja auch. Diese Annahme kann als bewiesen gelten.

Dass in der Überflussgesellschaft die Konkurrenz beim äußeren Blendwerk beginnt, spricht nicht für ein aufwendiges Äußeres, sondern gegen den Überfluss. Uns zum Konsum zu verführen ist kein hinreichender Grund für verschwenderische Hüllen. Niemand will zurück zu tropfenden Milchtüten oder gar zu offenen Milchkannen. Niemand hat etwas gegen Zweckmäßigkeit und guten Geschmack. Aber ein Wald muss lange wachsen, bis er zu Seifen-Kartons wird. Zu Recht geizen wir mit unseren Wäldern, zu Unrecht lassen wir Naturschutzgebiete der Dritten Welt dran glauben, deren Fehlen das Klima weiter beeinträchtigt.

Auch Erdöl muss Jahrtausende im Boden gereift sein, bis es zu Folien für Herrenoberhemden wird. Warum müssen die eingeschweißt sein, Damenblusen kauft man auch unverpackt.

Es ist extrem umweltschädigend, Bauxit aus der Erde zu waschen, das dann unter großem Energieaufwand zu Aluminium-Büchsen für Katzenfutter wird. Wer behauptet, dies sei immer noch billiger als Mehrwegschraubgläser, der hat die Folgen in Form verseuchter Landschaften und Zwangsumsiedlungen in armen Ländern nicht mitberechnet.

Ich möge nicht übertreiben, wird mir gesagt, es seien doch nur die Deckel aus Aluminium, der Rest aus Weißblech. Aber Weißblech ist verzinktes Stahlblech, Zink ist auch kostbar, da begrenzt, und es wird nicht weniger umweltschädigend gewonnen. Und Stahlblech? Dafür muss Eisenerz in Hochöfen zu Roheisen geschmolzen, dann veredelt und gewalzt werden. Alles unter enormem Energieaufwand. Dann, wiederum mit Energie, muss die Büchse geformt, mit Korrosionsschutz beschichtet und erst dann bunt lackiert oder mit buntem Papier beklebt werden. Bei ehrlichen Preisen wäre jede Büchse teurer als ihr Inhalt.

Und so ist es bei der Papierverpackung meist auch. Fisch soll nicht wieder in Zeitungspapier gewickelt werden. Wie unangemessen aber viele Verpackungen sind, kann an wenigen Beispielen demonstriert werden, die mir allein beim Schreiben dieses Kapitels sozusagen in die Hände gefallen sind. Ausnahmslos alle diese Produkte haben eine gute Qualität, dennoch kann ich mich nur schwer mit ihnen anfreunden. In Abwandlung des letzten Buches meines verehrten Kollegen Ulrich Plenzdorf: «Ich sehn' mich so nach Unterdrückung», bin ich versucht zu sagen: Ich sehn' mich so nach Tristheit.

Erinnert sich noch jemand, wie Tintenpatronen in der DDR verpackt waren? Zwanzig Stück waren in eine formgerechte, biegsame Folie gelegt, an der Unterseite von einem gräulichen, eher dünnen Papier überklebt, sodass man jede Patrone leicht herausdrücken konnte. Eine kleine Lasche zum Aufhängen gab Folie und Papier auch noch her, der Preis lag stabil bei 35 Pfennigen.

Herlitz Tintenpatronen: Wie ein kostbares Gut sind sechs Stück in einen stabilen, hochglanzbedruckten kleinen Karton gepackt, mit einem zweiten solchen Karton werden sie in eine kastenartige, harte Folie gelegt, die von einer Pappe unterklebt ist. Allein die signalrote Papplasche mit dem Firmennamen ist noch einmal so groß wie die Patronen-Schachtel. Preis: 1,29 Euro.

Wer seinen Blick erst einmal darauf fixiert hat, kommt aus dem Kopfschütteln nicht mehr heraus. Ärgernisse eines Tages:

125 Gramm *Lachs-Locken von Friedrichs:* in einem stabilen blauen

Plastikbehälter, oben mit durchsichtiger Folie verschlossen und um das Ganze noch einmal eine buntbedruckte Pappschachtel.

Clou Holzpaste: Ein Viertel der Büchse ist ungenutzt. Und ungefüllt ist fast ein Drittel des Kartons von *Juwel-Katzentrockenfutter*.

Die Pharmaindustrie ist nicht besser. Das Fieberthermometer von Geratherm ist einen Zentimeter breit, steckt in einem stabilen Plastikröhrchen und zusätzlich in einem sieben (!) Zentimeter breiten, luftgefüllten Pappkarton mit dem roten Aufdruck ECO-friendly. Weil es statt Quecksilber einen Ersatzstoff enthält. Schraubgläschen für Kapseln und Tabletten sind knapp halb gefüllt und stecken zusätzlich in einem stabilen Pappkarton. Oder es werden zum Beispiel nur fünf *Nycomed Pantozol-Tabletten* in Alufolie verschweißt und in eine stabile, selbstverständlich hochglanzbedruckte Klappkarte eingelassen. Die Karte ist rechteckig, der Platz für die sechste Tablette bleibt ungenutzt. Würde er genutzt, bräuchte man pro Packung nur fünf statt der jetzt sechs Klappkarten, die wiederum in einen stabilen, selbstverständlich hochglanzbedruckten Karton gesteckt werden. Im Karton befinden sich außerdem zwei gebundene, selbstverständlich hochglanzbedruckte Minibücher mit Gebrauchsinformationen und Wissenswertem über die Wirkungsweise.

Warum rezeptpflichtige Medikamente, die sich ja nicht auf dem Patientenmarkt behaupten müssen, solchen Aufwandes bedürfen, ist auf den ersten Blick schwer nachvollziehbar. Wahrscheinlich, um durch luxuriösen Augenschein ihren hohen Preis zu legitimieren. Wie lange können wir uns solche Mogelverpackungen noch zumuten? Ein hässliches braunes Schraubglas mit 30 Tabletten und Informationen im Deckelinneren oder auf einem ausklappbaren Etikett würde es auch tun.

Sollten sich Käufer ihrer Macht besinnen und bei einer umweltfreundlichen Vereinigung anregen, eine solche ständig zu vervollkommnende schwarze Liste ins Internet zu stellen? Mit der Empfehlung, die Produkte, unabhängig von ihrer Qualität, erst wieder zu kaufen, wenn die Verpackung minimiert wurde? Ob sich für diese Idee vielleicht sogar die Grünen mit der Industrie anlegen würden?

Auf die Schiene der Vernunft

Die Wiedervereinigung war auch ein Sieg Mercedes gegen Trabi. Die Spaßmaschine Westauto dürfte einen erheblichen Anteil an der Zufriedenheit vieler Ostdeutscher mit den neuen Verhältnissen haben. Dennoch ist die westliche Verkehrspolitik eine Katastrophe; man hätte zumindest einige Fehler vermeiden oder korrigieren können, wenn man den Willen gehabt hätte, sich mit DDR-Fachleuten zu verständigen.

Die Freiheit ist immer auch die Freiheit des Autofahrers – dieses Missverständnis erfreut sich weltweiter Beliebtheit. Dazu gehört die lustbetonte, also irrationale Freude am Geschwindigkeitsrausch offenbar ebenso wie die frustbetonte, alternativlose Fortbewegung im Stau, durch Schlaglöcher und Umleitungen. Und ein sehr rationaler Lobbyismus der als Erste in die Krise geratenen Automobil-Branche. Die die Zeichen der Zeit im Lärm der Motoren überhört hat. Bei einer Geschwindigkeitsbegrenzung, wie in der DDR üblich gewesen, werden Aufstände befürchtet. Bei Unterlassung der Aufsichtspflicht wird nichts befürchtet.

Durch Verkehrsunfälle sterben in Deutschland jährlich etwa 10000 Menschen, teilt das Statistische Bundesamt mit. Das ist allgemein bekannt, führt aber weder zu besonderer Erregung noch zu alternativen Verkehrsplanungen. Die Tendenz zu mehr Autos ist gottgegeben: Gab es 1953 reichlich eine Million, so sind es heute 45 Millionen. Ohne meins wären es also nur 44999999. Wäre doch eine nette Geste an die Tendenzwende, wenn ich – aber warum ausgerechnet ich?

In Deutschland sind in dieser Zeit fast 700000 Menschen bei Unfällen im Straßenverkehr umgekommen, mehr, als in einer Großstadt wie Frankfurt am Main leben. Und 25 Millionen sind verletzt worden. Gerade weil der Vergleich verpönt ist: Durch islamistischen Terrorismus ist hierzulande noch niemand verletzt worden, geschweige denn, dass jemand umgekommen wäre. Dennoch genügt die Panikmache, um den seit Generationen gewachsenen Abwehrrechten gegen den Staat so etwas wie den Sprenggürtel eines Selbstmordattentäters umzulegen. Das sagt viel über gesellschaftliche Konventionen.

Da ist noch nicht einmal mitbedacht, dass Anwohner verkehrsreicher Straßen wegen des Lärmpegels ein um 20 Prozent höheres Herzinfarktrisiko tragen und wegen des Feinstaubs ein unbekannt höheres Krebsrisiko. Entlang der großen Verkehrswege sind daher inzwischen so etwas wie Armenghettos entstanden. Doch autokritische Politiker werden weder von Autofahrern noch von Autobauern gewählt, also von niemandem. Auch so ein Missverständnis. Denn bisher hat es nirgends auf der Welt wirklich attraktive und gleichzeitig preiswerte öffentliche Verkehrsmittel gegeben.

Mit Ausnahme der Moskauer Metro vielleicht. So war es gedacht, hier konnte das Volk den wahren Luxus genießen: Bahnhöfe wie Schlosssäle, mit Marmor und Kristallüstern, Züge im Drei-Minuten-Takt, Preis pro Fahrt fünf Kopeken. Auf die Kronleuchter hat man in der DDR verzichtet, dennoch war der öffentliche Personenverkehr hoch subventioniert. Zwar ist der städtische Nahverkehr nach der Wende auch von Bund und Ländern saniert worden, aber die Fahrpreise haben sich inzwischen verzwanzigfacht. Daran gemessen herrschte in der DDR bei 15 bis 20 Pfennigen für eine beliebig lange Fahrt praktisch Nulltarif im Nahverkehr.

«Der öffentliche Verkehr war vorbildlich organisiert», meint der in allen Höhen und Tiefen der DDR-Verkehrspolitik erfahrene Ingenieur Kurt Walter aus Erfurt. «Die Berufs-, Schüler- und Linienverkehrsfahrpläne boten flächendeckende Angebote, als Alternative zu den langen Wartezeiten für Autos. Bahn und Bus waren regional und zum Teil sogar landesweit aufeinander abgestimmt. Das war eben Planwirtschaft. Heute wird mühsam versucht, Verkehrsverbünde zu schaffen. Aber da Länder und Kommunen ihre Zuschüsse ständig reduzieren, wird das mit Fahrpreiserhöhungen kompensiert, was wiederum zu ‹Fahrgastschwund› bei Bussen und Bahnen führt und das zur Einstellung von Fahrten und Linien.»

Natürlich wird die DDR bis heute wegen ihrer zwölf Jahre Wartezeit auf ein neues Auto verlacht – dabei war es richtig und mutig, die knappen Mittel vom Individual- auf den Gemeinschaftsverkehr zu verlagern. Richtig im Sinne der Umwelt und der volkswirtschaftlichen Vernunft, nicht im Sinne der Bedürfnisbefriedigung, also des Machterhalts. Dafür hätte der öffentliche Verkehr moderner, schneller, sauberer, pünktlicher, noch flächendeckender sein müssen, um wirklich Akzeptanz zu finden. Man sollte meinen, der reiche Westen hätte diese Chance.

Doch den Mut zur Vernunft hat heute niemand mehr. Auf dem Weg zur Arbeit benutzen in Ostdeutschland nur noch zehn Prozent der Werktätigen (welch nettes, antiquiertes Wort) öffentliche Verkehrsmittel. (Da hat die Pendlerpauschale gerade noch gefehlt.) Die Zahl der Bahnkunden ist insgesamt auf die Hälfte gesunken – zu teuer. Dafür hat sich nach Schätzungen von Fachleuten der Pkw-Verkehr in Ostdeutschland seit der Wende vervierfacht, der Lkw-Verkehr sogar verzehnfacht.

Vielleicht ist Letzteres das eigentliche Drama, weil es am leichtesten vermeidbar gewesen wäre. Seit Mitte der 70er Jahre die Ölpreise weltweit explodierten, hat die DDR enorme Anstrengungen unternommen, um den Güterverkehr von der Straße auf die Schiene zu verlagern. Auf Teufel komm raus wurden Terminals gebaut, Container und Güterzüge teilweise für Devisen gekauft. In alle Himmelsrichtungen sah man diese endlos langen Züge, mit Containern beladen, durchs Land fahren. Von 1970 bis 1987 hat sich die Gütertransportleistung von Containern auf der Bahn fast versiebenfacht. Gleichzeitig konnte der Lkw-Verkehr spürbar und sichtbar entlastet werden[13], was die eigentliche volkswirtschaftliche Leistung war.

Statt das auch von meinen Steuergeldern finanzierte Containersystem nach der Wende zu übernehmen, wo nötig, zu erneuern und auf die alten Länder auszudehnen, ist es weitgehend verschrottet worden. Auf meine Frage, wie sich der Containertransport im Vergleich zur DDR in Ostdeutschland entwickelt hat, teilt mir die

Pressestelle des zuständigen Bundesamtes für Güterverkehr (BAG) mit, dass «belastbare, vergleichbare Daten» für den gewünschten Zeitraum «nicht vorliegen». Dass man keine Ahnung hat, stört offenbar auch niemanden, interessiert doch sowieso nicht. Selbst wenn, wie eine jüngere Umfrage belegt, die Ostdeutschen immer noch mehrheitlich für eine Verlagerung des Güterverkehrs auf die Schiene plädieren.

«Auf dem Terminal Erfurt wurden vor der Wende täglich 250 bis 300 Container umgeschlagen, heute sind es noch 40 bis 50», beklagt Kurt Walter. «Dutzende kleinere Umschlagpunkte sind geschlossen worden, so in unserer Umgebung Eisenach, Mühlhausen und Nordhausen. Containerterminals gibt es wohl nur noch in Ballungsräumen wie Leipzig und Dresden. Das genügt, weil Container, bis auf wenige Ausnahmen, nur noch im Vor- und Nachlauf zum Seeverkehr genutzt werden, sie also überhaupt kein Mittel des Binnenlandtransportes mehr sind. Leider.»

Unter dem Sparregime der DDR war es oberstes Ziel, den Güterverkehr einzuschränken und besonders Leerfahrten zu vermeiden. Eine rechnergestützte Zentrale hat sämtliche Fahrten optimiert. «Eine vergleichbare Aufgabenwahrnehmung durch staatliche Einrichtungen findet nicht statt», sagt die Pressestelle des BAG. Im Internet gibt es so etwas wie Mitfahrzentralen, Frachtenbörsen, aber die Nachfrage hält sich in Grenzen.

Es gibt ja auch kein marktwirtschaftliches Interesse zur Einsparung von Fahrten, im Gegenteil, jedes Transportunternehmen ist bemüht, so viel lukrative Aufträge wie möglich zu bekommen. Mehr fahren, das ist das Einzige, was zählt, mussten sich die ostdeutschen Verkehrsingenieure nach der Wende belehren lassen.

Deutsche Lastkraftwagen haben 2007 sage und schreibe 31,46 Milliarden Kilometer zurückgelegt. Meldet die Pressestelle stolz. Schreibe: 31 460 000 000 km. Da sind die Sattelzüge nicht einmal dabei, die bringen es etwa auf die gleiche Leistung. (Über die unwürdigen Bedingungen für die Fernfahrer hat man ein wenig in den Medien erfahren.) Neue Studien sagen eine annähernde Verdopplung des Lkw-Verkehrs bis zum Jahr 2025 voraus. Und damit dramatische Zukunftsfragen. Das Bundesamt schreibt in seiner Marktbeobachtung 2007: «Der Straßengüterverkehr verzeichnete erneut die höchsten absoluten Mengen- und Leistungszuwächse.»

«Ist das positiv oder negativ?», frage ich den Pressesprecher. Er versteht die Frage nicht. «Na, ich meine, ist das eine gute Nachricht oder eine schlechte?» Das hat noch nie jemand gefragt, er scheint verunsichert, aber schließlich ist er Marktbeobachter und ringt sich tapfer zu der Antwort durch: «Eine positive natürlich.» «Für die Fuhr-Unternehmen ist es positiv?» «Ja, positiv, das würde ich so werten.» «Aber die Leute finden das nicht so toll.» «Wieso?» «Verkehrskollaps, Krach, Feinstaub – eine mindere Lebensqualität.» «Es ist nicht unsere Aufgabe, Umweltschäden zu bewerten.»

Vielleicht könnte es dennoch zur Aufgabe von Bundesbehörden gehören, in gesellschaftlichen Zusammenhängen zu denken. Das ist in der Marktwirtschaft offenbar unerwünscht. Die braucht Wachstum, egal woher. Jede Fahrt steigert das Bruttosozialprodukt. Transport bringt Wohlstand, Schönheit, Glück.

Deshalb sind die Vorschläge aus dem Verkehrsministerium auch von atemberaubender Hilflosigkeit: Überholverbot für Lkw, um Elefantenrennen zu vermeiden. Erhöhung der Lkw-Maut im Berufsverkehr. Verbesserte Staumeldungen. Nachts in den Urlaub fahren ... Das Chaos managen, nicht mindern. Dem «explosionsartigen Verkehrsanstieg» setzt der zuständige Minister, die Analysen von Umweltschützern tapfer ignorierend, 2000 Kilometer neue Autobahnen von privaten Investoren entgegen. Deren einziges Interesse wird es sein, möglichst viel Verkehr durch ihre Maut-Stellen zu jagen. Das wird funktionieren. Wer Straßen sät, wird Verkehr ernten.

Niemand spricht über Naheliegendes: Wie viele dieser Fahrten sind überhaupt nötig und nützlich? Was soll dieses unsinnige Hin- und Hergefahre von bayerischem Joghurt nach Rostock, von Mecklenburger Torf nach Freiburg, von peruanischem Spargel von Bremerhaven nach Stuttgart und argentinischen Äpfeln ins brandenburgische Obstgebiet Werder. Muss Schlecker seine Papier-Küchentücher aus Arnsberg/NRW im ganzen Land anbieten, können solche einfachen Erzeugnisse nicht regional produziert und verteilt werden?

Marktwirtschaftlich rechnet sich das vielleicht nicht, volkswirtschaftlich allemal. Lkw-Verkehr verursacht pro 1000 Tonnenkilometer viermal so hohe Kosten wie die Bahn. Allerdings nicht dem Unternehmen, sondern der Gesellschaft: Infrastrukturkosten, Kosten für Gesundheits- und Umweltschäden, Wertminderung von Immobilien, Zeitverlust von Staubetroffenen, Unfallfolgen ...

Es gibt keine Kostenwahrheit in privatwirtschaftlichen Unternehmen. Das ist die Krux. Und doch kein zufälliger Webfehler. Das ist Interesse. Gewinne privatisieren, Verluste sozialisieren. Diese Spielregel haben die Kapitaleigner von Anfang an durchgesetzt. Zeitweilig haben sie eine Runde ausgesetzt und sind drei Schritte zurückgedrängt worden, jetzt toben sie wieder los. Nicht aus bösem Willen, sondern weil sie anders nicht können. Und die Regierungen haben sich einreden lassen, dazu gäbe es keine Alternative. Und der Zusammenbruch des Ostens hat sie darin bestätigt. Und mit jeder Privatisierung kapitulieren sie ein bisschen mehr.

Auch mit der Privatisierung der Bahn. Der erste Vorstandsvorsitzende der Deutschen Bahn AG, Heinz Dürr, hat der Bahn als Quasi-Staatsbehörde einst die Fähigkeit zu betriebs- und volkswirtschaftlicher Vernunft abgesprochen: «Die Zahlen sprechen Bände: Im Güterverkehr sank der Marktanteil der Eisenbahn von 1950 bis 1993 von 62,3 Prozent auf 22,8 Prozent, während der Anteil der Straße von 11,3 Prozent auf 51,8 Prozent anstieg. Im Personenverkehr ging der Marktanteil auf 6,2 Prozent zurück, während sich der Individualverkehr auf 82 Prozent steigern konnte. Deshalb bestand Einigkeit über eine grundlegende Bahnreform mit der Zielsetzung, mehr Verkehr auf die Schiene zu holen.»[14]

Dazu gehörte eine Menge Geld. Der Bund hätte seine Leistungen permanent erhöhen müssen, was von der Öffentlichkeit nicht mehr lange akzeptiert worden wäre. Die privatrechtlich organisierte Deutsche Bahn AG ist angeblich deshalb gegründet worden, um die zu Recht als fatal beschriebene Tendenz umzukehren. Und was ist passiert? Ja, die Bahn hatte leichte Zuwächse, wie übrigens auch in den Jahren zuvor, aber die Straße hatte wie immer ungleich mehr. Jetzt liegt der Leistungsanteil des Straßengüterverkehrs bei 72 Prozent und der der Güterbahn nur noch bei 18 Prozent.[15] (Der Rest ist die Binnenschifffahrt.) So viel Kapitulation vor der Straße war nie. Damit kann man die Privatisierung der Bahn, gemessen an ihren eigenen Zielen, schon jetzt als gescheitert ansehen.

Dass mit der Bahn tatsächlich mehr transportiert wird als auf der Straße, das schafft angeblich kein modernes Industrieland. Stimmt. Das schafften nur so altmodische Industrieländer wie die DDR. Zuletzt war es da, wie in vielem anderen, genau seitenverkehrt: Der Anteil an der Gütertransportleistung der Eisenbahn lag bei 77 Prozent, der der Straße bei 20 Prozent.[16]

Nun, wo die Produktion benzinschluckender Autos endlich ins Stocken gerät, subventioniert der Staat den Wahnsinn, ohne den er vor einem Abgrund zu stehen fürchtet. Mit Investitionen in den öffentlichen Verkehr wären sinnvollere Arbeitsplätze zu schaffen. Die Regierungen könnten anders. Und sie wollen nicht anders. Und sie können nicht anders. Webfehler. Eher früher als später fliegt uns das Ganze um die Ohren.

Vertane Chancen im Sozialen

Es gab fortschrittliche DDR-Gesetze, die die BRD nach langem Zögern schließlich ähnlich erlassen hat. Seit Jahrzehnten wird in der Bundesrepublik ein einheitliches Arbeitsgesetzbuch gefordert, wie die DDR es hatte. Bislang muss man in etwa 60 verstreuten Gesetzen nach für den Einzelfall Passendem suchen. Ein einheitliches Arbeitsgesetzbuch als «Aufgabe des gesamtdeutschen Gesetzgebers» wurde 1990 immerhin in Artikel 30 des Einigungsvertrages festgeschrieben. Doch die Bereitschaft, etwas vom Osten zu übernehmen, war mit der Mauer gefallen. Politiker, die gegenhalten wollten, wagten es im Siegestaumel nicht, kamen nicht zu Wort oder wurden in die Wüste geschickt.

Dass das Motto «Wandel durch Annäherung» nicht einseitig zu verstehen sei, hatte die SPD noch 1988 auf ihrem Parteitag in Münster gezeigt, als sie beschloss, Sozialgesetze aus der DDR zu übernehmen. Der damalige stellvertretende SPD-Fraktionsvorsitzende Rudolf Dreßler brachte diese Beschlüsse in sein Diskussionspapier für erste Schritte zur Sozialunion BRD–DDR im März 1990 ein.[17] Darin forderte er: «Sinnvolle Elemente der Sozialleistungsorganisation der DDR müssen erhalten und für das Gesamtsystem nutzbar gemacht werden.» Insbesondere bei der *Renten-, Kranken- und Unfallversicherung* dürfe «das Organisationsmodell der Bundesrepublik nicht unkritisch als Maßstab gelten, weil es selbst mit zahlreichen Mängeln behaftet ist (z. B. bei Prävention und Rehabilitation)». Deshalb bedürfe es einer kritischen Bestandsaufnahme und gegebenenfalls einer Neuordnung auch im Westen. «Die *einheitliche Trägerschaft für Arbeiter und Angestellte*, die heute in der DDR verwirklicht ist, sollte auf jeden Fall beibehalten werden. Auch die *Einbeziehung des Öffentlichen Dienstes in die allgemeine Sozialversicherung* soll im Bereich der DDR bestehen bleiben.»

Bekanntlich wurde nichts davon beachtet, wie auch die weiteren Vorschläge nicht: Im westlichen Landesteil sollten «fortschrittliche Elemente aus dem DDR-Recht» in gesamtdeutsches Recht übernommen werden. «Das betrifft die Einführung der *Sozialen Grundsicherung* und die *Versicherungspflicht der Selbständigen*. Für beide Projekte liegen bereits detaillierte Beschlüsse des Bundesparteitages 1988 von Münster vor.»

Noch ein Jahr später wies die Wochenzeitung *Das Parlament* vergeblich darauf hin, «dass eine ganze Reihe sozial-, arbeits- und familienrechtlicher Regelungen günstiger waren als in der alten Bundesrepublik. Auch entsprachen manche organisatorischen Strukturen in der DDR-Sozialversicherung sowie im Gesundheits- und Sozialwesen langjährigen sozialpolitischen Reformforderungen, wie sie vor allem von den Gewerkschaften und der Sozialdemokratie in der alten Bundesrepublik formuliert worden sind.»[18]

Erst zwanzig Jahre später diskutieren die großen Versicherungskonzerne «Pläne für einen radikalen Umbau des Gesundheitssystems und eine Einheitsversicherung mit Grundschutz für alle Bürger».[19] Gesetzliche und private Kassen sollen gleiche Leistungen zu gleichen Tarifen anbieten. Was sich heute als «Revolution» geriert, hätte 1989 eine schlichte Übernahme der Instrumente aus der DDR sein können.

Doch unter dem Eindruck der damals gängigen Schockpropaganda schwiegen Gewerkschaften und Sozialdemokraten. Wie konnte man etwas aus einem Unrechtsstaat übernehmen, der seinen Untertanen angeblich bei lebendigem Leibe Organe entnahm, um sie für die Politgerontokratie bereitzuhalten, der lebende Föten in Wassereimern ertränkte und politisch Aufsässige in die Psychiatrie einwies?

Was zählte da schon, dass die Verwaltungskosten der DDR-Sozialversicherung 1987 nur 0,35 Prozent der Gesamtausgaben ausmachten, während diese bei den gesetzlichen Kassen heute bis zu sieben Prozent verschlingen. Eine zu große Sparsamkeit, die den Verfall von Gebäuden zugunsten einer zuzahlungsfreien Medizin in Kauf nahm und eine zu üppige Ausstattung, die Gelder auf Kosten der Behandlung verschwendet – zwei Extreme, zu denen sich doch Vergleichsstudien geradezu aufgenötigt hätten.

Selbst wenn das *DDR-Krebsregister* als das langjährigste, vollständigste und somit für die Ursachenforschung aufschlussreichste der Welt galt – was aus der Diktatur kam, war unbesehen nur ein Krebsgeschwür, das es auszumerzen galt. Nur das Saarland und Hamburg hatten sich bis dahin Vergleichbares abgeguckt; erst Mitte der 90er Jahre lernten alle westlichen Bundesländer, wie nützlich Register zu dieser tückischen Krankheit sind.

Das DDR-Gesundheitswesen war in viel stärkerem Maße auf Prophylaxe ausgerichtet. Auch wenn dadurch Beeinträchtigungen durch Umwelteinflüsse, weniger hochwertige Ernährung oder

Medikamente nicht ausgeglichen werden konnten, wird niemand behaupten können, dass Vorbeugen falsch ist. Pflichtreihenuntersuchungen gehörten dazu. Auch die Dispensärsysteme für Diabetiker, Nierenkranke und Rheumatiker. Der obligatorische *Impfkalender für Kleinkinder*, *Vorsorgeuntersuchungen* zur Früherkennung von Risikoschwangerschaften und Gesundheitsgefährdungen Neugeborener, die obligatorische *Schwangeren- und Mütterberatung*, im fünften Lebensjahr Einschulungsuntersuchungen, um eventuelle gesundheitliche Auffälligkeiten behandeln zu können. Vorgeschriebene Arztbesuche, die nicht nur kostenlos waren, sondern mit Geldleistungen belohnt wurden – das war in der Wende alles hinwegfegbar. Erst der Tod verwahrloster und verhungerter Kinder in Ost und West löste in jüngster Zeit Debatten über verpflichtende ärztliche Untersuchungen aus. Aber auch nicht mehr als Debatten …

Das mit viel Engagement der DDR-Kinderärztin Eva Schmidt-Kolmer gegründete, landesweit einmalige *Institut für Hygiene des Kinder- und Jugendalters* war längst dichtgemacht. Genauso wie das *Vorsorgesystem der Kinderzahnheilkunde*, das zu den weltweit wirksamsten gehörte. Auch der Niedergang dieser medizinischen Disziplin nach 1990 war durch nichts zu rechtfertigen als durch den Dogmatismus der vermeintlichen Sieger.

Ach wie schlecht, dass niemand weiß, dass ich *Poliklinik* heiß, hätte Rumpelstilzchen singen sollen, um die offenbar sachkenntnisfreien Abwicklungsbeamten darauf hinzuweisen, dass dies gar keine DDR-Erfindung war und deshalb der Vernichtungswille falsche Adressaten treffen könnte. Es gab Polikliniken bereits im 17. und 18. Jahrhundert in England und Frankreich. 1810 gründete Christoph Wilhelm Hufeland die erste Berliner Poliklinik im Universitätsgebäude Unter den Linden. Sie behandelte kostenlos Arme und diente zugleich der Ausbildung. Auch in der Weimarer Republik, in der Schweiz und in den 20er Jahren der Sowjetunion hatte sich die interdisziplinäre Forschung und Behandlung bewährt. Nicht zuletzt unter Anleitung der Sowjetischen Militäradministration war die

DDR angehalten, solche humanistischen Traditionen der Medizin nach dem Krieg zu übernehmen. (Die britischen und französischen Besatzer hatten diesen Ehrgeiz offenbar nicht.)

Im Dezember 1946 entstanden die ersten allgemeinen Polikliniken, und die Sowjetische Militäradministration befahl im Oktober 1947 den Aufbau von Betriebspolikliniken. Schnell wuchsen auch die Landambulatorien, und da Ärzte in den Dörfern knapp waren, erfand man in den 50er Jahren ein Modell, das nun wirklich das DDR-Copyright trägt: *Gemeindeschwester*. Durch den späteren DEFA-Film «Gemeindeschwester Agnes» mit der unvergessenen Agnes Krauß ist diese Figur auch Städtern ans Herz gewachsen. Es langweilt nur noch zu erwähnen, dass die 5500 Gemeindeschwestern in der Wendezeit zügig entlassen wurden.

Inzwischen herrscht in vielen Bundesländern ein akuter Ärztemangel – eine Region gilt als unterversorgt, wenn mehr als 75 Prozent der ausgewiesenen Stellen unbesetzt sind. Nicht nur in Brandenburg und Mecklenburg-Vorpommern ist das der Fall. (Ärzte lassen sich zunehmend ungern in strukturschwachen Regionen nieder, in denen kaum Privatpatienten zu erwarten sind.) So ist es das Verdienst der Universität Greifswald, ein Forschungsprojekt «Modell Agnes» auf den Weg gebracht zu haben. Sie hat bei der Europäischen Union 300 000 € dafür lockermachen können und selbst noch 30 000 € draufgelegt. Archäologie für jüngste Zeitgeschichte …

Wahrlich, ich sage euch, das ist die Geschichte von Gesa Wohlfeil:

Als 1971 Gemeindeschwester Emmi im mecklenburgischen Lübstorf in Rente geht, zögert die Krankengymnastin Gesa nicht, sich um die Stelle zu bewerben, denn als Gemeindeschwester gibt's mehr Urlaub – 18 Tage. Obwohl sie auch ein Jahr Krankenhaus-Erfahrung hat, muss sie einmal wöchentlich ins Schweriner Schloss zur Schulung: Allgemeine Pathologie, Ernährungslehre, Hygiene … «Wir waren alles examinierte Schwestern. Dass die Uni Greifswald nun meinem untergegangenen Beruf hinterherforscht, finde ich schon toll.» Auch dass ein paar junge Schwestern probehalber wieder im

Einsatz sind und von der meist älteren Landbevölkerung dankbar angenommen werden, gefällt ihr. «Die technischen Erleichterungen heute, Computer, Handys, sogar Kameras für Übertragungen zum Doktor», das hätte sie damals auch gern gehabt. «Wir haben die Daten aus dem Taschenkalender übertragen.» Ihr erstes Java-Moped war meist mit Anschieben und Raufspringen – bei Glatteis oder übern Sandberg Beine immer unten. «Wir waren robust, damals.» Die erste Generation Gemeindeschwestern ist noch zu Fuß unterwegs gewesen oder mit dem Fahrrad.

Wenn Gesa Wohlfeil allerdings hört, dass es in dem Forschungsprojekt darum geht herauszufinden, «ob eine Krankenschwester t a t s ä c h l i c h in der Lage ist, den Gesundheitszustand von Patienten selbständig einzuschätzen und gegebenenfalls zu reagieren – mit einfachen ärztlichen Mitteln – oder den Hausarzt zu alarmieren», lacht sie gereizt: «Dafür hätten die an der Uni nicht so viel Geld ausgeben brauchen, das hätten ich und viele andere ihnen sagen können. Sicher nicht als Zwanzigjährige, aber mit Berufserfahrung kann die Schwester das u n b e d i n g t !»

Sie erinnert sich: Es dürfte jetzt über 30 Jahre her sein, da ist sie abends einmal wegen einer Halsentzündung herausgeklingelt worden. «Ich habe mir das Kind angesehen, der Hals war ganz zu, offensichtlich ein Mandel-Abszess. Ich habe es sofort in meinen privaten Trabi gepackt, den ich damals schon hatte, und ab ins nächste Krankenhaus. Das Mädchen ist noch am selben Abend operiert worden. Wenn ich Anzeichen für einen Schlaganfall gesehen habe, habe ich Blutverdünner gegeben und einen Krankenwagen gerufen. Ich war sehr selbständig.

Einmal kam ich zu einem alten Ehepaar in Moltenow, da sagte die Frau: ‹Mir geht's nicht gut.› Also habe ich Blutdruck gemessen, sie abgehört, das war Verdacht auf Lungenentzündung. Bin ich schleunigst zum Doktor gefahren, hab ihn gebeten, so bald wie möglich – was wurden früher für Hausbesuche gefahren! Aber die Frau hätte nicht allein zum Arzt laufen können. Der hat meinen Verdacht dann bestätigt. Oder ich drehe meine Dorfrunde, kommt eine Mutter auf mich zu, der Junge hätte Blut im Nachttopf. Ich Fieber gemessen und auch ab, ins Krankenhaus.

Wir haben auch eigene Gemeindeschwester-Sprechstunden gemacht. Mit einer Schwester reden die Leute offener, da haben sie weniger Lampenfieber als beim Doktor. Wir waren der Filter, die kleinen Wehwehchen für uns, die großen für den Arzt.»

Ab 1. Januar 1991 war Gesa Wohlfeil arbeitslos. Dann haben sich Diakonie und Caritas die Gegend untereinander aufgeteilt. Sie kommt erst bei der Diakonie unter. «Ich wollte aber *meine* Dörfer nicht aufgeben, die hatte inzwischen die Caritas. Die suchten auch jemanden, ich habe ihnen gleich gesagt, aber nur, wenn ich nicht konvertieren muss. Ich wollte den ganzen katholischen Zauber nicht mitmachen. Das war kein Problem, sind ja die wenigsten hier kirchlich gebunden.» Nun ist die Schwester für Altenpflege zuständig, die sie für viel zu teuer hält, ob es nun der Patient oder die Kasse bezahlt. Sie lernt auch hier viel dazu, das ist ein «wesentlicher Sprung». Wohin?

«Gemeindeschwester war als Beruf besser, wissen Sie, man konnte mit dem Kopf mehr machen. Man wurde mehr gefordert. Es war breitgefächerter, vom Neugeborenen bis zum Sterbenden. Heute habe ich so und so viel Minuten Zeit, Füttern, Waschen, eigentlich würde ich gern noch die Füße machen, aber ich muss weiter, ich bin zeitlich angenagelt. Diese Pfennigfuchserei ist keine Lösung. Früher habe ich mir die Arbeit selbst eingeteilt, da blieb auch immer noch Zeit für ein Schwätzchen, eigentlich die wichtigste Medizin.»

Die Ärztekammer Brandenburg warnt vor Verklärung des «Modell Agnes». Der Vorwurf der Verklärung – eine Allzweckwaffe, wenn Konkurrenz befürchtet wird. Früher wurden die Schwestern von den Landambulatorien bezahlt, bekamen ihre Anweisungen aber vom niedergelassenen Arzt. Heute fürchten die Ärzte, sie müssten auf Honorar verzichten, wenn sie Gemeindeschwestern einstellen würden. Aber kommen entlastete Ärzte die Gesellschaft nicht billiger als überlastete? Muss man jedes Mal neu die gesamtgesellschaftliche Rechnung einfordern? Ein Arzt-Patient-Verhältnis, das nicht durch Kommerzielles belastet war, gehört ebenfalls nicht zu den schlechtesten Erinnerungen.

Vergegenwärtigt man sich all diese verpassten Chancen, so wird deutlich, auf welch erbärmlichem intellektuellen und politischen Niveau das spöttische Gerede darüber war, wonach bestenfalls Ampel- und Sandmännchen überlebenswert gewesen sind. Im MDR-Magazin Fakt ergab am 7. April 2008 eine Zuschauerumfrage, dass für 78 Prozent der Anrufer «die positiven Seiten der DDR gegenüber den negativen überwogen». (Ich gehörte nicht zu den Anrufern. Und könnte mich zu dieser Aussage auch nicht durchringen. Aber wahrnehmen sollte man solche Befunde schon.)

Erwähnt wurde immer wieder auch das Bildungssystem, dessen Leistungsniveau nach Kopie der konservativen westdeutschen Schulmodelle nachweislich gesunken ist. Der für Auslandskontakte zuständige Mitarbeiter der Gewerkschaft Erziehung und Wissenschaft erzählte mir, nicht ohne die Bemerkung, dies dürfe man ja eigentlich niemandem weitersagen: Nach der Pisa-Studie hat sich eine Delegation der Gewerkschaft nach Helsinki aufgemacht, um das Geheimnis des finnischen Erfolgs zu erkunden. Dort war man überrascht, weshalb sich die Berliner den weiten Weg gemacht haben, wo doch die Ansätze des finnischen Schulwesens einst aus der DDR übernommen worden waren. Heute beklagt die OECD, dass in Deutschland zu früh entschieden werde, wann sich die Wege der Schüler in die verschiedenen Schularten trennen. Aber ein gemeinschaftlicher Unterricht bis zur achten Klasse, wie er in der DDR üblich war, ist schon deshalb schwer durchzusetzen, weil die Lehrerbildung kaum dazu befähigt, Schüler mit unterschiedlicher Leistungsstärke über einen längeren Zeitraum gemeinsam zu unterrichten. Und weil die Schülerzahl pro Klasse heute größer ist.

Eines der sehr wenigen Merkmale, bei denen der Osten heute noch eindeutig vorn liegt, ist die Qualifikationsstruktur der Erwerbsfähigen. Deren Anteil an Hoch- und Fachschulabsolventen bringt Berlin einen ersten Platz, dann folgen fünf ostdeutsche Regionen (obwohl so viele gut Ausgebildete abgewandert sind), die Elektronik-Stadt München abgeschlagen auf Platz sieben. Doch entgegen landläufiger Meinung hat dieser Vorsprung für die Beschäftigung wenig gebracht. Es handelt sich leider meist um stillgelegte Potenzen.

Selbst fast zwei Drittel der heutigen ostdeutschen Jugendlichen finden es «schon schlimm, dass nichts von dem geblieben ist, worauf man in der DDR stolz sein konnte», und sind der Meinung, die «Westdeutschen bemühen sich zu wenig um Verständnis der Situation».[20]

Emanzipationsvorsprung von Frauen

DDR-Frauen hatten einen Emanzipationsvorsprung, das ist noch am ehesten im Bewusstsein, auch wenn es eifrige Bemühungen gibt, diese Tatsache auszublenden. Ein Beispiel: 1989 gab es 95 000 gutqualifizierte ostdeutsche Erzieherinnen für Krippenkinder. Es ist geradezu lachhaft, wie in Talkshows zum Thema Betreuung in Krippen oder Ganztagsschulen skandinavische Sachverständige bemüht werden, ohne darauf einzugehen, dass zwei Generationen von Ostdeutschen damit einschlägige Erfahrungen haben.

Eins muss man unserer Kanzlerin lassen – sie gibt ihrer Sozialministerin Rückendeckung zu tun, was getan werden muss, ein Privileg, das unter einem sozialdemokratischen Kanzler keine Ministerin hatte. Und es ist viel zu tun – im Berufsleben allerdings gibt es schmerzliche Defizite. 70 Prozent der in Deutschland prekär Beschäftigten sind Frauen. Besonders in technischen Berufen hat es einen Rückfall in altes Rollenverständnis gegeben; dass Frauen ihren Ingenieur machen, ist nicht mehr selbstverständlich.

(Ich weiß, von den Ostfrauen, zumal von einer Schreibenden, wird mehr Sensibilität im Umgang mit den maskulinen Sprachformen erwartet. Ich weiß aber auch: Wegen ungünstiger Witterung ist die westdeutsche Frauen-Emanzipation in die Grammatik verlegt worden. Wenn ich die Wahl habe zwischen politisch korrekt und sprachlich schön, entscheide ich mich zugegebenermaßen für das Schöne. Das ist auch weiblich. Im Namen von Frauen muss man die Sprache nicht verhunzen. Angenommen, der letzte Satz im Kommunistischen Manifest hätte gelautet: Proletarier und Proletarierinnen aller Länder, vereinigt euch! Mit so viel Korrektheit hätte es wohl nie eine Revolution gegeben.)

Wahrlich, ich sage euch, das ist die Geschichte von Anke Domscheit:
Junge Frau von 2009. Auf den ersten Blick erfüllt sie alle Karriere-Klischees: die gutaussehende und gutbezahlte Managerin. Englisch und Französisch natürlich perfekt, jettet sie in der Welt herum. Von Kiew nach London, von da nach Chicago – manchmal, als sie noch als Beraterin die Informationstechnologie von Unternehmen optimierte und neue Software einführte, musste sie sich erst besinnen, in welchem Teil der Welt sie gerade war. Viel Zeit für Sightseeing bleibt nicht. Alles muss sich rechnen.

Erste Irritation: Sie ist nicht verheiratet, hat einen achtjährigen Sohn. Und keine Oma in der Nähe. O weh, da muss das Netzwerk von herbeireisender Großmutter und anradelnder Babysitterin straff geknüpft sein. Aber wenn der Dienstflug zweimal in der Woche früh um halb sieben startet, springen die Betreuerinnen bald ab. Ljubomir, ihr Liebster, wie sie ihn warmherzig nennt, hat auch nicht mehr Zeit, ist Manager bei IBM, ein Bulgare. Anke Domscheit ist eine Ostfrau.

In Schneeberg, im Erzgebirge, hat sie Textilgestaltung studiert. Dabei ist die Sympathisantin des Neuen Forums von der Provinz-Stasi ziemlich unter Druck gesetzt worden – sie hat keinen Grund, die DDR zu beschönigen. Die angewandte Kunst hat ihr Spaß gemacht, gern wäre sie dabeigeblieben. Der einzige Grund, nach der Wende die Kunst aufzugeben, war die nicht zu übersehende Tatsache, dass man damit kein Geld verdient. Das sah sie auch an ihrer Mutter, die als Kunsthistorikerin in der DDR Bücher veröffentlichte. Der Kunstverlag wurde von einem englischen Verlag geschluckt, der keine Verträge übernommen hat. Neue Aufträge gab es nicht.

Solch Schicksal möchte die Tochter vermeiden, jobbt und spart hart, zweieinhalb Jahre. Studiert dann in Newcastle Internationale Betriebswirtschaft und schließt als Jahrgangsbeste ab. So bekommt sie einen Job bei Accenture, einer amerikanischen Unternehmensberatung in Frankfurt am Main. Anfangs wird sie schnell befördert, doch nach der Geburt des Sohnes hört das schlagartig auf.

Sie sucht nach Gründen, bis ihr in der Unternehmensstatistik auffällt, dass es eine große Kluft gibt zwischen dem Anteil an Frauen, also auch an Müttern, und den Beförderungen. Im High-Tech-Bereich arbeitet keine Frau auf der obersten Ebene. Bei einem Leistungsrating sagt ihr ihre (kinderlose) Mentorin: «Sei dankbar, dass du überhaupt arbeiten darfst, mit Kind. Du hast dich ja selbst entschieden, zwischen Kind *und* Karriere, beides geht eben nicht.» Anke Domscheit sollte begreifen, dass sie sich mit der Geburt ihres Kindes für den weiteren Aufstieg disqualifiziert hat.

Als sie bei ihrem Chef wegen der Beförderung nachhakt, sagt dieser: «Arbeiten in Teilzeit ist nur halb so gut wie in Vollzeit. Warum wollen Sie Ihrem Sohn einen Kindergarten antun? Davon wird er sozial gestört. Bleiben Sie zu Hause, sorgen Sie dafür, dass er Geschwister kriegt.» Als sie ihren Chef aufklärt, dass sie inzwischen alleinerziehend ist, fragt der: «Würde Ihr Ex-Mann Sie wieder nehmen?» «Ja, aber ich will nicht.»

So viel Ost-Starrsinn ist dem West-Chef nicht geheuer. «Ihr Ex verdient doch gut genug, gehen Sie zurück, kriegen Sie noch ein, zwei Kinder.» «Ich will aber nicht, ich arbeite gern.» «Ich hab 'ne Frau, die weiß, wo ihr Platz ist. Sie hat in drei Jahren drei Kinder bekommen. Und sie war auch mal Managerin mit tollem Abschluss.» Eine Gebärmaschine will er also aus mir machen, denkt die Gutqualifizierte, aber da sagt er schon: «Ihnen kann es jederzeit so gehen wie Ihrer gekündigten Kollegin. Die Arbeit geht, die Kinder bleiben.» Eine Zeitlang überlegt die Gedemütigte, ihren Chef zu verklagen. Sicher hätte sie sogar recht bekommen, aber vielleicht nie mehr eine Führungsposition. «Was ich da im Westen erlebt habe, ist mit *Steinzeit* milde umschrieben.»

Nach dem Umzug ins liberalere, ost-west-geprägte Berlin geht es besser, sie bekommt ein gutes Angebot bei McKinsey. Ein Jahr lang liegt sie dem Unternehmen in den Ohren, zusätzlich eine Studie über Frauen in Führungspositionen machen zu dürfen. Meine Frage, weshalb ein so auf Effektivität getrimmtes Unternehmen daran interessiert sein sollte, ist leicht beantwortet: Wenn Unternehmen merken, dass Werte einen Marktwert haben, kümmern sie sich. Hartnäckigkeit zählt bei McKinsey, sie kann überzeugen, dass das Thema volkswirtschaftlich wichtig ist. Schließlich darf sie, gemeinsam mit zwei Unterstützerinnen aus der Topebene. Sie nennen es «Wake Up Call for Female Leadership». Die Studie wird im Juni 2007 beim Globalen Frauenforum in Berlin vorgestellt.

Zunächst wird politisch korrekt darauf verwiesen, dass in den letzten 50 Jahren viel erreicht wurde und die Aussichten für weiteren Fortschritt gut sind, denn die geburtenschwachen Jahrgänge werden die Unternehmen in den nächsten 30 Jahren zwingen, auch die gutqualifizierten Frauen zu nehmen, sonst werden sie einfach nicht genug Führungspersonal haben. Doch davon ist die heutige Realität noch weit entfernt. In Europas 50 größten Unternehmen finden sich im Top-Management nur elf Prozent Frauen. Deutschland liegt oft unter dem europäischen Durchschnitt, in den Vorständen der hundert größten Unternehmen gibt es nur eine Frau. Von den Abgeordneten im EU-Parlament sind 23 Prozent Frauen. (Diese Quote hatte die DDR-Volkskammer schon 1950 erreicht, auch wenn sie sonst wenig Anlass zu lobender Erwähnung bot. Im Bundestag sind es heute immerhin 34 Prozent. Aber unter den verbeamteten Staatssekretären im Bund ist keine einzige Frau.)

59 Prozent der Universitätsabsolventen in der EU sind weiblich, aber nur 15 Prozent der an diesen Universitäten berufenen Professoren. Die Studie fragt, ob es sich hier nicht um verlorene Investitionen handelt. Zumal diese Akademikerinnen ja auch in allen

anderen Bereichen stark unterrepräsentiert sind. Immer noch verdienen Frauen ein Viertel weniger. (Wobei die Lohnunterschiede in Osteuropa deutlich kleiner sind als im Westen.) Gleicher Lohn für gleiche Arbeit – von diesem 60 Jahre alten UN-Menschenrecht sind Frauen heute noch weiter entfernt als Ostdeutsche oder andere diskriminierte Gruppen. Da in Privatunternehmen bei Strafe niemand über sein Gehalt reden darf, wird die Verhandlungsposition von Frauen geschwächt. Der öffentliche Sektor schneidet immerhin etwas besser ab, weil hier die Finanzen transparenter sind und die Arbeitszeiten besser eingehalten werden.

Nur gut die Hälfte der europäischen Frauen im arbeitsfähigen Alter ist beschäftigt, die Männer kommen wenigstens auf 71 Prozent. Haupthindernis ist, dass Kinder ein Karriere-Killer sind, 40 Prozent der kinderlosen Frauen geben diesen Grund an, weitere 24 Prozent fehlende Kinderbetreuung. Diese Struktur der Arbeitswelt reproduziert das alte Rollenverständnis (siehe das Steinzeit-Erlebnis in Frankfurt am Main). Das Gesellschaftsbild der perfekten Mutter engt ihre Chancen im Berufsleben ein; kein Zufall, dass es den Begriff «Rabenvater» nicht gibt. «Der einzige Weg, das Spiel zu machen, ist der männliche.» Wenn eine Mutter mangels Angeboten an Kinderbetreuung Teilzeit beantragt, wird sie behandelt, als hätte sich nach der Entbindung ihr IQ verschlechtert.

Notgedrungen haben beschäftigte Frauen ein deutlich geringeres Arbeits*volumen*, es korrespondiert mit dem geringeren Anteil an Führungspositionen. Frauen *und* Männer verschwinden von den Beförderungsbildschirmen, sobald sie Teilzeit arbeiten. Im mitteleuropäischen Führungspersonal, egal, ob männlich oder kinderlos weiblich, findet sich gegenüber Teilzeit arbeitenden Eltern wenig Geschlechtersolidarität. In Osteuropa und Skandinavien arbeiten dagegen deutlich mehr Frauen Vollzeit, weil es bessere staatliche Kinderbetreuung gibt und deshalb der soziale Druck, zu Hause zu bleiben, nicht so groß ist. «In der DDR hat einem niemand ein schlechtes Gewissen eingeredet, wenn man als Mutter arbeiten ging, daraus habe ich später Stärke bezogen. Mir konnte niemand einreden, als Mutter zu arbeiten, sei verwerflich», meint Anke Domscheit.

Diese Studie bestärkt mich übrigens in meiner schon früher geäußerten, von Feministinnen heftig befehdeten Auffassung[21], dass die Frauen im Berufsleben keineswegs deshalb benachteiligt sind, weil Männer so sehr die weibliche Konkurrenz fürchten. Das ist eine vollkommen unbewiesene und auch nicht nachvollziehbare Unterstellung. Warum sollten Männer, die im Privatleben so gern mit Frauen teilen, im Berufsleben davor zurückschrecken? Wie glaubhaft ist dieser Bund von Männerschnöseln, die sich tölpelhaft vom schönen Geschlecht abwenden, sich weiblichen Vorzügen wie Charme und Kommunikationskompetenz autistisch entziehen, um sich nach mittelalterlicher Rittermanier dem viel härteren Konkurrenzkampf unter Männern auszuliefern? Im Grunde ist dieses männerfeindliche Bild von einer verhaltensgestörten Spezies reaktionär. Weil es die wahren Gründe verharmlost.

Dass die gesellschaftliche Konvention Hausarbeit und Kinderbetreuung immer noch vorwiegend als Muttersache ansieht, hat mit Wertvorstellungen zu tun, die nicht nur ideeller, sondern durchaus auch materieller Art sind. Seitdem Elterngeld winkt, ist der Anteil babybetreuender Väter in nur einem reichlichen Jahr von drei auf 15 Prozent gestiegen. Die Wirtschaft und der ihr gewogene Staat sparen Geld, wenn die Kosten für die Kinderbetreuung ausgelagert werden können, in die Familien. Diese wiederum werden sich ausrechnen, wessen Nichtberufstätigkeit die geringsten Einkommensverluste bringt.

Die Ursache für Ausgrenzung liegt weniger im privat*männlichen* Bewusstsein als vielmehr im privat*wirtschaftlichen* Sein, das zu einer familien-, also menschenfeindlichen Struktur der Arbeitswelt führt. Die Befreiung der Mütter wird um die Befreiung der Väter nicht herumkommen. Auch Männer sind nicht ewiglich dazu bestimmt, 60 Stunden in der Woche zu arbeiten und weitere 20 Stunden in Autos oder Flugzeugen zu verbringen und ihre Kinder zu vernachlässigen. Dass sie durchaus, wenn auch langsam, lernfähig sind, haben die sozialistische Praxis und die anhaltenden Unterschiede im Denken bewiesen. Eine Forsa-Umfrage vom August 2008 bestätigt: 80 Prozent der Ostdeutschen wünschen sich eine gleichberechtigte Aufgabenverteilung in der Familie, aber nur 50 Prozent der Westdeutschen. Realität ist dieser Wunsch nur für 30 Prozent aller Familien.

Die Präsidentin des Wissenschaftszentrums Berlin für Sozialforschung, Jutta Allmendinger, hat eine große Studie veröffentlicht[22], die sie selbst überrascht hat und die allen großen Zeitungen eine Meldung wert war: Ein ganz neuer Typ Frau wächst heran. Sie wollen berufstätig sein und trotzdem Kinder haben. Und halten das für selbstverständlich. Die Zeit des Entweder-oder sei vorbei. Das sei brisant, weil «die jungen Frauen die Gesellschaft wachrütteln werden». Arbeitgeber müssten umdenken. Junge Frauen, die finanziell unabhängig sind, machen «ihr Selbstwertgefühl nicht mehr von Männern abhängig». Wenn eine Beziehung nicht laufe, seien sie bereit, «sich von einem Mann zu lösen». Und neu sei auch, dass sich dieser Typ durch alle Bildungsschichten hindurchziehe.

Selbst wenn man der sympathischen, engagierten Professorin zugutehält, dass sie während der Wende-Zeit an der Harvard University promoviert hat und ihr so zu Hause manches entgangen sein wird – wie kann die gesamte westdeutsche Großpresse den Unsinn vom neuen Frauen-Typ verbreiten? Was hier beschrieben wird, ist bis auf den letzten Millimeter das DDR-Frauenbild. Kein einziger neuer Zungenschlag. Wir sind alle so, seit einem halben Jahrhundert. Einzig neu an der jetzigen Emanzipation ist, dass sie nun erfreulicherweise auf den Westen übergreift. Wann wird man endlich bereit sein, so etwas einzuräumen?

Anke Domscheit kritisierte die für Mütter schwer erträglichen Arbeitsbedingungen, das ständige Unterwegssein, die viele Fliegerei, die endlosen Arbeitstage. Durch die elektronischen Kommunikationsmittel ist man immer und überall erreichbar. Die Unternehmen gehen davon aus, dass ihre Führungskräfte jederzeit an jedem Ort einsetzbar sind. Sie zählt ihre Überstunden nicht, aber auf zwölf Stunden Arbeit am Tag wird sie wohl mindestens kommen. (Das ist, wie überall, kapitalistischer Alltag, obwohl laut Arbeitszeitgesetz mehr als zehn Stunden am Tag verboten sind.) Die Arbeitsverhältnisse in Deutschland hält sie für besonders unsozial – in Kalifornien, in Australien, selbst in Dubai geht es nach ihrer Beobachtung für Familien entspannter zu.

Inzwischen hat sie ihren bulgarischen Freund Ljubo kennengelernt, der in der DDR studiert, geheiratet und gearbeitet hat. Als junger Vater war er damals im Werkzeugmaschinenkombinat 7. Oktober einer der Ersten, der Erziehungsurlaub beantragt hat. Er hat ihn auch bekommen, mit der Auflage, dafür keine Reklame zu machen. Seiner Laufbahn hat es nicht geschadet, gleich nach seiner Rückkehr ist er Brigadier geworden. Ein geschiedener Macho hätte wohl bei Anke keine Chance gehabt.

Die IT-Strategin bekam schließlich ein Angebot von einer internationalen Softwarefirma, die eine bessere Vereinbarkeit von Beruf und Familie versprach. Frau Domscheit kann flexibel zu Hause arbeiten, sie muss nicht mehr lange argumentieren, wenn sie bei einem Schulauftritt ihres Sohnes dabei sein möchte. Aber auch wenn sie jetzt nicht mehr so viel unterwegs ist wie früher, hat sie immer noch wenig Privatleben. «In einer Top-Position gehöre ich der Firma, oder ich bin draußen. Das heißt, ich habe nicht wirklich eine Wahl. In der DDR gab es jeden Tag noch etwas nach der Arbeit. Heute gibt's kein Nach-der-Arbeit mehr, das wird auf das Wochenende verlagert.»

Das ist die Globalisierung vor der Haustür, das Ausschalten von Ort und Zeit. Das gilt auch für viele untere Angestellte, die Kunden überall zu betreuen haben. Früher ist man noch der Arbeit hinterhergezogen. Das lohnt sich heute nicht mehr, da man einerseits sowieso kaum zu Hause ist und andererseits nur zwei, drei Jahre an einem Standort bleiben wird. «Ich hatte Kolleginnen, die zogen nicht der Arbeit, sondern der Großmutter hinterher, damit die Kinder wenigstens einen festen Punkt haben. So zu permanent Handelsreisenden verdammt, ist man nicht nur sozial, sondern auch ökologisch eine Katastrophe.»

Hat Anke Domscheit sich ihrem Schicksal ergeben? Nein, das Thema «Frauen in Führungspositionen» treibt sie immer noch um, sie bereitet die nächste Konferenz vor, plant die Promotion ... Und es ist ihr wichtig, mir noch etwas mitzugeben – ihre Grunderkenntnis, den ultimativen Ostvorsprung: Scheinbar stabile Systeme sind zu erschüttern, es lohnt sich zu kämpfen, alles auf der Welt ist veränderbar und Unmögliches erreichbar.

4. DDR-Geschichtsbild – seriös oder demagogisch?
Der Westen hat die Fassung verloren

> *Am Anfang richtet der Sieger über die Geschichte,*
> *am Ende die Geschichte über den Sieger.*
> NEVILLE CHAMBERLAIN

Wir deuten die Vergangenheit, um uns in der Gegenwart zu behaupten und die Zukunft auf unsere Seite zu ziehen. Schreibende werden mit dem Versuch, die Geschichte nach ihrem Bild zu formen, recht einsam bleiben, wenn ihr Publikum sich in diesen Bildern nicht wiederfindet oder sie nicht wenigstens als gutbelegte Neudeutung partiell annimmt. Was die Autoren erst unabhängig macht, ist die Unabhängigkeit der Leser.

Doch die zu bewahren ist schwierig, wenn Geschichtsschreibung das Bild von Auftraggebern bedient. Von der politischen Klasse nämlich, die, gut ausgestattet mit Interessen, Vorurteilen und Finanzen, über Zentralen, Behörden und Institutionen ihr Weltbild von willigen Interpreten verbreiten lässt. Vom «Verteilungskampf um den Aufarbeitungskuchen» hatte Wolfgang Thierse als Mitglied des Kulturausschusses gesprochen. Die Geschichtsbilder spiegeln auch die materiellen Interessen ihrer Schöpfer.

Unmittelbar in und nach der Wende war das Bedürfnis nach Aufdeckung und Aufarbeitung in der DDR groß. Das habe ich hautnah erlebt, nicht nur in der ersten unabhängigen Untersuchungskommission zu den Übergriffen von Polizei und Staatssicherheit im Oktober 1989, in der ich über ein Jahr stellvertretende Vorsitzende war. Als viele Ostdeutsche jedoch merkten, dass die Sieger das DDR-Bild verengten auf Totschlagworte wie Unrechtsstaat und totalitäre

Diktatur und das größte Verbrechen unausgesprochen das Volkseigentum gewesen sein soll, dass also die Vergangenheit gedeutet wurde, um einen Vermögensabfluss von Ost nach West einzuleiten, da waren viele nicht mehr bereit, sich an dieser Debatte zu beteiligen. Ohne ein lückenloses Feindbild wären auch die im vorigen Kapitel aufgezeigten Beispiele vorschnellen Verzichts auf bedenkenswerte DDR-Praktiken so nicht denkbar gewesen. Deren Preisgabe ging einher mit dem Verlust von geistigen und materiellen Besitzständen, von Posten, Entwürfen und Lizenzen, von der Selbstwertkränkung der Betroffenen ganz zu schweigen. Zur Restauration der alten Herrschaftsverhältnisse musste der Kalte Krieg noch einmal auf Hochtouren gefahren werden.

In diesen Jahren haben sich Vorurteile und Klischees verfestigt, die kaum mehr abzubauen sind. Ein guter Bekannter von mir initiiert seit 18 Jahren in einer Stiftung biographische Gespräche zwischen Ost- und Westdeutschen. Ich habe selbst gelegentlich an seinen Veranstaltungen teilgenommen und fand seine langjährigen Erfahrungen bestätigt: Zuerst herrschte auf beiden Seiten die Phase der *Euphorie*. Die Ostdeutschen glaubten, es würde genügen, sich aufrichtig sein jeweiliges Leben mit all seinen Höhen und Tiefen, Erfolgen und Irrtümern, Freiräumen und Anpassungszwängen zu erzählen, und alles würde gut. Die Westdeutschen freuten sich auf die Bestätigung, recht behalten zu haben.

Dem folgte die Phase der *Depression*. Die östliche Seite musste zur Kenntnis nehmen, dass sich ihre Westgesprächspartner (von Ausnahmen natürlich abgesehen) der Herausforderung östlich geprägten Denkens nicht wirklich stellen wollten. Es war ihnen zu anstrengend, als vermeintliche Sieger der Geschichte hatten sie es nicht nötig, von ihren gewohnten Denkbahnen auch nur geringfügig abzuweichen. Sie wollten mit anderen Sichtweisen eigentlich nicht belästigt werden. Schließlich hatte der klägliche Zusammenbruch des Sozialismus gerade hinlänglich bewiesen, wie untauglich er und seine Protagonisten waren. «Die liberale Marktwirtschaft ist das Höchste, was die Menschheit erreichen kann.»[1] So oder ähnlich lasen sie es täglich in der Zeitung. Unbegreiflicherweise räumten die Ostgesprächspartner zwar Einsicht in Fehler und Versagen ein, waren aber mehrheitlich nicht bereit, die westlichen Muster kritiklos zu übernehmen. Stattdessen verteidigten sie mit ungebührlicher Hartnäckigkeit bestimmte Lebensleistungen und -prägungen und ließen gar neues Selbstbewusstsein aufkommen. Außerdem schienen sie untereinander mit Kürzeln, Gesten und Codes in einer Art Metasprache zu kommunizieren, die der anderen Seite verschlossen blieb.

Dann kam nach Auskunft meines Bekannten die Phase der *Aversion*. Auf der westlichen Seite eine tiefe Unlust, grundsätzliche Fragen von undankbaren Leuten aufgenötigt zu bekommen. Auf der anderen Seite die Unlust, sich für sein eigenes, angeblich falsches Leben vor selbstgerechten und nicht wirklich zuhörenden Leuten immer wieder rechtfertigen zu sollen.

Inzwischen hat alle Beteiligten die Krise erreicht, ihre Probleme haben sich angeglichen, aber auch ihre Meinungen? Die Ostdeutschen scheint es, sind stummer geworden, die Westdeutschen desinteressierter. Einen Zusammenhang zwischen ihrem verspielten Sieg und der vorhergegangenen Niederlage des Ostens vermögen sie nicht zu erkennen. Die Phase der *Resignation* wird nur gelegentlich durch diffuse Ängste aufgemischt, Ewiggestrige würden nun wiederum zur Restauration pseudosozialistischer Strukturen rüsten. Die Sorge ist allerdings nicht von konkreten Absichten gedeckt. Die Aufräumarbeiten der Geschichte haben dankenswerterweise ein Ungetüm aus dem Weg geschafft und eine für jedermann unmissverständliche Botschaft hinterlassen: Nie wieder Stalinismus, nie wieder politbürokratische Diktatur!

Auch wenn das Thema hier nicht, wie in einigen meiner Bücher zuvor, die DDR ist, sondern das Verhalten der vermeintlichen Sieger in den vergangenen zwanzig Jahren, so sei sicherheitshalber noch einmal gesagt: Der herablassende Umgang mit dem Erbe des abgedankten Systems hat vieles erschwert, die Abdankung selbst jedoch hat alles erleichtert. Die Erbärmlichkeiten dieses ersten Versuches hatten zu einem unerträglichen Antagonismus geführt, der letztlich jedweden Fortschritt blockierte.

Wie hätte auch eine Gesellschaft im Zeitalter von Computer und Internet überleben sollen, die aus Angst vor der Vervielfältigung unerwünschter Schriften den privaten Besitz von lächerlichen Ormig-Kopierern verbot. Jener in Büros stehenden Apparate, die blassblaue Abzüge mit beißendem Geruch verfertigten. Diese Anmaßung, jeder auf den Weg gebrachte Gedanke, der nicht kontrolliert ist, könne der falsche sein! E-Mail-Anhänge sind, wie die ganze IT-Branche, eine im militärisch-industriellen Komplex des Westens entwickelte Produktivkraft, die diese Anmaßung ad absurdum führte. Wer die Produktivkräfte behindert, hat abzutreten – so die eigene Lehre, die schließlich auch einsichtig befolgt wurde.

Disziplinierungsmodell Ideologie – untauglich

Zuvor jedoch wurde kaum eine Gelegenheit ausgelassen, den eingeschlagenen Irrweg der unerschütterlichen Gewissheiten festzutrampeln. Auch wenn die gefühlte Bedrohung durch Feinde aller Couleur nicht aus der Luft gegriffen war, so erwies sich die gewählte Form der Selbstverteidigung auf die Dauer doch als Selbstenthauptung. Stalin hatte sich mit marxistischen Schriften erstmalig in seinem orthodoxen Priesterseminar befasst – keine gute Mischung. Dort lernte er die Techniken, die der katholischen Kirche in ihrem Jahrhunderte währenden Vernichtungskampf gegen Glaubensgegner noch nützlich waren. Wenn nicht Inquisition und Hexenverbrennung, so doch die Methode, jedermann zu misstrauen und somit zu überwachen, um schließlich Häretiker zu exkommunizieren. Wegen Renitenz aus der Zwangsanstalt verwiesen, gab Stalin dieses Muster absurderweise an die Genossen weiter. Die Kreuzzüge in die eigenen Reihen der Ketzer, die blutige Säuberungspolitik, das waren Verbrechen, denen Millionen Menschen, gerade auch Kommunisten, zum Opfer fielen.

Selbst wenn mit dem toten Diktator 1953 auch sein totalitäres Regime begraben werden konnte, tat sich der sowjetische Machtbereich, darunter die DDR, schwer, sich vom stalinistischen Denken und Handeln zu lösen. Der sowjetische Kriegskommunismus mit seiner radikalen Unterordnung aller gesellschaftlichen Kräfte unter ein Zentrum galt in den Jahren der äußeren Bedrohung und inneren Anarchie als erfolgreich; später wurde versäumt, sich von dieser Form auf eine zivile Art zu trennen. Letztlich hat niemand eine durchsetzungsfähige Idee gehabt, wie man den Machterhalt so gestalten könnte, dass die Leute den Sozialismus wirklich wollen. Um das auch nur zu diskutieren, fehlte immer die freiheitliche Atmosphäre. Die Bürokratie hat schließlich bewirkt, dass die Bürger weniger kreativ sein konnten, als die Polizei erlaubt. Wie oft wurde die wissenschaftlich-technische Revolution beschworen und darüber die zivilgesellschaftliche versäumt. Was als Industriegesellschaft scheiterte, war letztlich auch nicht die menschlichere Ordnung.

Die Gründe dafür lagen wohl nicht nur in subjektiver Begrenztheit der selbsternannten Arbeiter- und Bauernführer, sondern auch in systemischen Defiziten. War die Marx'sche Weltsicht einst ein emanzipatorisches, intellektuelles Projekt, so bot sich in der pseudosozialistischen Praxis ausgerechnet die Ideologie als einziges Disziplinierungsmodell an. Statt der für Marx selbstverständlichen bürgerlichen Freiheiten und statt Rosa Luxemburgs Grundthese von der Untrennbarkeit von Sozialismus und Demokratie setzte sich das Gegenteil durch: Die elende, permanente Suche nach Renegaten, Revisionisten und Abtrünnigen von der reinen Lehre hat von Anfang an gerade die unabhängigen Denker ausgegrenzt, vergrault und verhaftet, die bemüht waren, der notwendigen sozialistischen Antwort auf die Frage der Geschichte zu einer demokratischen Legitimation zu verhelfen. Die Verluste an intellektuellem Potenzial, künstlerischer Kreativität und politischen Konzepten waren schmerzlich, gravierend und nie kompensierbar. Wenige Namen schon sagen genug: Ernst Bloch, Hans Mayer, Rudolf Herrnstadt, Wolfgang Harig,

Robert Havemann, der frühe Ausschluss Heiner Müllers aus dem Schriftstellerverband und die späteren Ausschlüsse u.a. von Klaus Schlesinger, Stefan Heym, Karl-Heinz Jakobs, Joachim Seyppel, die Ausbürgerung des damals noch kommunistischen Wolf Biermann und die Verhaftung von Rudolf Bahro ...

Allein die Rückbesinnung wirft in das alte Dilemma zurück. Noch während ich die notorische Suche nach Abtrünnigen aus guten Gründen verdamme, sehe ich mich genötigt, selbst welche zu benennen: Der politische Verrat der SED-Führer bestand gerade darin, die sozialistischen Kritiker an den nichtsozialistischen Zuständen als Feinde behandelt zu haben und die Bürger wie eine verfügbare Masse. Selbst wenn der Mauerbau einige Jahre Stabilisierung und Aufschwung brachte – was für eine Idee, die anhaltende Abschottung der Bevölkerung in eine Himmelsrichtung später zu tabuisieren, als sei sie naturgegeben und bedürfe keiner öffentlichen Erklärung. Und das selbst noch, als die Ausreiseanträge nach der Konferenz von Helsinki beständig anstiegen. Ich erinnere mich, dieses Problem Ende der 70er Jahre, bei der Themenplanung der Fernsehredaktion PRISMA, in der ich damals arbeitete, angesprochen zu haben. Ich gab zu bedenken, dass man dieses alle interessierende Thema doch nicht den Westmagazinen überlassen könne. Nicht aggressiv, aber nachdrücklich wurde mir bedeutet, man dürfe dem Gegner keine Angriffsflächen bieten und im Übrigen das eigene Nest nicht beschmutzen. Ach, hätte ich doch meine Argumente besser verteidigt.

Ach, hätten sie doch ihren Marx gelesen: «Proletarische Revolutionen ... kritisieren beständig sich selbst, unterbrechen sich fortwährend in ihrem eignen Lauf, kommen auf das scheinbar Vollbrachte zurück, um es wieder von neuem anzufangen, verhöhnen grausam-gründlich die Halbheiten, Schwächen und Erbärmlichkeiten ihrer ersten Versuche.»[2] Wie Marx sich die Möglichkeit dazu vorstellte, erhellt ein Brief von Friedrich Engels an August Bebel vom 19. November 1892. «Darüber waren Marx und ich von jeher einig», hieß es darin, dass beide *nie* eine Stellung als Redakteur eines der Partei gehörigen Blattes angenommen hätten, weil dies «eine unfruchtbare Stellung für jeden, der Initiative hat» sei. «Ihr *müsst* absolut eine Presse in der Partei haben ... die in der Lage ist, *innerhalb* des Programms und der angenommenen Taktik gegen einzelne Parteischritte ungeniert Opposition zu machen und innerhalb der Grenzen des Parteianstandes auch Programm und Taktik frei der Kritik zu unterwerfen.»[3]

Dieser Brief kursierte natürlich unter kritischen Journalisten und Autoren. Die völlige Missachtung der darin beschriebenen Haltung war für mich Grund genug, 1981 beim Fernsehen zu kündigen und mich aus dem Journalismus zurückzuziehen. Ab Mitte der 80er Jahre, insbesondere seit Verbot der sowjetischen Zeitschrift «Sputnik», erlebte ich im Schriftstellerverband eigentlich keine Versammlung mehr, in der die Informationspolitik der Partei nicht heftig kritisiert wurde. Das war in dieser Suböffentlichkeit durchaus möglich, wenn auch folgenlos. Erst im September 1989 gelang es schließlich, auf meine Anregung im Berliner Verband eine «Arbeitsgruppe Presse» zu installieren, die tatsächlich glaubte, noch ein neues Pressegesetz für die DDR entwerfen zu müssen.

Doch bevor wir endlich in den Genuss kommen konnten, die eigenen «Halbheiten grausam gründlich zu verhöhnen», haben uns die westlichen Medien um diesen Spaß gebracht. Sie verhöhnten nicht nur die Halbheiten, sondern kriminalisierten das Ganze. Eben noch zu fundamentaler Kritik entschlossen, sah man sich über Nacht zu Differenzierung herausgefordert. Doch Revolutionen, selbst friedliche, sind nicht die Zeit ausgewogener Argumente. Die im zweiten Kapitel beschriebene Ausgrenzung der bis dahin im Westen gefeierten Dissidenten und die Privatisierung sich gerade emanzipierender östlicher Medien trugen das ihre dazu bei, dass sich bis heute Geschichtsbilder von bemerkenswerter gedanklicher Schlichtheit verfestigen konnten.

Zwei deutsche Diktaturen

Richtungsweisend war der Abschlussbericht der Enquête-Kommission des Bundestages zu den Folgen der SED-Diktatur, in dem es heißt: «Am Ende des 20. Jahrhunderts müssen die Deutschen mit der Erinnerung an zwei deutsche Diktaturen und ihre Opfer leben.»

Solche Simpeleien laufen alle darauf hinaus, die DDR in einem Atemzug mit dem Naziregime zu nennen, ja als letztlich noch «durchherrschter» als dieses zu qualifizieren. Wer das bezweifelt, gilt als unverbesserlicher Verharmloser der totalitären DDR-Diktatur. «Um die Wahrheit zu erfahren, muss man den Menschen widersprechen», empfahl George B. Shaw. Doch das wagen nur wenige, weil die Wahrheit sich als heiße Kartoffel erweisen könnte. Unter den wenigen aus nachvollziehbaren Gründen der Zentralrat der Juden in Deutschland. Dessen Generalsekretär, Stephan Kramer, hatte 2007 die Gedenkstättenkonzeption aus dem CDU-Kulturstaatsministerium als staatlich verordnet heftig kritisiert, weil die darin enthaltene Parallelisierung von NS-Zeit und DDR «unerträglich» sei. «SED-Diktatur und Naziregime haben nichts miteinander zu tun.» Der Versuch, das SED-Unrecht möglichst nah an das des Nationalsozialismus heranzurücken, indem man von den «beiden totalitären Systemen in Deutschland» redet, sei nicht statthaft, ergänzte Salomon Korn.

Es gibt eigentlich nur eine Methode, das Unrecht beider Epochen einigermaßen seriös zu vergleichen – nämlich die Bilanzen der juristischen Aufarbeitung nebeneinanderzustellen. Vielleicht hat es deshalb, soweit ich weiß, auch noch niemand gemacht. Vergleichen kann und sollte man grundsätzlich alles, solange es nicht um Gleichsetzen geht, sondern um das Deutlichmachen von Gemeinsamkeiten und Unterschieden. Nur darf man sich dann den Schlussfolgerungen aus diesem Abenteuer nicht entziehen.

Eine Gemeinsamkeit bestand etwa darin, dass sowohl bei den Nürnberger Prozessen als auch bei den Prozessen gegen Vergehen in der DDR revolutionäres Recht angewandt, mit Hilfe der Radbruch'schen Formel das Rückwirkungsverbot aufgehoben wurde. Das ist für Delikte, die besonders schwere Menschenrechtsverletzungen darstellen, durchaus akzeptabel, bis auf den kleinen Pferdefuß, der im Kapitel Sonderrecht Ost geschildert ist. (Siehe S. 93.)

Ein wesentlicher Unterschied bestand darin, dass in Nürnberg wegen des Zeitdrucks und aus Gründen der praktischen Beherrschbarkeit keine umfangreichen Ermittlungsverfahren durchgeführt wurden, sondern sich die Anklagen auf offensichtlich Verdächtige beschränkten, auf Täter in herausragender Position, die einen gesellschaftlichen Querschnitt darstellten und aus allen Besatzungszonen kamen. Wie sonst hätte es nur 24 Hauptverantwortliche für die ganze Nazikatastrophe geben können und wären samt Nachfolgeprozessen nur 209 Personen in die Gerichtsverfahren einbezogen gewesen? Die Prozesse dauerten insgesamt dreieinhalb Jahre, eine Fortführung scheiterte am Mangel an Geld und dem nachlassenden Interesse der Alliierten. (Jenseits der frühen Siegerjustiz ist die Bilanz von 50 Jahren eigener, bundesdeutscher Strafverfolgung von NS-Verbrechen nach Einschätzungen von Historikern wie Norbert Frei desaströs: gekennzeichnet von Behinderung der Ermittlungen, Halbherzigkeit, Abbrüchen, hohen Strafverfolgungshürden, Verjährungen und Generalamnestien.)

DDR-Unrecht ist von der westdeutschen Justiz mit ganz anderer Gründlichkeit verfolgt worden. Die staatlichen Gerichte haben sich dafür 15 Jahre Zeit genommen. Keiner der potenziellen Täter, deren man noch habhaft werden konnte, sollte durch die Lappen gehen – weshalb ein rückwirkendes Gesetz die Verjährung für die 40 DDR-Jahre ruhen ließ. Durch die zweimalige Verlängerung von Verjährungsfristen für mittelschwere Straftaten – ein in der Rechtsgeschichte einmaliger Vorgang – wurde das Sonderrecht Ost komplettiert. In 75 000 Ermittlungsverfahren sind weit mehr als 100 000 Beschuldigte auf etwaige strafrelevante Vergehen überprüft worden. Wie überzogen die Erwartungen waren, zeigt, dass es nur in einem Prozent dieser Verfahren zu Anklagen kam. Der eklatanteste

Unterschied zwischen den beiden Verlierern gemachten Prozessen bestand im Gegenstand der Anklagen. Beide Diktaturen haben keinen einzigen identischen Anklagepunkt hinterlassen.

Die deutschen Nationalsozialisten wurden mit folgenden Vergehen konfrontiert: Verschwörung zur Planung und Führung eines Angriffskrieges, Kriegsverbrechen, Mitgliedschaft in verbrecherischen Organisationen, Zwang zur Sklavenarbeit und Plünderung besetzter Gebiete, Verbrechen gegen die Menschlichkeit. Die Schilderung letzterer nahm viele hundert Seiten ein. Besonders schwerwiegend war die Ermordung, Vernichtung, Misshandlung, Verschleppung der Zivilbevölkerung, ihre Verfolgung aus rassistischen, politischen und religiösen Gründen, die Erschießung von Geiseln, die Anmaßung einer «Herrenrasse» mit dem Recht, andere auszurotten, insbesondere Juden. Aber auch Polen, Zigeuner, Russen, Serben. Als Methoden für den vorsätzlichen und systematischen Massenmord wurden nachgewiesen: Vergasen, Erschießen, Erhängen, Aushungern, Zusammenpferchen, Schwerstarbeit, Versagen von ärztlicher Betreuung und Hygiene, Begraben und Verbrennen bei lebendigem Leib. Unterwerfung von jeder Art Folter, darunter der Gebrauch glühender Eisen, Stromschläge, Operationsexperimente ohne Betäubung, tödliche Herzinjektionen, Abschneiden von Brüsten und einzelnen Gliedmaßen, zwangsweises Verbleiben in eisigen Wassertonnen bis zum Erfrieren.

Nicht weniger umfangreich war die Liste der Kriegsverbrechen in den einzelnen Ländern. Allein in der Sowjetunion wurden 1710 Städte und 70 000 Ortschaften aufs schlimmste zerstört, die Zivilbevölkerung hingemordet und 25 Millionen Obdachlose hinterlassen. Die Wehrmacht beschädigte und zerstörte 1670 russisch-orthodoxe Kirchen, 532 Synagogen und 427 Museen, darunter die reichhaltigen Sammlungen von Leningrad.[4] Die Schäden des Kunstraubes waren unermesslich.

Die deutschen Sozialisten wurden wegen folgender Anklagen verurteilt: Gewalttaten an der Grenze (267 Urteile), Rechtsbeugung (181), Wahlfälschung (99), Misshandlung Gefangener (42), Doping (47), Amtsmissbrauch/Korruption, darunter die Reservierung von Jagdgebieten für hochrangige Politiker (22), vereinigungsbedingte Wirtschaftsstraftaten (13) und Denunziation (5). Gegen Angehörige der Staatssicherheit ergingen 69 Urteile, darunter für die Verletzung der Vertraulichkeit des Wortes, Amtsanmaßung, Öffnen von Briefsendungen, Hausfriedensbruch, Mandanten- und Patientenverrat, unerlaubte Festnahmen (17), Repressalien gegen Ausreisewillige (8), Verschleppung (16), Drohung mit Gewalt und psychische Repressalien zur Aussageerzwingung (19).[5]

Nahmen die Strafen in Nürnberg Maß an Schwerstverbrechen – fast ausschließlich wurden Todesstrafen, lebenslängliche oder langjährige Freiheitsstrafen verhängt und vier «Verbrecherische Organisationen» ermittelt, so fiel das Strafmaß beim DDR-Unrecht milde aus. «Insgesamt vermittelt die Sanktionspraxis den Eindruck, dass die Gerichte die Taten als mittelschwere Kriminalität einstuften.»[6] Von den mehr als 100000 Personen, gegen die Ermittlungen liefen, mussten schließlich nur 46 ins Gefängnis. Und in 90 Prozent dieser Fälle überschritt die Strafe die Grenze von zwei Jahren nicht. 92 Prozent der insgesamt verhängten 580 Freiheitsstrafen wurden zur Bewährung ausgesetzt, was «die Taten in der Bewertung durch die Gerichte als weniger gewichtig erscheinen» ließ. Insofern kann man von Siegerjustiz wirklich nicht sprechen. Nachdenklich muss es dennoch stimmen, dass ohne Sonderrecht nicht einmal in 0,75 Prozent aller Verfahren Urteile möglich gewesen wären.

Letztlich haben sich zwei, durchaus schwerwiegende, DDR-spezifische Unrechtsformen bestätigt: Gewalttaten an der Grenze und Rechtsbeugung. «Nach unserem jetzigen Wissen sind 264 Menschen durch Schusswaffengebrauch, Minen und Selbstschussanlagen getötet und mehrere hundert Menschen z. T. schwerstverletzt worden», zog Generalstaatsanwalt Schaefgen Bilanz.[7] Obwohl es sich um relevante Menschenrechtsverletzungen handelt, sind die Schüsse an der Grenze als Totschlag geahndet worden. Das lag – wie ich mir erklären ließ – daran, dass wesentliche Mordmerkmale wie Heimtücke nicht erfüllt waren, da es durch das allgemeine Wissen über die Grenzpraktiken beim Gegenüber nicht an Argwohn fehlen konnte. «Bedeutend größer als die Zahl der – ungenehmigten – Fluchten war in den siebziger und achtziger Jahren die Zahl der ‹genehmigten› – in Sonderfällen sogar erzwungenen – Ausreisen aus der DDR.»[8] Solange die Mauer stand, hat das Bundesinnenministerium in den Aufnahmelagern Gießen und Marienfelde 429 815 Übersiedler aus der DDR registriert. Etwa die Hälfte davon verließ die DDR im Rahmen der Familienzusammenführung, die übrigen hatten politische oder andere Gründe. Hinzu kamen 33 775 freigekaufte Häftlinge. Ein dunkles Kapitel der DDR-Geschichte.

Nicht minder düster die politische Strafjustiz. Die Zahl der politischen Häftlinge in der DDR ist nicht bekannt, Schätzungen weichen in Größenordnungen von 100 000 voneinander ab und sind daher wenig aussagefähig. Fest steht: Erschreckend viele Menschen sind, hauptsächlich in den ersten fünfzehn Jahren der DDR, unter unsäglichen Beschuldigungen zu unsäglich hohen Strafen unter unsäglichen Haftbedingungen verurteilt worden. Und das offenbar weitgehend in Übereinstimmung mit dem dehnbaren geltenden Recht. Was den juristischen Umgang mit Andersdenkenden betrifft, so ist der Begriff Unrechtsregime allemal gerechtfertigt.

Dennoch darf nicht übersehen werden, dass seit der Politik des Wandels durch Annäherung ein Strategiewandel im Umgang mit Abtrünnigen stattfand. «Das Streben der Systemträger der DDR nach internationaler Anerkennung erlaubte – noch dazu in Verbindung mit dem KSZE-Prozess – keine länger einsitzenden politischen Häftlinge», hat man in der Stasiunterlagen-Behörde herausgefunden.[9] Die DDR-Regierung hatte zunehmend außenpolitische Rücksichten zu nehmen. «Verhaftungen von Oppositionellen, die insbesondere beim Bestehen von Westkontakten nicht zu verheimlichen gewesen wären und eine das SED-Regime demaskierende

Publizität hervorzubringen drohten, wurden daher mehr und mehr vermieden.»[10] Gab es vor dem Helsinki-Abkommen von 1975 jährlich etwa 100 Ermittlungsverfahren wegen staatsfeindlicher Hetze, so waren es zwischen 1985 und 1988 im Schnitt nur noch zwei im Jahr.[11] Stattdessen sollte die Staatssicherheit versuchen, diese Kräfte «allmählich zu neutralisieren bzw. zurückzugewinnen». Doch die sah sich angesichts der dramatisch steigenden Zahl von Ausreisewilligen überfordert.

Auffallend bei der juristischen Bilanz des DDR-Unrechts ist, dass die dem Ministerium für Staatssicherheit zur Last gelegten Delikte keine zentrale Rolle spielen. 47 Prozent der Angeklagten wurden freigesprochen, von den 69 Verurteilten mussten nur zwei ins Gefängnis. Schwerstes Delikt war demnach die «Beihilfehandlung» zum Bombenanschlag auf das «Maison de France» 1983 in Berlin. Ein Stasioffizier hatte vom Zoll beschlagnahmten Sprengstoff auf Druck der syrischen Botschaft wieder herausgegeben.

Auch wenn die Aufarbeitung durch manches erschwert war – unklare Rechtslage, vernichtete Akten, verstorbene oder nicht mehr vernehmungsfähige Angeklagte –, an der Tendenz der Bilanz zum DDR-Unrecht hätte sich auch ohne diese Hindernisse nichts geändert, denn alle Typen von Straftaten sind verfolgt worden. Wider alle politische Absicht hat sich bestätigt, dass die DDR mit dem pauschalisierenden, unwissenschaftlichen Begriff «Unrechtsstaat» nicht zu beschreiben ist. Wem diese Bilanz nicht delegitimierend genug ist, der behauptet gern, mit rechtsstaatlichen Mitteln sei einem Unrechtsstaat eben nicht beizukommen. Merkwürdig – mit welchen Mitteln denn sonst? Die Juristen der Westalliierten, die die Nürnberger Prozesse dominierten, kamen aus Rechtsstaaten; sie haben ein rückwirkendes Recht verfügt, das geeignet war, die Führungsspitze zu verurteilen. In der Bundesrepublik ist dieses Vorgehen nie wirklich akzeptiert worden; als man aber selbst unverhofft zum Sieger geworden war, ging man genauso vor. Den Gerichten ist im Großen und Ganzen wohlbegründete Rechtsprechung zu bescheinigen, selbst wenn prominente Juristen der Ansicht waren, die Mauerschützenprozesse seien selbst hart an der Rechtsbeugung vorbeigeschrammt.

Letzten Endes ist in der DDR kaum «pure Regierungskriminalität» festgestellt worden, wie Generalstaatsanwalt Schaefgen mir sagte. Jedenfalls ist dieser Anklagepunkt fallengelassen worden. Niemals ist auch nur erwogen worden, eine Institution oder Partei als kriminelle Vereinigung einzustufen. Schwerstverbrechen konnten den 100 000 Ermittelten nicht zur Last gelegt werden. Es gab kein einziges Urteil wegen Mord. Auch keins wegen Folter.

Wer geschichtsvergessen ohne weitere Erläuterungen von den «zwei Diktaturen in Deutschland» spricht, muss wissen, wie viel Verharmlosung des Nationalsozialismus er auf sich laden will. Eines hellsichtigen Tages könnte dieses Geschichtsbild als Volksverhetzung verklagt werden.

Totalitäres Geschichtsbild

Zu den Lieblingsadjektiven der meisten staatlich finanzierten DDR-Aufarbeitungsbehörden gehört immer noch «totalitär», obwohl Fachleute von dieser Deutung mehr und mehr Abstand nehmen. Da nutzt es auch gar nichts, wenn die Mutter der Totalitarismustheorie, Hannah Arendt, schon im Vorwort zum dritten Teil ihres Hauptwerkes «Elemente und Ursprünge totaler Herrschaft» 1966 befunden hat, «dass die totale Herrschaft, die furchtbarste aller modernen Regierungsformen, mit dem Tod Stalins in Russland nicht weniger ihr Ende gefunden hat als in Deutschland mit dem Tod Hitlers». Während in der Stalin'schen Periode des Terrors, ähnlich wie unter den Nationalsozialisten, versucht wurde, Menschen total umzuformen und das Individuelle zu vernichten, könne davon nach 1953 selbst unter der Zentralverwaltung von Einparteiensystemen nicht mehr die Rede sein. Es handele sich seither vielmehr um autoritäre Gesellschaften. Ungerührt verweist das nach Hannah Arendt benannte, zur Dresdener Universität gehörende «Institut für

Totalitarismusforschung» auf seiner Homepage auf die «60-jährige, doppelte Diktaturerfahrung Ostdeutschlands».

Mit welchen Mitteln, in welchem Kostüm und zu welchen Kosten auch immer – diese bruchlose 60-Jahre-Rechnung ist der Kern des staatlich verordneten Geschichtsbildes. Dabei ist verinnerlicht, was verglichen werden soll: nicht oft genug DDR und NS-Zeit, nie BRD und NS-Zeit, möglichst nicht DDR und BRD. An diesem Spiel haben auch die großen Medien, selbst Forscher und Hobby-Forscher ihre Freude. «Hinzu kam, dass die Laienhistoriker aus der DDR-Oppositionsszene der 80er Jahre mit Blick auf ihre Geldgeber eine parteipolitische Aufladung der Nachkriegsgeschichte förderten, die eng an die Muster des ebenso verbalradikalen wie rein proklamatorischen Antikommunismus anschloss, der in den 50er Jahren in Westdeutschland üblich gewesen war», beklagte der Historiker Thomas Hofmann.[12]

Die Rechtfertigung für derartiges Aufladen kam allerdings von einschlägigen Vertretern der Gilde selbst. «Begriffe sind», so der Historiker Hermann Lübbe zunächst unbestreitbar, «weder wahr noch falsch. Sie sind vielmehr zweckmäßig oder unzweckmäßig. Für die Zweckmäßigkeit, ja für die forschungspraktische Unentbehrlichkeit des Totalitarismusbegriffs gibt es einen sehr starken indirekten Beweis, nämlich die Heftigkeit des marxistisch-leninistisch inspirierten politischen Widerstands gegen ihn.»[13] Je heftiger Begriffe die anzugreifende Seite verletzen, desto zweckmäßiger sind sie, so der streng wissenschaftliche Ansatz.

Das Feld ist also vermint mit politischen Kampfbegriffen, und nur ausnahmsweise übernimmt jemand die undankbare Aufgabe der Minenräumerei. So die Autorin und Historikerin Franziska Augstein: «Dass Regime und Diktaturerfahrungen verschieden sind, lässt sich mit der Totalitarismustheorie nicht darstellen. Mit ihr ist eine differenzierte Betrachtung der SED-Herrschaft nicht möglich. In der Arztpraxis entspräche dieser Ansatz der Beschränkung auf das Credo: Ich bin gegen Krankheit.»[14]

Vom Sinn und Unsinn
flächendeckender Observierung

Gegen die Krankheit Bespitzelung und Unterdrückung zu sein – wer wäre nicht dafür. Insofern ist es eine einmalige therapeutische Chance, die Hinterlassenschaften eines gigantischen Sicherheitsapparates öffnen und aufarbeiten zu können. Ich war nie für Aktenschließung. Ich habe mich nur gewundert, wie schnell die Forderung aus der Wendezeit, man müsse auch die Akten des Verfassungsschutzes zugänglich machen, in der Versenkung verschwunden ist. Die Praktiken der «Zersetzung» sind keine Stasi-Erfindung, sie gehören leider zum Instrumentarium aller Geheimdienste. Zumindest ist das Gegenteil nicht zu beweisen, solange alles geheim ist. Über die perfiden Methoden der Stasi, die Menschen verleumdet, bedrängt, verhaftet, erpresst und zur Verzweiflung getrieben haben, ist es heilsam, Bescheid zu wissen. Da ist nun, Revolution sei Dank, nichts mehr zu leugnen und zu beschönigen. Wer die bittere Bilanz aber zusätzlich dämonisiert, scheint sie für nicht bitter genug zu halten und verharmlost sie so. Deshalb habe ich den politisch instrumentierenden Umgang mit den Akten kritisiert, wie auch die Verengung des DDR-Bildes auf Stasiland.[15]

Anfangs gab es gegen dieses totalitäre Geschichtsbild auch noch vorsichtigen Widerspruch. Auf dem Kirchentag 1991 sagte Annemarie Schönherr, die Frau des damaligen brandenburgischen Bischofs: «Der Eindruck, der bei der Aufdeckung der DDR-Vergangenheit entsteht, wir hätten alle all die Jahre unter und in einem dichten Netz von Bespitzelungen und Misstrauen, von Mangel und Verzicht dahinvegetiert (manche reden ihn sich selber ein, um auf die Seite der Opfer zu gehören), stimmt so nicht. Wir haben gelebt und geliebt, gefeiert und gelacht, gesungen und gebetet, nachgedacht und diskutiert – zum Beispiel auch auf DDR-Kirchentagen. Nicht alle haben die Stasi und ihre Überwachungspraktiken so todernst genommen, wie das heute erscheinen muss.» Doch sehr bald wurde klar, dass man für nichts öffentlich so abgestraft wird wie für den Versuch, auch die Staatssicherheit mit Fakten und nicht mit Propaganda beschreiben zu wollen.

Dabei kann man inzwischen, wenn man nur will, aus den zum Teil sachlichen, oft sehr detaillierten Veröffentlichungen der Bundesbehörde für die Stasiunterlagen (BStU) ein differenzierteres Bild gewinnen, insbesondere wenn man zu dem, was nicht veröffentlicht ist, in der Forschungsabteilung nachfragt. Dass die DDR-Bürger kein Volk von Spitzeln waren, hat die Behörde immer mal wieder beiläufig erwähnt: «Die Akten zu öffnen entsprach den Interessen der Opfer; noch allgemeiner und weiter gefasst: den Interessen all jener, die nicht für den Staatssicherheitsdienst tätig waren, also von 98 Prozent der DDR-Bevölkerung.»[16] Das ist doch schon mal eine beruhigende Zahl. Die sich einfach errechnen lässt, wenn man die Hauptamtlichen und IM summiert und ins Verhältnis zur Gesamtbevölkerung setzt.

Eine andere Zahl versuche ich seit Bestehen der Behörde vergeblich herauszubekommen: Auf wie viele Bürger waren Spitzel angesetzt? Wie viele Operative Personenkontrollen (OPK) und Operative Vorgänge (OV) hat es gegeben, über wie viele Personen sind tatsächlich Berichte geschrieben worden? Wie viele Opferakten, die über Karteikarten hinausgehen, gibt es also? Seit Jahren frage ich nach, seit Jahren erhalte ich die Antwort, dass man dies nicht weiß, nicht wissen könne und es auch «relativ unwichtig» sei. Wichtig, so muss man da vermuten, ist vielmehr, keine Information herauszugeben, die das Bild von der flächendeckenden Observierung stören könnte. Als 1989 in der Schweiz der Geheimdienstskandal aufflog, hat die dortige parlamentarische Untersuchungskommission innerhalb weniger Wochen herausgefunden, dass es zu 900 000 Personen Akten mit gesammelten Daten und Berichten gab. 20 Jahre nach Stürmung der Stasi-Zentrale: nichts dergleichen.

Die elektronische Zentrale Personen-Datenbank des MfS ist offenbar auf Anordnung des Runden Tisches zerstört worden. Aber ausgelagerte Teile von Sicherheitskopien sind längst gefunden. Roger Engelmann, Projektleiter in der Abteilung Forschung des BStU, sagt mir: «Man müsste die Archivregistrierbücher durchzählen. Das ist bisher nicht gemacht worden. Daraus könnte man eine Statistik erstellen, aus der sich die Zahl der operativen Vorgänge ablesen ließe. Das ginge, wäre aber eine Riesenarbeit, und die Aussagekraft wäre nicht so groß.» Über das individuelle Leid jedes Falles würde diese Statistik in der Tat nichts sagen. Auch nichts über die ‹gefühlte› Bespitzelung in Berufsgruppen mit politischer Relevanz, die sich aus der Atmosphäre allgemeinen Misstrauens ergab, ohne zu spürbaren Repressionen zu führen.

Um sich aber eine Vorstellung über das tatsächliche Ausmaß der «Durchherrschung» von oben nach unten zu machen, wäre es schon unerlässlich zu erfahren, auf wie viele Opfer nun eigentlich Spitzel angesetzt waren. Wenn man bedenkt, dass die Behörde der größte öffentliche Arbeitgeber in Ostdeutschland ist, sollten dafür vorübergehend auch ein paar Kräfte einsetzbar sein. Denn die Ergebnisse wären für die Geschichtsschreibung zumindest interessanter als das, was bei der manuellen Puzzlearbeit mit den in 15 000 Säcken aufbewahrten Akten-Schnipseln bisher herausgekommen ist. Schließlich wird für die Stasi-Behörde beinahe so viel ausgegeben wie für die gesamte Industrieforschung im Osten, da wird man belastbare Ergebnisse erwarten dürfen.

Sonst kommt man in die missliche Lage, sich an eigenen, vielleicht nicht alles berücksichtigenden Rechnungen zu versuchen. Denn für die zweite Hälfte der 80er Jahre liegen immerhin Zahlen vor. Jährlich wurden etwa genauso viele Vorgänge neu eröffnet wie geschlossen. In dieser Zeit wurden ständig rund 20 000 Operative Personenkontrollen vorgenommen (durchschnittlich waren von jeder 1,4 Personen betroffen) und 4500 Operative Vorgänge geführt (jede betraf etwa drei Personen). Rechnet man dies zusammen, so kommt man in diesen Jahren an einem beliebigen Stichtag auf etwa 41 500 Menschen, über die Berichte gefertigt wurden. Diese Zahl verdient jedes negative Adjektiv: empörend, beschämend, unsäglich, sinnlos, kopflos, paranoid … nur eins nicht – flächendeckend. In den 50er und 60er Jahren waren es in jedem Fall bedeutend weniger Vorgänge, Ende der 70er könnten es, gemessen an der Zahl der IM, unwesentlich mehr gewesen sein. Selbst wenn es doppelt so viel gewesen sein sollten, würde dies bedeuten, dass zu keinem Zeitpunkt mehr als 0,5 Prozent der 17 Millionen DDR-Bürger Opfer gezielter, vom MfS angeordneter, operativer Berichterstattung waren.

Die Orwell'sche Vorstellung von einer gleichmäßigen, flächendeckenden Überwachung sei insofern falsch, bestätigt Dr. Engelmann, als das Netz der Überwachung nicht überall gleich dicht gewesen sei. Auf dem flachen Lande und an der Basis von nicht sicherheitsrelevanten Betrieben und Einrichtungen sei es ziemlich grobmaschig gewesen, in renitenten Kreisen dagegen, wie unter Künstlern, Kirchenleuten, oppositionellen Gruppen oder Zusammenschlüssen von Ausreisewilligen, sehr eng. (Das sind naturgemäß diejenigen, die die Repressionspraktiken in den letzten zwanzig Jahren öffentlich reflektiert haben. Ihre bitteren Erfahrungen geben Stoff genug, noch viele Jahre in Büchern und Filmen verdichtet zu werden. Und sollten dennoch nicht als Schicksal der Gesamtbevölkerung missverstanden werden.)

Flächendeckend sei die Überwachung aber vor allem deshalb nicht gewesen, so Roger Engelmann, weil längst nicht alle IM so funktioniert haben, wie sie sollten. Eine kleine Gruppe hat geradezu fanatisch berichtet, vielleicht ein knappes Drittel etwa so, wie die Führungsoffiziere das erwartet haben. «Aber bei langjähriger Aktenlektüre habe ich festgestellt, dass ein nicht kleiner Teil mit seiner Rolle nie warm geworden ist, sie haben kaum Verwertbares vorgetragen und haben es vermieden, Menschen zu belasten. IM waren nicht beliebig steuerbar, es waren Menschen mit Hemmschwellen, die sich selbst Grenzen gesetzt haben. Was auch akzeptiert werden musste. Von den unwilligen IM hat das MfS nicht viel gehabt, die meisten haben nur Käse berichtet, Allerweltsinformationen, die im Ministerium nicht interessierten.»

Es ist zum Lachen und zum Heulen – dieser ganze Geheimdienstwahn. In einem Land ohne funktionierende Öffentlichkeit ist außerdem zu bedenken: Das Motiv vieler politisch engagierter IM, über kritische Auffassungen aus ihrer Umgebung zu berichten, war nicht, den Kritikern zu schaden, sondern die kritikwürdigen Zustände der Staats- und Parteiführung endlich zu Gehör zu bringen. Ich weiß zumindest von einigen IM, die sogar die eigene, hochkritische Meinung in ihren Berichten offen thematisiert haben. (Die vor Jahren im *Spiegel* veröffentlichten Berichte der Schriftstellerin Monika Maron gehören in diese Kategorie.) Diese eher autonomen Leute haben die Repressionsmöglichkeiten der Stasi offenbar für begrenzt gehalten, ob sie damit recht hatten, konnten sie allerdings nicht genau wissen.

Wenn man dann noch erfährt, dass die Hälfte aller Operativen Personenkontrollen gar nicht Dissidenten, sondern den eigenen Systemträgern galt, Leuten, die aufgrund ihrer Stellung «durch den Gegner missbraucht werden könnten», wie es im Statut des MfS hieß, geraten die landesweit verbreiteten Klischees vollends durcheinander. Das Hauptgeschäft der Stasi war nicht die Suche nach Staatsfeinden, nicht OPK und OV, sondern das waren Sicherheitsüberprüfungen. Hunderttausende Funktionäre und Führungskräfte wurden durch Datenabgleich und Routinebefragungen daraufhin abgeklopft, was für Kontakte sie zu Verwandten und Bekannten im Westen hatten, ob sie ein Sicherheitsrisiko sein könnten: Geheimnisträger und Reisekader, Agrarpiloten und Industrieforscher, Diplomaten und Außenhandelskaufleute. In der SED-Nomenklatura konnte man direkter in Karrieren eingreifen als unter den eher selbständigen Künstlern und Theologen. Schon deshalb stimmt das von Hans-Ulrich Wehler bemühte Bild von der «Durchherrschung» von oben nach unten nicht.

Es stimmt vor allem deshalb nicht, weil man ganz unten autonomer war als oben. Je höher man stieg, je enger wurde der politische Spielraum. Wer dagegen in der Produktion war, den konnte man nicht mehr in die Produktion schicken. Betriebsbelegschaften waren nicht zu disziplinieren.

Informeller Gesellschaftsvertrag

Der westdeutsche Soziologe Lutz Niethammer, der in der DDR Arbeiter befragt hatte, kam zu dem Schluss, dass es neben der herrschenden Oberschicht aus Partei- und Betriebsfunktionären der SED und der Blockparteien auch «die andere herrschende Klasse» gab, die der Industriearbeiter. «Und vor nichts – vielleicht mit Ausnahme sowjetischer Direktiven – hatte die Führungsschicht der SED so viel Respekt, um nicht zu sagen Angst, wie vor ihr. An der Werkbank herrschte die größte Freiheit der DDR (viel mehr als z.B. bei den Intellektuellen und Kulturschaffenden).»[17]

Seit dem 17. Juni 1953 war eine offene Konfrontation mit Arbeitern zum Trauma geworden, und eine Wiederholung konnte auch deshalb vermieden werden, weil sich die Führung als Repräsentant der Arbeiterschaft verstand. Mehrfach ist darauf verwiesen worden, dass damals ein informeller Gesellschaftsvertrag abgeschlossen wurde. Die Arbeiter und Bauern erklärten, die Macht der Führung nicht mehr herauszufordern, wenn sie dafür versorgt und von Arbeitsfron befreit würden. Das Leistungsprinzip wurde nicht mehr administrativ durchgesetzt. Die Führung hat sich nie wieder ernsthaft mit den Brigaden anlegen wollen, selbst dann nicht, wenn der Kampf um Effizienz dies eigentlich erfordert hätte.

Die Hauptabteilung XVIII der Stasi war für die Sicherheit der Volkswirtschaft verantwortlich. Sie hat übrigens den umfangreichsten Aktenbestand aller Abteilungen hinterlassen, obwohl sie keinen Auftrag zur Überwachung von Werktätigen hatte. Nicht einmal zur ideologischen – da hätte sie ja viel zu tun gehabt, so Engelmann. An Abhöraktionen oder versteckten Kameras in Betrieben, wie heute offenbar zunehmend üblich, war das MfS nicht interessiert, dazu reichten auch seine Kräfte nicht. Zwar gab es in großen Betrieben einen hauptamtlichen Sicherheitsbeauftragten, der IM führte und den Betriebsschutz anzapfte, aber dabei ging es darum, Unmut unter der Belegschaft zu vermeiden und den Plan zu sichern. Also um Normen, Arbeitszeiten, Prämien, Materiallieferungen, Gefährdung von Westexporten, Produktionsstörungen, Havarien, Kritik an Leitungsmethoden. Die Belegschaften waren in solchen Fällen durchaus aufmüpfig – was konnte ihnen passieren?

Wenn MfS-Mitarbeiter nach Havarien oder zu deren Vorbeugung in Betrieben waren, klangen ihre Berichte oft resigniert. Hatten sie doch keine Möglichkeit, die Arbeitsdisziplin zu kontrollieren oder gar Verstöße zu ahnden. Ein Beispiel aus den Archivbeständen der MfS-Bezirksverwaltung Cottbus, bei dem über Erschließungsbohrungen in einem Lausitzer Braunkohletagebau vom Januar 1988 berichtet wird:

«Bereits mit Beginn der Frühschichten entstehen auf Grund einer angeblich existierenden Arbeitsschutzanweisung, nach welcher erst mit Eintreten der Morgendämmerung in der Entwässerung gearbeitet werden dürfte, bis zu zwei Stunden Arbeitszeitverluste. Die dadurch entstandene Wartezeit von Schichtbeginn 6 Uhr bis 8 Uhr verbrachte ein Teil von Werktätigen des Bereiches in Kantinen und Aufenthaltsräumen frühstückend, schlafend oder kartenspielend.»

Das ging also seinen sozialistischen Gang – ich gestehe, dafür immer noch Verständnis zu haben. (Ist Schichtarbeit nicht überhaupt ein Relikt aus dem 19. Jahrhundert? Warum müssen sich Menschen an dunklen, eisigen Januarmorgen in Wassergräben zu schaffen machen? Dass die Brigadiere vor Ort dies auch so gesehen haben, spricht für sie. Konsequent wäre es gewesen, die Kumpels nicht unnütz aus dem Bett zu treiben, sondern gleich erst um 8 Uhr zu bestellen. Aber so weit durfte das Entgegenkommen dann doch nicht gehen.)

Partizipatorische Diktatur

Leben im Schatten der Mauer – in welchem Verhältnis konnte da Entgegenkommen, Zugeständnis, Einverständnis, Normalität, Anpassung, Unterdrückung und Repression stehen? Sehr individuelle Mischungen aus diesen Zutaten führten in derselben DDR zu sehr verschiedenen Leben. Aber die in Staatsdiensten stehenden Wärter über die Geschichte beißen gern weg, was nach einerseits und andererseits klingt. Auch der britischen Historikerin Mary Fulbrook sind die Riten des Abstrafens nicht entgangen: «Wenn ein Historiker darauf hinweist, dass es in Hitlers Deutschland Anhänger des Nationalsozialismus gab, macht ihn dies nicht automatisch zu einem Verteidiger des Nationalsozialismus. Wer jedoch behauptet, dass es in der DDR nicht nur Zwang, sondern ein gewisses Maß von Zustimmung gab, muss damit rechnen, dass man ihn beschuldigt, irgendwie ein Mitläufer oder ein einfältiges Opfer der SED-Propaganda zu sein.»[18]

Von außen kommend, wagt sie nach langen Studien in ihrem Buch «Ein ganz normales Leben» dennoch, einen neuen Begriff für die DDR einzuführen: partizipatorische Diktatur. Sie findet «wirklich erstaunlich», dass Millionen Menschen durch ehrenamtliches Engagement «auf die eine oder andere Weise in die ‹Mikro-Systeme› der Macht verwickelt waren, durch welche die DDR-Gesellschaft funktionierte». Ob Kulturkommissionen der betrieblichen Gewerkschaften, Sportvereine, Kleingartenanlagen, Freiwillige Feuerwehr, Ausschüsse in den landwirtschaftlichen Genossenschaften, Jugendclubs oder Volkssolidarität – «für gewöhnliche Menschen aller Gesellschaftsschichten gab es unzählige Möglichkeiten, sich im Dienst für die Allgemeinheit zu betätigen», so Fulbrook.

Wer dabei clever war, konnte die Strukturen der vermeintlich «sozialistischen Demokratie» auch schon mal für seine eigenen Zwecke nutzen. Bei den Recherchen zu meinem Buch «Prenzlauer Berg-Tour» lernte ich Mitte der 8oer Jahre rund um die Oderberger Straße eine der ersten Bürgerinitiativen Ostberlins kennen – Studenten, junge Künstler, Lehrer, Gartenarchitekten hatten mehrere verwilderte Hinterhöfe zusammengelegt, von Gerümpel befreit, begrünt und künstlerisch gestaltet. Die efeubewachsene Drahtskulptur eines Hirsches verhalf dem zum Sonnenbaden, Spielen und Festefeiern bestimmten Garten zu seinem berühmt gewordenen Namen: Hirschhof. Doch als die Mannschaft sich anschickte, die vielen leeren Läden in der verkehrsarmen, da von der Mauer zur Sackgasse gemachten Oderberger Straße in eine Art Künstlergasse verwandeln zu wollen, zeigten sich die Behörden wenig zugänglich. So war es trickreich, Kontakt zum Wohnbezirksausschuss (WBA) aufzunehmen, eine Einrichtung, die vor sich hin dümpelte und oft nur bei Wahlen aktiv wurde. Es stellte sich heraus, dass die Ausschüsse unterbesetzt oder überhaupt inexistent waren – ihre einstigen Mitglieder weggezogen oder gestorben. So entstand die Idee, die eigenen Leute in den eigentlich nicht ernstzunehmenden WBA zu delegieren, besonders in die Wohnungskommissionen, die Einfluss darauf hatten, wem die vielen leer stehenden Wohnungen zugesprochen wurden. Dann gründete die Mannschaft eine große Kulturkommission im WBA, was weder vorgesehen noch verboten war. So dominierte sie die Ausschüsse und konnte bis zur Wende ihre Klientel in den Kiez ziehen und so manche Kneipe und Galerie eröffnen.

Danach erlebte ich im Hinterzimmer der Kneipe *Entweder Oder* eine vom Neuen Forum organisierte Versammlung gegen Verdrängung, auf der es hoch herging. Die neuen Vermieter hatten mitgeteilt, dass sich die Miete von achtzig Pfennig pro Quadratmeter nach der Sanierung auf bis zu vierzehn Mark erhöhen wird. WBA hieß nun: Wir Bleiben Alle. Der Protest ließ sich nicht lange durchhalten. Heute sind nur noch vereinzelt Künstler im Viertel, aber der Hirschhof hat überlebt.

Solche Beispiele werden Mary Fulbrook zu dem Fazit veranlasst haben: Auch wenn die Macht eigentlich illegitim war, hat es das System verstanden, die «Grenzen des Staates weit über die enge Gruppe der eigentlich herrschenden ‹Machtelite› hinaus zu erweitern». Deshalb sei eine scharfe Abgrenzung von *Staat*, *Gesellschaft*, *Regime* und *Volk* für die DDR irreführend. Sie konstatiert «eine seltsame Mischung von regimekritischer Opposition und konstruktiver, wenn auch oft verärgerter Kritik».

Neben öffentlichen Diskussionen zur Verfassung, zum Familien-, Hochschul- und Jugendgesetz, die den «zuhörenden Staat» zu Hunderten Veränderungen veranlasst haben, sah sie besonders die Eingaben als relativ taugliche Form, sich einzumischen. Die Verfassung der DDR ermunterte ihre Bürger, sich mit «Vorschlägen, Hinweisen, Anliegen und Beschwerden» an ihre Volksvertreter zu wenden. «Ihnen darf aus der Wahrnehmung dieses Rechts kein Nachteil entstehen», hieß es da. Die angesprochenen Stellen sollten binnen vier Wochen antworten.

Auch Briefe an Zeitungen und Sender galten als Eingaben. In der Fernsehredaktion PRISMA hatten wir ein eigenes Büro für die Hunderte Zuschauerbriefe, die monatlich eingingen. Oft waren die kritisierten Zustände die Anlässe für Sendebeiträge: Versorgungsmängel, ausbleibende Zulieferungen für die Produktion, fehlende Ersatzteile im Handel, Wartezeiten bei Ärzten, Wohnungsprobleme, Verfall der Bausubstanz. Einmal überzeugte ich mich vor Ort vom erbärmlichen Zustand einer Schulturnhalle, in die es seit Monaten hereinregnete, ohne dass die Gemeinde etwas unternahm. Als wir eine Woche später mit der Kamera anrückten, war das Dach gedeckt. Ärgerlich für den geplatzten Beitrag und sicher auch für den Ort, von dem die Kapazitäten abgezogen worden waren, aber auch ein Hauch von Macht durch öffentliche Kritik, wofür diese Sendung bekannt war. Wobei die einzuhaltenden Grenzen in den Massenmedien enger gezogen waren als in den Eingaben.

Da ging es durchaus auch um politische Beschwerden. Und manchmal beschwerten sich die einen Chefs bei den anderen. Im Juli 1953 zum Beispiel wandten sich der Bürgermeister von Neuendorf, der erste und zweite Sekretär der SED, der Gemeinderat und die Vorsitzende des Frauenbunds an die Staatsanwaltschaft Potsdam: «Wann kommt Irmchen?» Irmchen, deren Mann wegen angeblicher Steuerhinterziehung in U-Haft saß, hatte in einem Brief an ihre Westfreundin über das Finanzamt allerlei Unfreundliches geschrieben, so, dass man «die ganze Bande an den Füßen aufhängen müsste». Ausgerechnet der Finanzbehörde fällt der Brief bei einer Haussuchung in die Hände, Irmchen wird wegen Mordhetze verurteilt. Gleichzeitig kommt ihr Mann frei, organisiert die konzertierte Aktion für seine im ganzen Ort geschätzte Frau, die wiederum Irmchens sofortige Freilassung bewirkt.

Das mag eine Ausnahme in den Wirren nach dem 17. Juni gewesen sein, aber hartherziges Verhalten der Bürokratie, unkoordinierte Leitungstätigkeit und Missstände in den Betrieben, Lohnfragen, Arbeitszeiten, fehlende Kritik in den Medien, Umweltverschmutzung waren ständig wiederkehrende Themen von Beschwerden. Schätzungen gehen davon aus, dass zwei Drittel, wenn nicht gar alle Haushalte, wenigstens einmal eine Eingabe geschrieben haben. «Durch Eingaben beteiligte sich die Bevölkerung gewissermaßen aktiv an der Innenpolitik der DDR», staunt Mary Fulbrook. Auch wenn die Erwartungen oft enttäuscht wurden: «Ein Großteil der Quellen spricht dafür, dass sich die ostdeutschen Behörden keineswegs nur zynisch und manipulativ verhielten, sondern oft von einem aufrichtigen Verlangen beseelt waren, die Lage gewöhnlicher Menschen zu verbessern.»[19]

Das Bild von der partizipatorischen Demokratie hat sich übrigens durch eine sozialwissenschaftliche Langzeitstudie aus Leipzig, mit der fast 2000 Jugendliche von 1987 bis 2004 begleitet wurden, verdunkelt. Die Bereitschaft zu gesellschaftlicher Partizipation ist schon in den 80er Jahren von Jahr zu Jahr geringer geworden, weil das Gefühl, damit etwas bewirken zu können, immer schwächer wurde. War es 1987 immerhin noch für 53 Prozent der Jugendlichen wichtig, am politischen Leben teilzunehmen, so fiel dieser Anteil Anfang 1989 auf 41 Prozent, 1991 auf 28 Prozent und lag 2004 bei 11 Prozent.[20]

Brutale Blockwartmentalität?

Eine in der DDR durchaus aufmüpfige Psychologin, die einräumt, das Selbstwertgefühl wie die Luft zum Atmen zu brauchen, ist dankbar für Argumente, «die uns auch selbst wieder verblüffen, denn wir fangen schon an zu glauben, was man uns über uns einzureden versucht». Gegen Ende der DDR hat auch sie ihre Frustration und ihren Zorn immer deutlicher artikuliert, gerade weil sie merkte, dass staatliche Stellen immer zahnloser wurden und zu keinem Dialog mehr in der Lage waren. Auch deshalb ärgern sie jetzt die konstruierten NS-Parallelen.

Eine Wertung aus dem Feuilleton der *Süddeutschen Zeitung* vom 14.2.2008 hat sie aufgebracht: «Im Grad ihrer gesellschaftlichen Durchspitzelung war die eifrige DDR möglicherweise gleichgeschalteter als das Dritte Reich. Das System Blockwart war noch kaltblütiger und umfassender installiert.» Blockwarte, so weiß sie, waren niedere NSDAP-Chargen, die ihre arische Abstimmung nachweisen mussten und auf Hitler vereidigt waren. Bei dienstlichen Anlässen trugen sie Uniform. Ein Blockwart war etwa für 40 bis 60 Haushalte zuständig. Er war ein allen bekannter Ansprechpartner für Denunziationen, die so zahlreich eingingen, dass selbst die Gestapo darüber klagte. Er führte normierte Karteien über Unmutsäußerungen, darüber, ob der «Völkische Beobachter» bezogen oder gar Radio London gehört wurde. Der Erwischte verschwand für immer. Der Blockwart listete die Wohnungen von Juden auf und deren Besitz und achtete streng auf die Befolgung der schikanösen Judengesetze, so das Tragen des gelben Sterns, die Vorschriften, sein Haustier zur Tötung abzuliefern, sein Auto zur Verfügung zu stellen und den Bürgersteig nicht mehr zu benutzen. «Bitte schön, welche DDR-Institution soll noch kaltblütiger gewesen sein? Und wer waren die Blockwarte? Mitglieder der SED oder der Blockparteien, der Nationalen Front oder die nicht ernstzunehmenden Hausbuch-Beauftragten vielleicht? Solche Behauptungen sind für mich glatt Volksverhetzung», so die empörte Psychologin.

«In krassem Gegensatz zur Endphase des ‹Dritten Reiches›, in der bereits minimale Kritik am Regime einem Menschen eine Gefängnisstrafe oder ein Todesurteil einbringen konnte, hat man den Eindruck, dass sehr viele Ostdeutsche überwiegend nicht das Gefühl hatten, sie dürften keine Kritik äußern. Auch dies gehört zu der komplexen Reihe von Gründen, warum viele Menschen die Diktatur lange Zeit nicht als solche empfanden.»[21]

Mary Fulbrook ist nicht entgangen, dass DDR-Bürger ihrerseits Mittel erprobt hatten, mit denen sie staatliche Stellen unter Druck setzen konnten. Für den Fall, dass eine Eingabe nicht positiv beschieden oder ein Anliegen nicht erfüllt wurde, war die *erste Stufe der Drohung*: Beschwerde bei der nächsthöheren Instanz. Diese Ankündigung wurde sehr oft wahr gemacht; sowohl bei Ulbricht als auch bei Honecker sind zigtausend Beschwerden eingegangen. *Zweite Stufe der Drohung*: Man werde nicht zur Wahl gehen. Diese Ansage wurde im Laufe der Jahre immer beliebter, da nicht selten wirksam. Aus heutiger Sicht muten manche Forderungen komisch an, damals war es existenzieller Ernst. So habe ich bei anderer Gelegenheit über Familie W. geschrieben, die nach Jahren endlich die Baugenehmigung für einen Badanbau an ihr altes Gesindehäuschen bekam, aber nirgends die Teile für eine Sickergrube. Sie hat gedroht, es kamen auch welche von der Wahlkommission, die schickten einen Bauleiter, dann tat sich wochenlang nichts mehr. Am Freitag vor der Wahl, schon in der Dämmerung, fuhr plötzlich ein Lkw auf den Hof und lud die Betonteile ab ...

Dritte Stufe der Drohung: Man werde ein Ausreisevisum beantragen. Allein 1985 haben sich laut Stasi-Angaben 28 000 Bürger mit ihrem Ausreisebegehren an «führende Persönlichkeiten der DDR» gewandt. Darin beklagten sie sich zum Teil auch über die unsachgemäßen Reaktionen in ihren Betrieben auf ihren Antrag. Die staatlichen Leiter, so tadelten selbst die Autoren einer MfS-internen Schulungsschrift in diesem Jahr, sollten doch «entsprechend den Orientierungen unserer Partei, stets die Rückgewinnung» und «nicht wie häufig noch anzutreffen, die Disziplinierung bzw. sogar die Bestrafung» der Antragsteller in den Vordergrund stellen.[22]

Und es gab noch eine *vierte Stufe der Drohung*, die die SED-Führung am meisten fürchtete: Man werde sich an die Westmedien wenden. Seitdem der Protestbrief gegen die Biermann-Ausbürgerung über eine westliche Nachrichtenagentur bekannt geworden war und sich zum größten Skandal der DDR-Kulturgeschichte ausgewachsen hatte, reagierte sie auf nichts panischer und repressiver. Autoren, die unerlaubt im Westen veröffentlichten, mussten mit Ordnungsstrafverfahren des Büros für Urheberrechte, mit Ermittlungsverfahren des Zolls oder gar mit Ahndung wegen Staatsverleumdung rechnen. Da aber all solche Fälle von Westjournalisten als Beispiel schlechter Behandlung durch DDR-Behörden ausführlich propagiert wurden, wagten diese Behörden seit Anfang der 8oer Jahre selbst bei noch so kritischen Westveröffentlichungen von prominenten Künstlern nicht mehr, Prozesse gegen sie einzuleiten. Stattdessen entschieden sie oft, gar nichts zu tun und die «Provokateure» nicht weiter zu beachten.

Dem Film «Das Leben der Anderen» ist daher vieles zu bescheinigen – klassischer Plot, spannungsreiche Dramaturgie, hervorragende Schauspieler –, nur eins nicht, dass er irgendetwas mit der realen Situation prominenter Künstler im Ostberlin der 8oer Jahre zu tun hätte. Das würde auch niemand von ihm verlangen, wenn er nicht im Stil des sozialistischen Realismus mit dem Anspruch gemacht wäre, gesellschaftliche Realität wiederzugeben. Der suggerierte Eindruck, die völlig der Macht ausgelieferten Künstler hätten nur drei Optionen gehabt – sich zu prostituieren, zum Spitzel zu werden oder sich umzubringen –, ist einigermaßen grotesk. Filme und Bücher, die gängige Klischees gerade dadurch bedienen, dass sie nur in exotischen Details von ihnen abweichen, haben bei Jurys aller Art gute Chancen.

Diejenigen, die die DDR fest in den 60-Jahre-Diktaturgürtel geschnallt sehen wollen, beklagen, dass ihre Geschichtsmode im Osten nicht so richtig getragen wird. Hansjörg Geiger etwa, ehemaliger Leiter des BND und Mitbegründer der Behörde des Bundesbeauftragten für die Stasiunterlagen: «Es wissen doch junge Leute aus den neuen Ländern kaum noch etwas über die DDR, sie glauben den Erzählungen ihrer Eltern, dass es eigentlich ganz ordentlich war. Dass die Diktatur Menschenleben zerstörte, blenden sie aus.»[23] In der Tat, wo kommen wir denn hin, wenn junge Leute ihren Eltern glauben und nicht der Stasi-Behörde und der Bundesstiftung zur Aufarbeitung der SED-Diktatur! Wozu bezahlen wir diese großen Einrichtungen, wenn es ihnen nicht gelingt, einen kleinen Keil zwischen die Erinnerungen der Generationen zu treiben? In Bayern dagegen, gleich beim BND um die Ecke, da wissen die jungen Leute viel besser über die DDR Bescheid. Es gibt also noch Hoffnung.

Doch im Ernst, andere Staatsdiener halten die DDR-Geschichte bereits für «überforscht» und behaupten, es gäbe da nichts mehr zu entdecken. Ich glaube dagegen, die eigentlich interessanten Fragen sind noch gar nicht gestellt. Warum ist es noch keiner Gesellschaft gelungen, Freiheit und Gleichheit zu gewähren? Brauchen Gesellschaften Disziplinierung, und wenn ja, ist die realkapitalistische nicht ähnlich unmenschlich, wie es die realsozialistische war? Der Realsozialismus hat andere Ängste bei anderen Leuten ausgelöst als der Realkapitalismus. Die politischen Ängste waren intensiver, verfolgten aber längst nicht alle; die sozialen Ängste sind diffuser, verfolgen aber fast alle. Vergleichende Forschungen gibt es nicht. Deshalb wage ich die Vermutung, dass die Summe der Ängste im Realsozialismus nicht größer war als die Summe heutiger Befürchtungen. Gemessen an dem, was der Sozialismus sich einmal vorgenommen hatte, ist diese Aussage peinlich genug.

Der Mangel an bürgerlichen Freiheiten sollte im Pseudosozialismus mit sozialen Freiheiten kompensiert werden, ein Trugschluss von Anfang an: Ohne Freiheit wird Gleichheit nicht nur nicht geschätzt, sondern verpönt. Ein Freiheitsbegriff aber, der sich weitgehend aus der ökonomischen Struktur erklärt und von aller Gemeinschaftlichkeit abgelöst ist, führt zu Selbstüberforderung, weil er die Menschen vereinzelt und entfremdet. Jeder Mensch ein Konkurrent. Die strukturelle wirtschaftliche Gewalt demoralisiert zwangsläufig und führt zu Gewalt und Terror der Menschen untereinander. Erst die sozialen Rechte machen die Menschen auch frei als Bürger. Wie aber das wirksamste Bürgerrecht des rheinischen Kapitalismus sein Lebensstandard war, so hätte der Sozialismus bei seinen offensichtlichen Defiziten an Effizienz und Demokratie nicht so lange bestehen können, wenn er auf bestimmten Gebieten nicht auch einen Freiheitsvorsprung gehabt hätte.

Freiheitsvorsprung im Sozialismus

Der Realsozialismus hätte sich allein durch Repression nicht siebzig oder auch nur vierzig Jahre halten können, wenn nicht wenigstens einige klassische antikapitalistische Gerechtigkeitsziele der Arbeiterbewegung tatsächlich in Angriff genommen worden wären. Nicht abhängig gewesen zu sein von privaten Besitzenden und dem wie selbstverständlichen Diktat ihres Eigentumsrechts war eine Erfahrung, die bislang nicht hinreichend beschrieben ist. Es gab leichter zu fassende, sehr alltägliche, gleichwohl damit zusammenhängende, historische Freiräume.

Sie entstanden zum Beispiel durch die *Brechung des Bildungsprivilegs*. Wer bisher nie eine höhere Schule besuchen oder studieren konnte, wurde auf die Arbeiter- und Bauern-Fakultäten gedrängt. Eine eigene Elite sollte heranwachsen, nachdem die bürgerliche Intelligenz sich im Nationalsozialismus mehrheitlich nicht durch Widerstand bemerkbar gemacht hatte. Die Kirchen nicht und nicht die Universitäten, weder die Ärzteschaft noch die Meinungsmacher, und schon gar nicht die Juristen. Nun deren Kinder, besonders in den Anfangsjahren, auszugrenzen, statt es auf eine verträgliche Mischung ankommen zu lassen, war Blindheit. Und doch nur die spiegelverkehrte heutige Apathie gegenüber ererbter Chancenlosigkeit der sogenannten bildungsfernen Schichten.

Später wurde es in der DDR auch in diesem Punkt versöhnlicher, Leistung wurde weitgehend anerkannt, Bildung war nicht nur unentgeltlich für alle, sondern wer die Mühe auf sich nahm, wurde dafür auch noch bezahlt. Zuletzt bekamen Oberschüler eine monatliche Ausbildungsbeihilfe von 110 Mark in der elften und 150 Mark in der zwölften Klasse. Studenten erhielten ein monatliches

Grundstipendium von 200 Mark, hatten sie Kinder, wurde es um je 50 Mark aufgestockt, Leistungsstipendien reizten als Zubrot. Das trug dazu bei, dass 1988 nur noch 13 Prozent der Beschäftigten ohne Berufsabschluss waren – in der Bundesrepublik waren es zu dieser Zeit fast doppelt so viel.

Den Westen übertreffende Freiräume bot auch das 1965 nach langen Debatten verabschiedete *Familiengesetzbuch*. Es war so bahnbrechend, ja revolutionär, dass es von Befreiungsbewegungen in Entwicklungsländern ganz oder teilweise übernommen wurde und dort auch ganz oder teilweise überlebt hat. So wurde bei Scheidungen erstmalig das Schuldprinzip durch das sehr viel weniger belastende Zerrüttungsprinzip ersetzt, und uneheliche Kinder erhielten in jeder Beziehung die gleichen Rechte wie eheliche.

Undenkbar in der damals noch prüden, bürgerlichem Erbdenken verhafteten Bundesrepublik. Dort musste das uneheliche Kind noch jahrelang von der väterlichen Familie ferngehalten werden, der Schande wegen. Obwohl die Benachteiligung dem Grundgesetz widersprach, konnte die volle Gleichstellung erst 33 Jahre später als in der DDR, nämlich mit der Reform des Kindschaftsrechts von 1998, durchgesetzt werden. Erst jetzt bekam das nichteheliche Kind das volle Erbrecht und galt die gemeinsame Sorge auch nach Trennung Nichtverheirateter.

Aber dem Grundgesetz widersprachen auch die überkommenen BGB-Paragraphen, nach denen bis 1977 das antiquierte Leitbild von der züchtigen Hausfrau Gesetzeskraft hatte. Die Ehefrau war durch § 1356 verpflichtet, den Haushalt zu führen. Tat sie dies nicht gut genug, galt das als Scheidungsgrund. Eine eigene Berufstätigkeit kam nur in Betracht, wenn sie mit den häuslichen Pflichten vereinbar war. Bis 1957 durfte der Mann die Arbeit der Ehefrau sogar kündigen! Bis dahin bestimmte der Ehemann auch den Wohnsitz, und ihm war das gesamte vorhandene Vermögen unterworfen. Die Schlüsselgewalt, also die Befugnis des Ehepartners, häusliche Geschäfte auch ohne Genehmigung des anderen vorzunehmen, wurde erst 1977 auf beide Seiten übertragen. (Rückblickend versuche ich mich zu erinnern, ob die Männer in der DDR überhaupt Schlüsselgewalt hatten. Viel wird es nicht gewesen sein.) Zur gleichen Zeit schaffte die Bundesrepublik endlich auch die Schuldscheidung ab, fast als letztes Land in Europa.

Im DDR-Recht galt es hingegen als Verfehlung, wenn der Mann die Frau in ihrer beruflichen Laufbahn gehindert hat. Aber davon hatten Männer auch Vorteile, sie sollten nach einer Scheidung nicht zu sehr belastet werden und mussten für die werktätige Ex-Gattin nur zwei Jahre Unterhalt zahlen.

1979, im Internationalen Jahr des Kindes, so erzählte unlängst die einstige Berliner Justizsenatorin Peschel-Gutzeit, saß sie zusammen mit Rita Süssmuth auf einer Konferenz in Budapest neben den DDR-Teilnehmerinnen. Beide Delegationen hatten Order, nicht miteinander zu kommunizieren. Dennoch sei immer sehr auf die DDR geguckt worden: Wie machen das die Frauen dort ohne Unterhalt? In einem Gesetzesentwurf sei im Westen auch vorgesehen worden: Jeder sorgt für sich selbst. Doch die konservative Presse habe getitelt: Oma muss ins Moor! Und der Entwurf war vom Tisch. Die DDR-Frauen mussten nicht ins Moor, sondern «auf Arbeit». Und ihre Kinder wurden derweil staatlich betreut.

Als im Juni 1971 im *stern* 374 teils prominente West-Frauen bekannten: «Ich habe abgetrieben», galt dies als unverschämte Provokation. In der DDR dagegen hatten die Emanzipierten umgehend Erfolg. Schon im März 1972 beschloss die Volkskammer bei 14 Gegenstimmen und acht Enthaltungen das Gesetz über die *Schwangerschaftsunterbrechung*. Innerhalb der ersten drei Monate war damit ein stationär durchgeführter Eingriff nur an die Bedingung eines ärztlichen Aufklärungsgespräches gebunden. Wie alles im Gesundheitswesen waren sowohl die Verhütungsmittel als auch die Interruption, der Krankenhausaufenthalt und die Medikamente kostenlos.

Die Einheit wäre beinahe am § 218 gescheitert, wenn der Einigungsvertrag nicht die DDR-Fristenlösung, ergänzt durch eine verschärfte Beratungspflicht, vorgesehen hätte. Doch zum wiederholten Mal verhinderte das Bundesverfassungsgericht in dieser Frage eine fortschrittliche Lösung und mutet uns bis heute eine besonders irrationale Variante des § 218 zu: Der Abbruch ist rechtswidrig (Frauen und Ärzte sollen wenigstens ein schlechtes Gewissen haben), die «Tat» bleibt aber in fast allen Fällen straffrei. Da es keine Mehrheit für eine Grundgesetzänderung gibt, wird der Staat ermächtigt, eine Rechtswidrigkeit zu tolerieren. Nicht auszudenken, wenn das auch auf anderen Gebieten Schule macht.

Zu einer Studie über Kontinuitäten zwischen Nationalsozialismus und Bundesrepublik, die sich aus der bruchlosen Übernahme der Eliten erklären, würden neben Ähnlichkeiten im Wirtschaftssystem und dem bis heute anhaltenden, totalitären Antikommunismus, aus den frühen Jahren eben auch die Fixierung auf Hausfrau und Mutter und die haarsträubenden Auffassungen über die *Strafbarkeit von Homosexualität* gehören. Es war in der Bundesrepublik keine Ausnahme, dass Homosexuelle eine Haft antreten mussten, zu der sie noch von den Nazis verurteilt worden waren, die diese aber aus Gründen ihres Untergangs nicht mehr veranlassen konnten. Undenkbar in der DDR.

1957 hatte das Bundesverfassungsgericht die Beschwerde zweier Männer gegen § 175 und § 175a, die die Nazis verschärft und die Bundesrepublik weitgehend übernommen hatten, zurückgewiesen. Die Artikel seien «nicht in dem Maße nationalsozialistisch geprägtes Recht» und außerdem «formell ordnungsgemäß erlassen». Statt Ermittlungen gegen Nazis voranzutreiben, ist zwischen 1950 und 1969 in der BRD gegen 100 000 Homosexuelle ermittelt worden, von denen viele allein dadurch ihre Arbeit verloren. Es wurden 50 000 rechtskräftige Haftstrafen ausgesprochen. Kein politisches Strafrecht? In den Urteilen berief man sich, wie das BVG, gern auf die sittlichen Anschauungen des Volkes, die sich maßgeblich aus den Lehren der «beiden großen christlichen Konfessionen» ergäben.

Die Strafbarkeit von Homosexualität unter Erwachsenen ist in der Bundesrepublik erst 1969 abgeschafft worden, während § 175 in der DDR schon dreizehn Jahre zuvor praktisch außer Kraft gesetzt war. Damit war zwar die kleinbürgerliche Stigmatisierung durch die Mitbürger nicht aus der Welt, aber vergleichbare juristische Exzesse hat es nicht gegeben. Als 1994 die Frist für die innerdeutsche Rechtsangleichung ablief, musste der Gesetzgeber entscheiden, ob er den West-Paragraphen über die Strafbarkeit von homosexuellem Sex mit unter 18-Jährigen wieder in Ostdeutschland einführt oder ob er wenigstens einmal unchristliches Ostrecht übernimmt. Wozu er sich dann ausnahmsweise und schweren Herzens durchrang.

Das Beispiel veranschaulicht nebenbei, dass die konsequentere Trennung von Kirche und Staat und die *atheistische Grundausrichtung* in der DDR nicht nur Repression bedeutete, sondern für viele auch eine Befreiung von verklemmt-verknöcherten Moralauffassungen. Der Atheismus gibt keine Antwort auf die Geheimnisse des Lebens. Falls es denn solche gibt. Das ist sein Manko. Aber die religiösen Antworten suggerieren allzu oft fundamentalistische Gefühle von Schuld und Sünde. Ein Grund, wie mir scheint, weshalb Ostdeutsche ganz gern und ganz freiwillig auch nach der Wende im Freiraum ihres Atheismus geblieben sind.

«Eine der aufsehenerregendsten Errungenschaften der sozialistischen Bewegungen» nannte der italienische Philosoph Norberto Bobbio «die Anerkennung der sozialen Rechte neben den Rechten der Freiheit». Im April 1950 verkündete die Volkskammer das Recht auf Arbeit. Für alle, also auch für diejenigen, die als schwer vermittelbar gelten, darunter so verschiedene Gruppen wie Hilfsschüler, Behinderte, Suchtkranke oder Straffällige. Um deren berufliche Ausbildung und Integration hatten sich die Betriebe zu kümmern. Schwerstgeschädigte sollten einen geschützten Arbeitsplatz erhalten. Die Wirtschaft machte das nicht effizienter, aber die Betreffenden wurden nicht ausgegrenzt und konnten sich gebraucht fühlen. Dass *Arbeitslosigkeit überwunden* war, bedeutete einen Zugewinn an Freiraum, wie man ihn sich heute kaum noch vorstellen kann. Ohne Arbeit keine Freiheit – das ist eine typische Ostlosung.

«Wäre das Individuum nicht mehr gezwungen, sich auf dem

Markt als freies ökonomisches Subjekt zu bewähren, so wäre das Verschwinden dieser Art von Freiheit eine der größten Errungenschaften der Zivilisation», schwärmte damals Herbert Marcuse.[24] Angesichts des allgemeinen Arbeitskräftemangels in der DDR fühlte man sich nicht nur gebraucht, sondern eigentlich unersetzbar. Man wusste, der Chef kriegt Ärger, wenn man kündigt, und konnte sich so allerlei Rechte, auch Sonderrechte, herausnehmen. Das steigerte das Selbstwertgefühl enorm und bereitete manchem Brigadier oder Abteilungsleiter Kopfschmerzen. Auch gegen die, die geradezu unverschämt in ihren Ansprüchen wurden, war eigentlich kein Kraut gewachsen. Deshalb sei ein Fall erzählt, der in seiner Extremität viel über Normalität in der DDR erzählt.

Wahrlich, ich sage euch, das ist die Geschichte von Walter K.:

Sie wurde mir berichtet von Hartmut Mummert, dem damaligen Chef der Arbeiter-und-Bauern-Inspektion (ABI) im Kombinat für Elektroenergieanlagen, das 54000 Leute beschäftigte. Dem dazugehörigen Berliner Werk für Signal- und Sicherungstechnik wurde vom Rat des Stadtbezirkes der wegen Undiszipliniertheit und Trunkenheit vorbestrafte Walter K. per 1.1.1983 zur Einstellung zugewiesen. Dergleichen war gesellschaftliche Praxis, um gefährdete Personen durch geregelte Arbeit und das Kollektiv als Zweitfamilie vor einem Rückfall zu bewahren. Nach seiner Entlassung aus dem Schuldienst hatte Walter K. schon zwölf Arbeitsplätze verschlissen. Auch solche, bei denen Selbständigkeit gefragt war, wie Hausmeister oder Gärtner. Zwei Wochen vor Arbeitsbeginn teilte der einstige Oberschullehrer seinem künftigen Betriebsdirektor in einem Brief mit, dass er nur erscheinen werde, wenn ihm zuvor schriftlich zugesichert würde, dass er die Arbeit nach eigenem Ermessen unbefristet unterbrechen dürfe, sobald es der Zustand seiner tablettensüchtigen Ehefrau erfordere. Man zeigte bedingtes Entgegenkommen.

Nach sechs Wochen Arbeit im Bereich Wareneingang schrieb Herr K. eine Eingabe an die Betriebsleitung, in der er ein höheres Gehalt forderte und eine Freistellung für jeden Mittwochnachmittag, um einen Nebenverdienst auf der Trabrennbahn Karlshorst wahrnehmen zu können. (Dort konnte man Wetten abschließen.) Statt ihm die kalte Schulter zu zeigen, wurde für Walter K. eine Beratung einberufen, auf der Vertreter des Betriebes wie des Stadtbezirkes ihm klarzumachen versuchten, dass man sein Anliegen bedauerlicherweise unmöglich erfüllen könne. Um jedoch ein gewisses Entgegenkommen zu signalisieren, wurde in einem halben Jahr, bei entsprechender Leistung, eine verantwortungsvollere, besser bezahlte Arbeit in Aussicht gestellt.

Zwei Wochen später wiederholte Herr K. sein Ansinnen nach Arbeitszeitverlagerung gegenüber dem Generalstaatsanwalt von Berlin. Vier Tage darauf erschien er nicht auf der Arbeit, sondern im Hause des ZK der SED und verlangte eine Aussprache mit verantwortlichen Genossen zu einem dringenden Fall von Wirtschaftskriminalität. Das Gespräch musste im Foyer des Hauses stattfinden, da K. sich nicht ausweisen konnte. Der Personalausweis sei verloren und der Betriebsausweis als Pfand für eine unbeglichene Zeche in einer Gaststätte, verzeichnet das Gesprächsprotokoll. Weiter hält es fest, dass Herr K. stark angetrunken war, aber die beiden leitenden Mitarbeiter der Fachabteilung ihn dennoch anhörten, wie es der Umgang mit Eingaben verlangte.

Dieses Protokoll bekam ABI-Chef Mummert auf den Tisch, um die Vorwürfe über schlampige Arbeit und im Freien lagerndes Material zu prüfen und ans ZK Bericht zu erstatten. Die Anschuldigungen erwiesen sich als haltlos, aber es gelang nicht, mit Walter K. Rücksprache zur Sache zu nehmen, da er nach seinem ZK-Auftritt weder im Betrieb erschien, noch zu Hause anzutreffen war. Da er Geld brauchte, gelang es ihm, einen Arzt zu überreden, ihn arbeitsunfähig zu schreiben. Aber auch nachdem der Betrieb ihm nachweisen konnte, dass er während dieser Zeit auf der Trabrennbahn war, geschah nicht mehr, als dass ihm das Krankengeld gesperrt wurde.

Der vom ABI-Chef in seinem Bericht ans ZK zögerlich vorgebrachte Vorschlag, die Eingabe auf sich beruhen zu lassen und stattdessen, unter Umständen, vielleicht darüber nachzudenken, K. zu entlassen, wurde brüsk zurückgewiesen. Vielmehr müsse auch Walter K. die Möglichkeit geboten werden, sich zu einem nützlichen Mitglied unserer sozialistischen Gesellschaft zu entwickeln. Oder hast du, wurde Mummert gefragt, vielleicht eine bessere Lösung?

Walter K. hatte es offensichtlich darauf abgesehen, so lange zu provozieren, bis man ihn rausschmeißt. Nun forderte er elf Tage Resturlaub aus dem Jahr 1982. Dies wurde barsch mit dem Hinweis abgelehnt, dass er in diesem Jahr überhaupt keinen festen Arbeitsplatz hatte und somit auch von einem Resturlaub keine Rede sein könne. Endlich hatte Herr K. den gewünschten Vorwand: Wegen «Vorenthaltung der Rechte eines Werktätigen» reichte er von sich aus die Kündigung ein. Als der Stadtbezirk dem schweren Herzens zustimmte, atmeten im Betrieb alle auf.

Die *fehlende Angst vor Arbeitslosigkeit*, die bei so manchen eher in eine Angst vor Arbeit umkippte, war ein grundstürzender Erfahrungsunterschied. Der Versuch, ihn kleinzureden durch den Einwand, es hätte doch massenhaft versteckte Arbeitslosigkeit gegeben, geht an der Realität vorbei. Wenn man bereit ist einzuräumen, dass die Arbeitsintensität von heute nicht der Weisheit letzter Schluss sein muss, zumal sie oft auf Kosten der Gründlichkeit und Qualität geht, so kann man schon davon ausgehen, dass in der DDR alle Leute zu tun hatten. Auch hart gearbeitet haben, jedenfalls wenn Material da war. Anders wäre nicht zu erklären, weshalb bis zuletzt vor allen Betrieben Tafeln mit Suchanzeigen für Arbeitskräfte aller Art hingen. (Und weshalb ständig Tausende Soldaten in der Volkswirtschaft einspringen mussten. Und zwar nicht nur bei der Ernte oder der Katastrophenbekämpfung. Vermutlich war der Verteidigungsminister nicht begeistert, in seinem Befehl 104/88 zusichern zu müssen, dass während des ganzen Jahres 1989 insgesamt 10 000 Soldaten in 64 Industriekombinaten arbeiten würden.)

Für die bürokratischen Apparate galt natürlich auch das Parkinson'sche Gesetz, wonach Arbeit sich in genau dem Maß ausdehnt, wie Zeit für ihre Erledigung zur Verfügung steht. Im Übrigen wäre ja das «Verstecken» von Arbeitslosigkeit keine Schande, sondern eine Leistung, zu der die Bundesrepublik nie in der Lage war.

Der Slogan «Ich bin Arbeiter – wer ist mehr?» war vielleicht der einzige, der ohne Koketterie und Vorbehalt angenommen wurde, auch von Arbeiterinnen. Doch statt Selbstzufriedenheit löste die den Arbeitern zugebilligte Autonomie Selbstbewusstsein aus, das geradewegs zu einem anderen Slogan führte: Wir sind das Volk.

Heutzutage, da die Bürger mehrheitlich und mit rasch steigender Tendenz eine «schlechte Meinung von der Marktwirtschaft» haben und am Kapitalismus zweifeln[25], muckt kein Volk auf. Ihre Meinung sagen die Menschen anonym einem Umfrageinstitut – weiter reicht die Courage offenbar nicht. Wir leben in einer Angstgesellschaft, heißt es. Anhaltende Montagsdemonstrationen gegen Hartz IV und die Agenda 2010 gab es nur im Osten. Könnte es sein, dass die als besonders gesellschaftskritisch ermittelten Ostdeutschen sich in der Diktatur mehr Widersetzlichkeit antrainiert haben? «Verhunzt» und «verzwergt» empfand sie Arnulf Baring, nachdem sie gerade mit großer politischer Kultur eine gewaltfreie Wende hingelegt hatten. Wie soll denn dann unsereins jetzt die duldsamen, eingeschüchtert und resigniert wirkenden West-Prekarier bezeichnen?

Der Kasseler Soziologe Heinz Bude nimmt sie in Schutz:

«Arbeit hat nicht nur die Dimension der Selbstverwirklichung, sondern sie stellt auch ein Disziplinierungsmodell dar, für das es keine Alternative gibt. Die zentrale Disziplinierung der Person funktioniert in *unserer* Gesellschaft nach wie vor über Arbeit. Das betrifft ganz besonders jene Gruppen, die wir als problematisch bezeichnen. Ich muss melancholisch-resigniert zugeben, dass ich kein anderes Modell kenne.»[26]

Disziplinierungsmodell Arbeit – untauglich

Da muss ich unmelancholisch und unresigniert daran erinnern, dass eine Alternative immerhin ausprobiert wurde – was zu den gewagtesten und bemerkenswertesten Erfahrungen des letzten Jahrhunderts gehörte. In *unserer* östlichen Gesellschaft war die Arbeit von diesem Druck weitgehend befreit. Wo es keine Arbeitslosigkeit gibt und beinahe niemand entlassen werden darf, ist Disziplinierung schwerlich zu erreichen. Östlich sozialisiert, also die sichere Arbeit als durchaus konfliktreiches, aber selbstwertstärkendes Lebenszentrum erfahren habend, empfinden es viele als zynisch, Disziplinierung ausgerechnet an die so existenzielle Arbeit zu koppeln. Denn dieser Repression kann sich kein Lohnabhängiger aus eigenem Entschluss entziehen.

«Eine sanktionsschwache Wirtschaft funktioniert nicht», behauptet Christian von Weizsäcker.[27] Er rechtfertigt die starken «Disziplinierungsinstrumente der Marktwirtschaft» – also Arbeitszeitverlängerung, Lohnkürzung, Entlassung, Arbeitslosigkeit, Konkurs, feindliche Übernahme – mit der Belohnung, die der «vergleichsweise sanktionsschwache Raum» des Politischen biete: die Freiheit der Meinung, der Presse, der Versammlung. Da die Planwirtschaft über so gut wie keine repressiven Sanktionen verfüge, war seiner Meinung nach die Demokratisierung des Sozialismus zum Scheitern verurteilt. Denn damit wären dem säkularen Staat, der auch nicht auf Gottesfurcht hoffen konnte, seine einzigen Disziplinierungsinstrumente aus der Hand genommen worden. Der ideologischen Sanktionen bedurfte er, um das System funktionsfähig zu halten. Folgte man dieser Logik, so wäre immerhin erklärbar, weshalb der Realsozialismus weder nach den Gulags noch den stalinistischen Schauprozessen, noch nach der Unterdrückung des Prager Frühlings oder der Solidarność zusammenbrach, sondern Jahre später, unter dem Banner von Glasnost und Perestroika.

Da drängelt sich der hoffnungsvolle Zweifel vor: Haben wir wirklich nur die Wahl zwischen dem Anpassungsdruck der Wirtschaft und dem der Politik? Könnte die Disziplinierung der zum Anarchischen neigenden Menschen nicht aus den beiden untauglichen Bereichen herausgelöst und verlegt werden, nicht etwa in die dafür noch untauglichere Religion, sondern in den Rechtsstaat und die selbstverwaltete Zivilgesellschaft? Beide Zwangsmodelle zu überwinden – müsste dies nicht das eigentliche Ziel eines alternativen Gesellschaftsentwurfs sein?

Der Charakter eines Systems zeigt sich daran, wie es untergeht. Der Nationalsozialismus, der bis zum letzten Blutstropfen verteidigt werden musste, bekanntlich in Schutt und Asche, auf Leichenbergen. «Es ist fast eine Definition totalitärer Regimes, dass sie von innen her nicht gesprengt werden können; eben darum *sind* sie – und werden sie – totalitär. Nur in nichttotalitären Staaten können Revolutionen stattfinden. Ebendies begab sich im Herbst 1989 in der DDR», erinnert der Essayist Friedrich Dieckmann.[28] Die wohl eine Million Demonstranten am 4. November auf dem Berliner Alexanderplatz waren voller Volkswitz. Weder sie noch die Redner machten einen sonderlich eingeschüchterten Eindruck; live übertrug das Staatsfernsehen den Anfang vom Untergang.

Wie wird der Kapitalismus untergehen?

5. Mein erster Angriffskrieg
Der Westen hat seine Unschuld verloren

> *Kriege, was auch immer ihr Ziel sein mag,*
> *schaden der ganzen Menschheit; sie schaden auch*
> *den Völkern, die Sieger bleiben.*
>
> HENRI DE SAINT-SIMON

Wenn ich mir bewusst mache, was mein Grundvertrauen in das System der Bundesrepublik Deutschland erschüttert hat, dann war es nicht das koloniale Gebaren gegenüber den Ostdeutschen – das wäre unter uns gesagt im umgekehrten Fall wohl nicht besser gewesen. Es war auch nicht der Umstand, dass der Kapitalismus von Tag zu Tag kapitalistischer wurde. Sprachlogisch ist diese Steigerung gar nicht erlaubt, systemlogisch allemal. Nach Marx'scher Analyse hätte nichts anderes passieren dürfen.

Worauf ich nicht vorbereitet war und woran ich mich auch niemals gewöhnen werde, ist, in einem Land zu leben, das Angriffskriege führt. Das mich zwingt, mit anzusehen, wie es sich daran beteiligt, aus sicherer Höhe Menschen mit Bomben zu überziehen. Was meine Erwartung an einen Rechtsstaat nachhaltig erschüttert hat, war die Sicherheit im Fehlgehen, mit der sich die politische Klasse nach propagandistischem Furor in den völkerrechtswidrigen und auch im Ergebnis unheilvollen Krieg gegen Serbien gestürzt hat, ohne diesen Irrtum jemals einzuräumen. Bei all den 2009 anstehenden Jubiläen werden die zehn Jahre nach dem Ende dieses Krieges wohl eher übergangen werden. Ein Grund mehr, daran zu erinnern und eine Bilanz zu ziehen.

Die Ablehnung der harmlos «Luftoperationen» genannten Bombardements war in Ostdeutschland deutlich stärker ausgeprägt. Das mag damit zusammenhängen, dass man für das jugoslawische Experiment aus der DDR-Perspektive einen Schuss Bewunderung übrig hatte. Auch wenn durch meine frühe Lektüre von Milovan Djilas «Die neue Klasse» ohne Illusionen, so zeigte mir die spätere Praxis doch wohltuend abweichende Praktiken vom sowjetischen Modell: Gemeineigentum der großen Industrien und Experimente mit Arbeiterselbstverwaltung bei gleichzeitiger Grenz- und Marktöffnung zum Westen. Das und die Duldung von privatem Gewerbe brachte ein besseres Warenangebot, die herrliche Landschaft wurde für florierenden Tourismus genutzt. Reisefreiheit für die eigenen Bürger und mehr Spielräume für oppositionelle Nischen waren zumindest für realsozialistische Gepflogenheiten bemerkenswert. Eine Art Dritter Weg, der schneller zerbombt war als analysiert. Vielleicht war das der eigentliche Zweck dieses Krieges.

Gegen Ende der 80er Jahre einmal zu einem Literaturfestival eingeladen, staunte ich nicht schlecht, dass Busfahrer Zeitungsbilder von Tito, meist in völlig verschossenen Farben, hinter ihre Spiegel geklemmt hatten. Von so viel freiwilliger Verehrung hätten Honecker und die anderen nur träumen können. Niemals wäre mir in diesen Tagen die Idee gekommen, meine Gesprächspartner zu fragen, ob sie wohl Serbe, Kroate oder Bosnier seien. Vielleicht hätten sie selbst es nicht einmal immer gewusst, denn Eltern und Großeltern waren oft alles durcheinander. Insofern war das Gerede von Ethnien, das dann anhub, auch kaum nachvollziehbar, die Unterschiede sind religiöser Art. Sind die Vorfahren aufgewachsen im von den Römern eingenommenen, katholischen Küstenstreifen, sind sie unter türkischer Herrschaft zum muslimischen Glauben bekehrte Orthodoxe gewesen, oder sind sie dem orthodoxen Glauben der griechischen Mönchsbrüder Kyrill und Methodius treu geblieben?

Wenn etwas die unbeschwerten Gespräche beeinträchtigte, dann waren es als schroffe Riffe aufragende Nebensätze. Wenn man ein Ohr dafür hatte, war es nicht sonderlich behaglich, als Deutsche im Land der einstigen Partisanen zu sein. Ohne dass jemand einen Vorwurf erhob, stieß man auf Spuren. Im April 1941 hatte die deutsche Luftwaffe die Nationalbibliothek in Belgrad in Schutt und Asche gelegt. Und mit ihr große Teile der Stadt. Zum Terror der vierjährigen Wehrmachtsokkupation gehörte die Erschießung von 7300 Bewohnern aus Kragujevac am 21.10.1941. Das war die Vergeltung für einen Partisanenangriff, bei dem zehn Wehrmachtsoldaten umkamen. Unter den Opfern dieses Massakers auch dreihundert Schüler des örtlichen Gymnasiums. Ihre achtzehn Lehrer hätten der Hinrichtung entgehen können, entschlossen sich aber, das Schicksal ihrer Schüler zu teilen. Durch dieses eingebrannte Leid ist die Stadt zu einem der aktivsten Vorkämpfer für friedliches Zusammenleben geworden. 1986 wurde Kragujevac dafür von der UNO ausgezeichnet, zwei Jahre später erhielt es die Friedensmedaille der Stadt Verdun.

Bei einem NATO-Bombardement sind 1999 in dem weitläufigen Gedenkpark mit seinen 33 Gräberfeldern die 33 Glaskuppeln des Museumsdaches zerborsten, und eine Skulptur ist beschädigt worden, die den Titel trägt: «Der Faschismus ist überwunden».

In den Jugoslawien-Krieg hineingelogen

Die abermalige schuldhafte Verstrickung Deutschlands war von Anfang an augenfällig. Egon Bahr erzählte mir, Anfang der 90er Jahre habe ihn Cyrus Vance, der einstige Außenminister unter Jimmy Carter, der zu dieser Zeit in EU-Missionen auf dem Balkan war, inständig und dringend gebeten: «Tun Sie alles Ihnen Mögliche, damit es in Deutschland nicht zu einer vorfristigen, separaten Anerkennung von Slowenien und Kroatien kommt. Das einzige Ergebnis werden ethnische Säuberungen und Krieg sein.» Bekanntlich fruchteten weder Bemühungen noch Mahnungen, und das von Vance Prophezeite traf ein. Unmittelbar nach seiner Anerkennung der abtrünnigen Teilrepubliken trat Außenminister Genscher ohne

Erklärung zurück. Vielleicht ist ihm die Tragweite seines Handelns bewusst geworden, oder auch nur die Peinlichkeit, dass Kroatien zuvor nur ein einziges Mal ein separater Staat gewesen ist, zwischen 1941 und 1945, unter der Ustascha-Armee, die eine Marionette der Nationalsozialisten war.

Das zusammengebrochene Gleichgewicht des Schreckens entfesselte prompt den Schrecken. Der NATO war mit dem Untergang des kommunistischen Gegners ihre Daseinsberechtigung abhandengekommen. Da bot das Konstrukt der «humanitären Intervention» in Gegenden, die man zuvor durch Waffenlieferungen wie auch durch geheimdienstliche und finanzielle Unterstützung von Oppositionsgruppen kräftig aufgemischt hatte, neue Aufgaben. Wer weiß – vielleicht wäre es ohne die vom Westen beförderten Separationen und Feindschaft schürenden Aktivitäten nie zum Bürgerkrieg gekommen. Das Prinzip der Nichteinmischung in innere Angelegenheiten empfahl sich nur, solange es einen hochgerüsteten Systemkonkurrenten gab. Sobald dieser aber verschwunden war, lag das sich widersetzende Objekt ungeschützt und zugriffsbereit da. Der Zwang, aus Rücksicht auf die andere Supermacht sein Pulver trocken zu halten, war entfallen – eine wenig reflektierte Konsequenz aus der Kapitulation der Sowjetunion. Was jetzt gebraucht wurde, war eine Krise, die militärisches Eingreifen plausibel machte.

Doch der Bosnien-Krieg, in dem UN-Blauhelme hilflos das Massaker von Srebrenica mit seinen vermutlich bis zu 8000 Toten geschehen ließen, lag vier Jahre zurück. Seit dem Friedensabkommen vom Dezember 1995 in Dayton, das die drei Präsidenten Izetbegović, Milošević und Tudjman unterzeichnet hatten, deutete im Kosovo des Jahres 1999 trotz einzelner Feuergefechte nichts darauf hin, dass sich ähnlich Dramatisches wiederholen könnte. Die angeführten Gründe, die einen Bombenkrieg rechtfertigen sollten, waren genauso erlogen wie später die angeblichen Massenvernichtungswaffen im Irak. «Nur einen legitimen Grund gibt es für die Bomben auf Jugoslawien: die Verhinderung eines Völkermordes», schrieb die FAZ seinerzeit. «Ich habe als einer der Ersten von der drohenden

Gefahr des Völkermordes gesprochen», brüstete sich Verteidigungsminister Rudolf Scharping im *Spiegel*.[1]

Dass diese Gräuelgeschichte Propaganda war, bewies die noch während des Krieges veröffentlichte Anklageschrift des Haager Tribunals, die der Regierung unter Slobodan Milošević zum Ärger so mancher Politiker keinen Völkermord im Kosovo zur Last legte. «Als Chefanklägerin Carla del Ponte von *Le Monde* gefragt wurde, warum dieser Anklagepunkt fehle, musste sie zugeben: ‹Weil es keine Beweise dafür gibt.›»[2] Damit war die Legitimation des Angriffs schon Wochen vor Ende des Bombardements entfallen.

Das war nicht überraschend, alle internen Berichte hatten darauf hingewiesen, dass nichts anderes als ein grausamer, mit einseitigen Schuldzuweisungen nicht zu beschreibender Bürgerkrieg im Gange war. Ein Bericht des Auswärtigen Amtes vom November 1998[3] gibt für sein Entstehen folgende Erklärung: Seit Ende 1995 wurden insgesamt 200 000 serbische Flüchtlinge aus Kroatien und Bosnien (die der NATO nie ein Grund zur Sorge waren) auf Jugoslawien verteilt, zehntausend auch im Kosovo, weniger als anderswo. Dies werteten die Kosovo-Albaner in ihren Medien als erneuten Versuch der Kolonialisierung. (Seit Entstehung der kosovarischen UÇK 1996 wurde diese Kampfgruppe eng vom BND betreut, der eine seiner größten Regionalvertretungen in Tirana einrichtete. Das ARD-Magazin *Monitor* sendete am 9.6.1998 ein Interview mit einem MAD-Mitarbeiter, der die Lieferung von Waffen im Wert von zwei Millionen Mark an die Albaner als «von ganz oben» erwünscht bezeichnete. Trotz des UN-Waffenembargos rüsteten auch die USA die albanische UÇK mit illegal nächtlich eingeflogenen Waffen auf.) Seit April 1998 häuften sich Anschläge der UÇK auf Polizeistationen. Da mancherorts die Polizei floh und auch Verwaltungsämter und Post ihre Arbeit einstellten, konnten die Freischärler die dortige serbische Zivilbevölkerung angreifen und «befreite Gebiete» ausrufen. Erst da begannen die jugoslawische Armee und paramilitärische Einheiten mit exzessiver Gewalt zurückzuschlagen. «Politisch aktive albanische Volkszugehörige werden nicht wegen ihrer ethnischen Zugehörigkeit, sondern als ‹Separatisten› verfolgt», so der Bericht des Auswärtigen Amtes.

Das bestätigten auch die OSZE-Beobachter vor Ort.[4] Ende 1998 habe es keine größeren Kämpfe zwischen den Parteien mehr gegeben, sondern einzelne Überfälle und Feuergefechte, für die man sich gegenseitig verantwortlich machte. Es gäbe keine Flüchtlinge mehr im Freien, die Rückkehr sei gestiegen, wenn auch regional unterschiedlich. Noch zwei Tage vor Kriegsbeginn hieß es im Lagebericht der Bundeswehr: «Tendenzen zu ethnischen Säuberungen sind weiterhin nicht zu erkennen.»

Eindeutig auch die im Kosovo eingesetzte US-Diplomatin Norma Brown: «Bis zum Beginn der NATO-Luftangriffe gab es keine humanitäre Krise. Sicher, es gab humanitäre Probleme, und es gab viele Vertriebene durch den Bürgerkrieg. Aber das spielte sich so ab: Die Leute verließen ihre Dörfer, wenn die Serben eine Aktion gegen die UÇK durchführten – und kamen danach wieder zurück. Tatsache ist: Jeder wusste, dass es erst zu einer humanitären Krise kommen würde, wenn die NATO bombardiert.»[5]

Es kam so, weiß das heute jeder? Es liegt mir fern, den Anteil der Serben an dem Konflikt zu verharmlosen. Offensichtlich haben sie ihren Antiguerillakampf gegen die UÇK brutal auf dem Rücken der albanischen Bevölkerung im Kosovo geführt. Verfehlungen hat selbst Milošević, während des Krieges, am 30.4.1999 in einem UPI gegebenen Interview eingeräumt: «Wir sind keine Engel. Aber wir sind auch nicht die Teufel, die zu sein ihr uns auserkoren habt. Unsere regulären Streitkräfte sind überaus diszipliniert. Anders verhält es sich mit den irregulären paramilitärischen Einheiten. Es sind schlimme Dinge passiert. Wir haben solche irregulären, selbsternannten Führer verhaftet. Einige von ihnen sind bereits angeklagt und zu 20 Jahren Gefängnis verurteilt worden.» Sicherlich ist es längst nicht immer so rechtsstaatlich zugegangen. Milošević wollte die staatliche Unabhängigkeit des Kosovo um jeden Preis vermeiden. Deshalb ließ er vermutlich die anarchischen Paramilitärs, dieses Pendant zur UÇK, auch Rache an der Zivilbevölkerung nehmen.

Es ist bitter genug, auch zehn Jahre nach dem Krieg noch auf Vermutungen angewiesen zu sein. Wann immer ich glaubte, mir anhand der Geschehnisse im Kosovo endlich ein wahrhaftiges Diktator-Bild von Milošević machen zu können, erwiesen sich die Fakten später als unbewiesen oder gefälscht. Angefangen bei Miloševićs Rede im Juni 1989 auf dem Amselfeld, die als Beleg seines Nationalismus galt und aus der vor Kriegsbeginn abschreckende Zitate in deutschen Zeitungen kursierten. Daraus bastelte Rudolf Scharping in seinem umgehend erschienenen Buch «Wir dürfen nicht wegsehen» die Unterstellung: «An diesem Tag sprach Milošević von ‹Großserbien› und davon, dass dieses Land ein ethnisch reines sein solle.» Die FAZ behauptete am 28.6.99, Milošević habe mit dieser «von Chauvinismus durchwirkten Rede eine für den Balkan verhängnisvolle Entwicklung in Gang gesetzt». Nach dem Krieg hat der Ermittler Greg Ehrlich eine US-Regierungsniederschrift dieser Rede veröffentlicht, die alle jene Zitate als frei erfunden auswies. Weder kam «Großserbien» vor noch Chauvinismus, im Gegenteil. Plötzlich klang sie recht vernünftig. (wwwg.uni-klu.ac.at/eeo/Milosevic_Rede)

Einige von der FAZ unterschlagene Passagen: «Es gibt keinen geeigneteren Ort als das Amselfeld, um zu sagen, dass die Einigkeit Serbiens den Serben und jedem Bürger Serbiens Wohlstand bringen wird, unabhängig von seiner nationalen und religiösen Zugehörigkeit ... In diesem Sinne ändert sich die nationale Zusammensetzung fast aller und besonders der entwickelten Länder der gegenwärtigen Welt. Immer mehr und immer erfolgreicher leben Bürger verschiedener Nationalitäten, unterschiedlichen Glaubens und unterschiedlicher Rassen in einem gemeinsamen Land zusammen ... Die Krise, die Jugoslawien getroffen hat, hat sowohl nationale als auch soziale, kulturelle und religiöse Zwietracht hervorgebracht. Dabei ist der Nationalismus das schlimmste Problem. Ihn zu überwinden ist die Voraussetzung dafür, die anderen Missstände zu beseitigen und die Konsequenzen zu mildern, die der Nationalismus hervorgebracht hat ... Gleichberechtigte und harmonische Beziehungen unter den jugoslawischen Völkern sind die unabdingbare Voraussetzung für das Überleben Jugoslawiens, die einzige Möglichkeit, aus der gegenwärtigen Krise einen Ausweg zu finden.»

Kaum glaubte ich verstanden zu haben, dass die NATO wegen des serbischen Massakers an 44 albanischen Zivilisten in Racak eingreifen musste, legten die Untersuchungen der finnischen Pathologin Helen Ranta nahe, dass es sich um eine arrangierte Szene handelte. Als deren Urheber brandmarkte Miloševićs Pflichtverteidiger später die CIA. Überhaupt Den Haag ... Die Hauptbelastungszeugen sind umgekippt oder haben sich erhängt. 40 Stunden vor Ende der vierjährigen Beweisaufnahme ist Milošević (vermutlich wegen der Einnahme falscher Tabletten) gestorben. Der britische Chefankläger Geoffrey Nice schien erleichtert: «Das Ende der Verhandlungen wäre eine Katastrophe geworden. Ein Urteil, das keinen Bestand gehabt hätte.»[6] Auf einen Abschlussbericht des Gerichts wartet man vergeblich.

Was sicher keinen Bestand hat, das sind die angeblich einzig legitimen Gründe für das Bombardement – zumindest wird *Völkermord* und *Krise des Humanitären* heute als Vorwand nicht mehr bemüht. «Die NATO führte im Kosovo Krieg, um die Vertreibung der Albaner zu verhindern», behauptete mit ihrem netten Augenaufschlag Caren Miosga noch am 17.2.2008 in den ARD-Tagesthemen. Bomben gegen eine nicht näher belegte Vertreibung? Wo leben wir denn?

So hätte man den am 24. März 1999 begonnenen Krieg nicht rechtfertigen können. Doch für eine Gleichschaltung der öffentlichen Meinung war gesorgt. Die Buchautoren Mira Beham und Jörg Becker[7] haben 31 PR-Agenturen erfasst, die für alle nichtserbischen Kriegsparteien tätig waren. Allein Kroatien gab mehr als fünf Millionen Dollar an US-Agenturen, um die öffentliche Meinung in seinem Sinn zu beeinflussen. Propaganda-Ziele dieser Agenturen waren u.a.: Darstellung der Serben als Unterdrücker und Aggressor, wobei sie mit den Nazis gleichzusetzen und entsprechend emotional geladene Begriffe zu etablieren sind; Darstellung der Kroaten und Bosnier als unschuldige Opfer, wobei die Eroberung der serbischen Krajina als legal hinzustellen ist; Völkermordanklage gegen Jugoslawien und Milošević in Den Haag; günstige Verhandlungsergebnisse für die albanische Seite in Rambouillet und Sezession Montenegros.

Besonders hervorgetan hat sich die PR-Agentur Ruder Finn aus Washington, D.C. Ihr Direktor James Harff prahlte im französischen Fernsehen, wie professionell sie einen Artikel aus dem *New York Newsday* über serbische Lager aufgegriffen hätten: «Es gehört nicht zu unserer Arbeit, den Wahrheitsgehalt von Informationen zu prüfen. Unsere Aufgabe ist es, uns dienliche Informationen schneller zu verbreiten. Wir überlisteten drei große jüdische Organisationen und schlugen vor, dass diese eine Annonce in der *New York Times* veröffentlichen und eine Demonstration vor der UNO organisieren. Das war ein großartiger Coup. Als die jüdischen Organisationen in das Spiel auf Seiten der muslimischen Bosnier eingriffen, konnten wir sofort in der öffentlichen Meinung die Serben mit den Nazis gleichsetzen. Niemand verstand, was in Jugoslawien los war. Mit einem einzigen Schlag konnten wir die einfache Story von den guten und den bösen Jungs präsentieren, die sich ganz von allein weiterspielte. Niemand konnte sich mehr dagegen wenden, ohne des Revisionismus angeklagt zu werden. Wir hatten hundert Prozent Erfolg.»[8]

Auch in Deutschland. Man konnte den Eindruck gewinnen, die Verantwortlichen hätten sich die Totschlagworte brüderlich untereinander aufgeteilt. Dem expazifistischen Außenminister Fischer war die Lehre «Nie wieder Krieg» plötzlich nicht mehr so dringlich wie «Nie wieder Auschwitz». Kanzler Schröder wollte nicht in die Situation der Generation seiner Eltern kommen, deren Kinder sie gefragt haben, warum sie in der NS-Zeit nichts getan hätten – jetzt, wo er von «systematisch geplanten Deportationen» höre.[9] Zum Beweis zauberte sein Verteidigungsminister Scharping einen ohne erkennbare Herkunft gekritzelten Hufeisenplan aus der Tasche und log das Blaue vom Bombenhimmel. Untermalt von gefälschten Fotos des Fußballstadions in Priština, die die Agentur Ruder Finn verbreitete, brachte er die Mär von Konzentrationslagern auf. Er behauptete, von den Serben «werden Selektionen vorgenommen, und ich sage bewusst Selektionen», und er schreckte nicht davor zurück, die «Ermordung der geistigen Elite» zu beklagen. Die als ermordet gemeldeten Albaner tauchten wieder auf. Schließlich wurden die Toten von Racak in die Propagandaschlacht geschickt. Erst nach dem Tod von Milošević wurde auch dieser Anklagepunkt im Haager Tribunal fallengelassen. Wer schon während des Krieges der kolossalen Schwarz-Weiß-Malerei misstraute, setzte sich dem Vorwurf aus, den Feind zu verharmlosen: den «brutalen Schlächter», den «serbischen Irren», den dortigen Hitler, der «für unsere Gedankenwelt ein unzugängliches Gehirn» hat, wie die Springer-Presse wusste.

Gab es keinen Widerspruch? An der Abstimmung über das Mandat des Bundestages für den Bundeswehreinsatz hatte sich der damalige Justizminister Schmidt-Jorzig (FDP) couragierterweise nicht beteiligt. Seinen Protest gegen die «völkerrechtswidrige Kabinettsvorlage» gab er zu den Akten. Eine lobende Erwähnung für ihre ablehnende Haltung verdienen neben der gesamten PDS-Fraktion auch Sabine Leutheusser-Schnarrenberger von der FDP, Peter Gauweiler von der CSU, Oskar Lafontaine und Hermann Scheer von der SPD, und von der CDU Willy Wimmer, der von einem «ordinären Angriffskrieg» sprach.

In einer Erklärung des Willy-Brandt-Kreises verurteilten wir am 16. April 1999 die wahren Gründe: «Die Luftschläge wurden mit dem Ziel begonnen, Jugoslawien zur Zustimmung eines von der NATO garantierten Autonomiestatus für die Kosovo-Albaner zu zwingen. ... Ein Luftkrieg ist grundsätzlich kein geeignetes Mittel, um eine ‹humanitäre Katastrophe› zu vermeiden», flehten wir geradezu: «Jede Maßnahme ist dann nicht mehr verhältnismäßig, wenn ihre direkten und indirekten Folgen und Nebenwirkungen, insgesamt betrachtet, mehr zerstören als schützen. Der Krieg der NATO ist rechtlich, militärisch und planerisch dilettantisch vorbereitet und durchgeführt – zu Lasten der Opfer, die es zu retten gilt.»

Obwohl die Erklärung unter anderem von so namhaften Leuten

wie Egon Bahr, Günter Gaus, Dieter S. Lutz, Oskar Negt und Klaus Staeck unterzeichnet war, nahm sie uns keine größere Zeitung ab. Einzig die geschätzte, aber doch eher die Gemeinde der Gleichgesinnten erreichende Wochenzeitung *Freitag* druckte sie. Auch wenn die Presse zunehmend kritische Fragen stellte, zugespitzte Antworten von Intellektuellen störten. Thomas Mann: «Krieg ist nichts als Drückebergerei vor den Aufgaben des Friedens.»

Zu diesen Aufgaben hätte zumindest ein für beide Konfliktparteien akzeptables Friedensangebot gehört. Es war eben keine «unbestreitbare Tatsache, dass die Belgrader Führung, und nur sie, die diplomatischen Bemühungen hat scheitern lassen», wie Kanzler Schröder log, als er den Abbruch der Friedensgespräche im März 1999 in dem Pariser Vorort Rambouillet kommentierte. Dem politischen Teil des Abkommens hatte Milošević nämlich im Gegensatz zu den Kosovaren zugestimmt. Doch die NATO-Staaten haben gewusst, weshalb sie den erpresserischen militärischen Teil des Abkommens geheim gehalten haben. Erst nachdem Bomben drei Wochen lang vollendete Tatsachen geschaffen hatten, sickerte durchs Internet, welch unverhandelbares Diktat den Serben da zugemutet worden war: totaler NATO-Besatzungsstatus für *ganz* Jugoslawien, was «das Recht auf Errichtung von Lagern» einschließen sollte und für die NATO Immunität vor jugoslawischen Gerichten für alle zivil- oder strafrechtlichen Vergehen, die ihre Angehörigen «möglicherweise in der Bundesrepublik Jugoslawien begehen».

«Es war unvorstellbar für uns», sagte Milošević in jenem UPI-Interview, «dass unsere Ablehnung des Teils des Abkommens, über den mit uns nicht einmal verhandelt worden war, als Ausrede benutzt würde, um uns zu bombardieren.» Rudolf Augstein kommentierte: «Die USA hatten in Rambouillet militärische Bedingungen gestellt, die kein Serbe mit Schulbildung hätte unterschreiben können.» Für ihn war das Ganze ein «Rückfall in die Steinzeit».

Die meisten deutschen Intellektuellen blieben sprachlos. Der Krieg war ein Meister in Rot-Grün. In dieser Situation schien es vielen geboten, Vernunft durch Moral zu ersetzen. Also Gesetze,

Chartas, Verträge, Verfassungen, Statuten durch Empörung. («Die menschliche Empörung spielt eine große Rolle», so Scharping.) Moral ist ein Gut, das bei Definitionshoheit praktischerweise immer auf der eigenen Seite ist. Gibt es einen Krieg, der nicht mit einer moralischen Begründung begonnen wurde? Und ging dem nicht immer eine publizistische Aufrüstung voraus, um einen Sündenbock aufzubauen?

«Wenn es gar nicht anders geht, müssen demokratische Nachbarn zu völkerrechtlich legitimierter Nothilfe eilen dürfen», verteidigte Jürgen Habermas den Krieg. Die Selbstmandatierung sei ein Vorgriff auf ein neues Weltbürgerrecht gewesen. Zehn Jahre später gilt der militärische Export demokratischer Werte weltweit als Fiasko. Bombenhilfe hat die Not ausnahmslos vervielfacht. An Verrechtlichung von «Nothilfe» ist bis auf weiteres kein Bedarf, auch nicht an einer naturrechtlichen Argumentation, die die Gefahr von mangelnder eigener Urteilsfähigkeit durch Desinformation ausblendet. Humanitäre Katastrophen gibt es nicht. Denn humanitär heißt: menschenfreundlich, wohltätig. Es gibt nur humanitäre Politiker und Politiker, die eine Katastrophe sind. Die Besinnung auf das aus leidvoller Kriegserfahrung erwachsene, menschenfreundliche Völkerrecht kann dem Versagen der Humanität vorbeugen.

Die Folgen nicht zur Kenntnis genommen – Reise nach Belgrad

Was mich an den befürwortenden Politikern, Wissenschaftlern, Juristen und Journalisten besonders erstaunte, war das kalte Desinteresse daran, nach dem Krieg die Folgen des Angerichteten zur Kenntnis zu nehmen. Von formulierten Lehren für Künftiges ganz zu schweigen. Die Antworten der Bundesregierung auf eine Große Anfrage der PDS, eingereicht ein Jahr nach dem Krieg, sind ernüchternd:

Frage: Wie viele Menschen sind bei den Luftangriffen der NATO getötet worden?
Antwort: *Die Anzahl ist der Bundesregierung nicht bekannt.*
Frage: Wie viele Menschen wurden bei den Luftangriffen verstümmelt oder verletzt?
Antwort: *Die Anzahl ist der Bundesregierung nicht bekannt.*
Frage: Wie viele Brücken wurden zerstört?
Antwort: *Über die Anzahl der zerstörten Brücken liegen der Bundesregierung keine Informationen vor.*
Frage: Wie viele Krankenhäuser sind bei den Bombardierungen zerstört worden bzw. sind aufgrund der Zerstörung nicht mehr benutzbar?
Antwort: *Die Anzahl ist der Bundesregierung nicht bekannt.*[10]

Damit war nicht bewiesen, dass die Regierung tatsächlich nichts wusste, sondern vielmehr, dass sie es nicht als zweckdienlich befand, die Öffentlichkeit aufzuklären. So beschloss ich, nach Belgrad zu reisen, um mir einen Eindruck zu verschaffen, wie es zehn Jahre nach dem Krieg in dieser Hauptstadt aussieht. Und nach der Geschichte eines Mannes zu suchen, von dem ich eher beiläufig in der Zeitschrift *Ossietzky* erfahren hatte.[11]

Die Zufahrten von Flughäfen vermitteln einem selten ein besonders vorteilhaftes Entree einer Stadt. Aber in Belgrad hängt zusätzlich eine graue Traurigkeit an den Fassaden. Die kräftigen Farben haben sich in die großen Reklametafeln westlicher Produkte verkrochen. Schlaglöcher, wie ich sie vor 20 Jahren im Lande nicht bemerkt habe. Aufatmen erst bei meiner Ankunft in der Altstadt, viel Jugendstil, Gründerzeit, die K.u.k.-Monarchie war nicht weit. Im mit Ahnentafeln getäfelten Café «Russischer Zar» erhole ich mich bei heißer Schokolade und Sachertorte. Voll ist es nicht unter all den Kronleuchtern und Spiegeln, aber eine kleine zahlungsfähige Schicht scheint es zu geben. Worauf auch die westlichem Luxus in nichts nachstehenden Geschäfte entlang des Fußgänger-Boulevards schließen lassen.

Doch mitten im Zentrum auch ausgebrannte Etagen in den Ruinen zweier großer Häuserblöcke, die früher der staatlichen Verwaltung dienten. Die einstige chinesische Botschaft eine einsame Ruine zwischen Grünflächen. Die einzige von Montenegro nach Belgrad führende Eisenbahn-Linie wurde im Krieg durch Bomben auf die Brücke über den Lim unterbrochen, der rekonstruierte Mittelteil ist knallrot eingefärbt, wohl zur ewiglichen Mahnung. Jeder Belgrader erzählt einem stolz, wie die drei Donau-Brücken der Stadt gerettet wurden: durch menschliche Schutzschilde. In all den 78 Bombennächten hielten sich Tausende Menschen auf den Brücken auf, Rockbands zogen Jugendliche auf die eine, traditionelle Klänge die nächste Generation auf die andere. Rentner brachten Kerzen, Tee und Decken. Ob die NATO die Lichter erkennen und respektieren würde, konnte niemand wissen. Erst viel später war zu erfahren, dass die französische Regierung ihr Veto gegen die Bombardierung von Donaubrücken eingelegt hatte. Da die Zielauswahl des NATO-Rates einstimmig sein musste, hatte sie Erfolg. Von irgendeinem deutschen Veto hat man nichts gehört.

Wie erwartet, hält sich bei den Menschen, die ich in Belgrad traf, die Dankbarkeit für die «NATO-Nothilfe» in Grenzen. Bei einem Abendessen mit Juristen und Politologen werde ich daran erinnert, dass der Krieg zwar die machtstrategische Abtrennung des Kosovo, aber keines seiner angeblich humanitären Ziele erreicht habe. Der Kosovo ist nicht befriedet. Die Situation kann nur durch starke Polizeiverbände der UNO-Verwaltung und Soldaten der internationalen Schutztruppe KFOR unter Kontrolle gehalten werden – ein Zustand, der dem vor dem Bombardement gleicht.

Und Milošević ging gestärkt aus dem Krieg hervor. Er ist erst 16 Monate später von Otpor-Leuten, die von ausländischen Geheimdiensten ausgebildet waren, gestürzt worden. Der Export einer orangenen Revolution hätte keines Krieges bedurft, sagen meine Gesprächspartner. Bei diesem Thema reagiere ich zurückhaltend, will mich von womöglich einseitigen Interpretationen nicht vereinnahmen lassen. Bei Wikipedia ist die Otpor-Strategie völlig unverhüllt nachzulesen, ein Muster, das auch andere Quellen bestätigen:[12]

Demokratischer Volksaufstand oder von uns mitgesteuerter Putsch?

Die Finanzierung der serbischen Organisation Otpor (Widerstand) kommt demnach hauptsächlich vom US-Außenministerium (jährlich 80 Millionen Dollar) sowie von US-Unternehmerverbänden wie dem «Center for International Private Enterprise», von Stiftungen sowohl der Demokratischen wie auch der Republikanischen Partei, von der Soros-Foundation, vom Committee on the Present Danger, eine US-amerikanische Einrichtung zur Vorbereitung und Lenkung von Umsturzaktionen vornehmlich im früheren sowjetischen Machtbereich, deren Vorsitzender der frühere CIA-Direktor James Woolsey ist. Die Aufgabe von Otpor besteht darin, durch gutorganisierte «friedliche Revolutionen» antiwestliche Regierungen durch prowestliche zu ersetzen. Dabei sind folgende Schritte vorgesehen:
- spektakuläre «Widerstandsaktionen», über die im westlichen Ausland berichtet wird,
- das Einführen von Symbolen mit Wiedererkennungswert, wie die Farbe Orange in der Ukraine oder Rosen in Georgien,
- Arbeitsschwerpunkt vor Wahlen: Auslandsmedien sensibilisieren für eine Deutungshoheit, bei der Behinderung der Opposition im Wahlkampf und zu erwartende Manipulation grundsätzlich unterstellt werden (das deutsche Fernsehen hat solche Muster gern bedient),
- Proteste am Wahlabend starten die entscheidende Phase, die Vorwürfe der Opposition werden medial wirksam als Demonstrationen und Kundgebungen organisiert,
- politischer Druck aus dem Ausland führt zu Neuwahlen, bei denen die vom Westen bezahlte Opposition die Regierung übernimmt.

Genau nach diesem Drehbuch verlief der Sturz Miloševićs. Am 5. Oktober 2000, wenige Tage nach der Präsidentschaftswahl, trafen seit den frühen Morgenstunden die Anhänger der demokratischen Opposition, organisiert und angeführt von den DOS-Führern, aus allen Richtungen Serbiens in Belgrad ein, heißt es auf der Website der Stadt. Sie strömten vor das Bundesparlament, um «sich dem großen Stimmenraub zu widersetzen, den die Bundeswahlkommission auf Anordnung Slobodan Miloševićs begangen hat».

Wie der *Spiegel* später berichtete, war bei einem Geheimtreffen bereits am 17. Dezember 1999 in einem fensterlosen Raum des Berliner Interconti-Hotels in Anwesenheit von US-Außenministerin Albright und Deutschlands Außenminister Fischer der kooperationswillige Vojislav Koštunica zum Präsidentschaftskandidaten der DOS bestimmt worden.[13] Koštunica forderte nun ultimativ Milošević auf, seine Wahlniederlage einzugestehen und auf den zweiten Wahlgang zu verzichten, um der Gefahr «offener Konflikte in Serbien» zu begegnen. Flankierend hatte die aufgebrachte Menge inzwischen das jugoslawische Parlament in Brand gesteckt, nachdem die Polizei sich zurückgezogen hatte. Teile des historischen Mobiliars gingen in Flammen auf. Schüsse fielen. Gegen 18 Uhr legte die Polizei ihre Waffen nieder und schloss sich den Demonstranten an. Verletzte wurden in ein Notfallkrankenhaus eingewiesen.

Ein Teil des organisierten Protestes war vor das Gebäude des staatlichen Fernsehens gezogen, wo ein Bagger den verschlossenen Eingang freilegte und die aufgebrachte Menge das Gebäude anzündete. Die Bilder von dem vor das Haus geschleiften Direktor, der wegen der Berichterstattung (u. a. über Otpor) fast zu Tode geprügelt wurde, gingen um die Welt. Alle drei Programme des staatlichen Fernsehens stellten ihr Programm vorübergehend ein, während die privaten Sender über die Tumulte berichteten. Noch am selben Abend wandte sich Koštunica als neuer Präsident von der Terrasse des Belgrader Stadtparlaments, nun wieder über das staatliche Fernsehen, an die Bürger.

Vor diesem Hintergrund gewann, was mir jetzt in Belgrad erzählt wurde und was hierzulande niemand erfährt, eine eigene Dimension: Sofort nach der «demokratischen Otpor-Revolution» in Serbien begann eine flächendeckende Abrechnung mit der als sozialistisch angesehenen Elite. Meinungsführer wurden verhaftet und erst nach Monaten ohne Anklage und ohne Urteil auf freien Fuß gesetzt. Es fehlte an juristischem Personal, da über 200 für staatsnah gehaltene Richter entlassen wurden, während gleichzeitig 40 000 Ermittlungsverfahren einzuleiten waren.

Selbstverständlich auch gegen alle Mitglieder der Wahlkommission. Der Staatsanwalt erhob Anklage wegen Wahlfälschung, und viele hundert Zeugen wurden vernommen. Der Prozess zog sich sieben Jahre hin. In dieser Zeit wurden vier Richter ausgetauscht, weil sie nicht bereit waren, ohne Beweise einen Schuldspruch zu fällen. Inzwischen sollen gesetzestreuere Leute im Justizministerium sein. Im Februar 2008 erging ein rechtskräftiges Urteil gegen alle Mitglieder der Wahlkommission: Freispruch. Einseitige Vorteilsnahme und Fälschung bei den Präsidentschaftswahlen vom 24. September 2000, aus denen Milošević als Sieger hervorging, sind nicht nachzuweisen.

Bomben gegen Worte und Bilder

Nicht nur als einstige Fernsehjournalistin interessiert mich das Schicksal der Belgrader Kollegen. Von einem Teil ihres Studios ist immer noch die ganze Vorderfront weggerissen. Die intelligente Bombe traf zielgenau ins Erdgeschoss, um dann von unten alle Etagen zu durchbohren. Das Dach ist noch drauf, aber die darunter waren, hatten keine Chance. In jener Nacht des 23. April 1999, als Flugzeuge der NATO ohne Vorwarnung um 2.06 Uhr den Hauptsitz der serbischen Radio- und Fernsehgesellschaft RTS im Zentrum Belgrads bombardierten. 16 Tote und eine größere Zahl von Verletzten waren zu beklagen. Wo ist der Schuldige für diese schicksalsschwere Nacht? Immerhin gibt es einen Verurteilten.

Doch der Reihe nach. Den Sender zeigt uns Bora Urosević, Techniker und gewählter ehrenamtlicher Vorsitzender der Mediengewerkschaft im Haus. Man glaubt ihm anzusehen, dass er einiges hinter sich hat in diesem Haus, aber seine sanfte Art und den warmherzigen Blick konnte ihm keiner nehmen. Er führt uns, meine so hilfreiche Dolmetscherin Gordana und mich, über die bewusste Schwelle, von dem zerborstenen alten in den inzwischen wieder intakten Teil der Sendeanlage. Sie ist auf Kredit mit österreichischer Technik ausgestattet. Die meisten Türen zu den Büros und Senderegien stehen offen, vielfarbige Signallämpchen an Computern und Mischpulten leuchten auf, die Belegschaft ist jung.

Zur Vorgeschichte gehören Gerüchte und Dementis. Vom zweiten Kriegstag an hat die NATO Sendeanlagen und Antennenmaste der RTS zerstört. Doch kaum jemand wollte daran glauben, dass zivile Ziele wie Fernsehstudios ins Visier geraten könnten. Zumal das RTS-Gebäude unübersehbar dicht umstellt ist von zwei großen Kirchen, einem Kindertheater, einem Gymnasium und Wohnhäusern. Außerdem hatten Teams von CNN, BBC und CBS sich Büros und Technik im Haus ausbedungen, erklärt Urosević. Obwohl sie sich wie Besatzer benommen hätten, wurden sie zuvorkommend behandelt und ihre Berichte nicht behindert. Ihre Anwesenheit schien ein gewisser Schutz.

Während des Krieges hatte das serbische Fernsehen sein Unterhaltungsprogramm erheblich eingeschränkt. Um nicht unnötig Menschen zu gefährden, wurden fast nur vorgefertigte Konserven gesendet. Das aktuelle Informationsprogramm aber wurde sogar ausgebaut, es gab jede Stunde Nachrichten darüber, wo Betriebe, Kraftwerke, Brücken bombardiert und Versorgungswege unterbrochen, welche Krankenhäuser und Schulen nicht mehr benutzbar sind. Da meist im Dunkeln bombardiert wurde, liefen auch nachts rund um die Uhr die aktuellen Berichte.

Am 8. April erklärten die NATO-Generäle Wilbey und Kelche, dass der RTS sowie Spezialsender und Relaisstationen als «Propaganda- und Repressionsinstrumente» genutzt würden und deshalb legitime Ziele darstellten. Daraufhin sendete RTS am selben Tag einen Kommentar, den die Journalistin Tatjana Lenard im Namen der aufgebrachten Belegschaft verlas: «... Ihr sagt, dass wir lügen und daher für antiamerikanische Einstellungen verantwortlich seien. Doch es ist gar nicht notwendig, irgendjemandem in unserem Land zu erklären, wer Tod und Zerstörung bringt, weil unsere Bürger sehr genau wissen, wer ihnen die Bomben schickt. Wir berichten nur regelmäßig, gewissenhaft und professionell über zivile Opfer und über die Zerstörung ziviler Objekte in unserem Land. Euren Generälen gefällt es nicht, dass wir, nachdem eure Medien das Stadion in Priština mit angeblich zur Exekution zusammengepferchten 100 000 Albanern gezeigt haben, ein Bild vom leeren Stadion in die Welt senden. Auch haben wir sehr oft den Appell unseres Landes an die Flüchtlinge zur Rückkehr übertragen. Aber eine Zusammenarbeit zwischen Serben und Albanern könnt ihr nicht gebrauchen, ihr braucht den Krieg. Deshalb habt ihr euren Generälen die Vollmacht erteilt, in die Wahrheit zu schießen ...

Auf euer Angebot aus Brüssel, dass ihr uns eventuell verschonen würdet, wenn wir euch täglich sechs Stunden auf unseren Kanälen senden lassen, antworten wir, ohne unseren Staat um Genehmigung zu bitten: RTS ist bereit, euch die angeforderte Zeit zur Verfügung zu stellen, wenn ihr uns in gleicher Länge die Ausstrahlung unseres Programms über Sender der NATO-Mitgliedsstaaten ermöglicht. Ja, uns würden wohl auch sechs Minuten genügen.»

Auf der NATO-Pressekonferenz des folgenden Tages antwortete Jamie Shea, wie immer lächelnd: «Welche Gefühle auch immer wir gegenüber dem serbischen Fernsehen hegen, wir werden die Sender nicht direkt angreifen.»[14] In Presseberichten war später zu lesen, dass britische Juristen eingewendet hatten, Sender und Journalisten als Angriffsziele zu bestimmen, sei nach dem Genfer Abkommen verboten. Auch die Franzosen missbilligten das Ziel, weshalb laut Human Right Watch der schon für den 12. April vorgesehene Angriff abgeblasen wurde.[15]

Die Entscheidung, RTS dennoch zu bombardieren, sei schließlich von der Militärspitze der NATO mit Einverständnis von Präsident Clinton und Regierungschef Blair gegen die Einwände anderer NATO-Staaten durchgesetzt worden. Das Argument war, die Fernsehanstalt habe durch Sendungen, in denen Hass verbreitet würde, die rechtliche Immunität verwirkt. Belegt wurde die Behauptung nicht. (Dass die serbischen Feinde Frauen Föten aus dem Leib geschnitten, geröstet und wieder eingenäht, systematisch Gliedmaßen und Köpfe abgeschnitten haben, mit denen Fußball gespielt wurde, dies alles hatten allerdings öffentlich-rechtliche deutsche Sender verbreitet, ungeachtet der Gefahr, mit diesen Hassgespinsten ihre Immunität zu verwirken ...)

In einem Interview mit der BBC vom 12. März 2000 kam Tony Blair schließlich auf den Punkt. Der Angriff auf den RTS sei notwendig geworden, weil auch westliche Sender die Videos von zivilen Opfern übernommen hätten. «Das ist eines der Probleme, wenn man in einer modernen Kommunikations- und Informationsgesellschaft Krieg führt. Uns war klar, dass diese Bilder auftauchen und eine instinktive Sympathie für die Opfer bewirken würden.» So hatte die NATO in Djakovica eine Kolonne albanischer Flüchtlinge beschossen, 75 Menschen starben, darunter viele Kinder. NATO-General Clark beschuldigte die jugoslawische Luftwaffe. Als aber Teile von Bomben amerikanischer Herkunft im Fernsehen gezeigt wurden, behauptete er, es habe sich um einen Militärkonvoi gehandelt. Doch da gingen die RTS-Bilder von den verkohlten Planwagen der albanischen Bauern schon um die Welt.

In der gleichen Sendung verteidigte NATO-General Wesley Clark das Vorgehen gegen RTS: «Zum Zeitpunkt des Angriffs wussten wir, das es auch andere Möglichkeiten des Empfangs des serbischen Fernsehens gibt. Es genügt nicht, auf einen Knopf zu drücken, und alles steht still. Dennoch hielten wir es für einen guten Schritt, und die politische Führung war derselben Meinung.»

Damit standen beide im Widerspruch zur britischen Verteidigungsdoktrin, die festschreibt: «Die Moral der Zivilbevölkerung des Feindes ist kein legitimes Ziel.» Und auch im Handbuch der deutschen Bundeswehr heißt es: «Erhebt man die direkte Einwirkung auf den Kriegswillen der gegnerischen Bevölkerung zum legitimen Ziel militärischer Gewaltanwendung, so kann es im Ergebnis ... keine Grenzen der Kriegführung mehr geben.»

Drei Stunden nach der Bombardierung wurde der Sendebetrieb aus einem Ersatzstudio wieder aufgenommen. Die Menschenrechtsorganisation *amnesty international* verurteilte in einem Bericht die Bombardierung des Senders. Um die begrenzte Wirkung wissend und die zivilen Opfer einkalkulierend, habe die NATO auch das Gebot der Verhältnismäßigkeit verletzt, was «einem schweren Verstoß gleichkäme und als Kriegsverbrechen anzusehen wäre».[16]

Doch schon wenige Tage später begründete das Haager Kriegsverbrechertribunal, weshalb es keine Anklage gegen die NATO erheben wolle. Entweder seien die Gesetze nicht hinreichend klar oder die Aussichten, gerichtsfeste Beweise für schwerwiegende Verstöße gegen das Völkerrecht erbringen zu können, zu gering. Die NATO habe Fragen nur sehr allgemein beantwortet und versäumt, auf konkrete Vorfälle einzugehen. Ohne NATO-Verantwortliche oder deren Opfer zu befragen, war das Tribunal zu dem Schluss gekommen, es habe sich in den meisten Fällen von «Kollateralschäden» um bedauerliche Versehen gehandelt. Zur Bombardierung von RTS hieß es lapidar: «Von der Annahme ausgehend, dass es ein legitimiertes Ziel war, waren die zivilen Opfer unglücklicherweise hoch, aber sie scheinen nicht eindeutig unverhältnismäßig.»[17]

16 Tote – kein unverhältnismäßig hoher Preis für drei Nachtstunden Sendeausfall? Zumindest änderte die NATO nun ihre medienpolitischen Attacken. Als das jugoslawische Fernsehen dem europäischen Satellitenfernsehen immer noch Bilder lieferte, die geeignet waren, Propagandabehauptungen der NATO zu widerlegen, beschloss auf deutsche Initiative das europäische Satelliten-Konsortium, das Signal des jugoslawischen Fernsehens abzuschalten. Bei Regierenden in NATO-Ländern, namentlich in Deutschland, war die Furcht groß, die Völker könnten, wenn sie genau informiert würden, ihnen die Zustimmung zum Kriegführen entziehen. «Seit

gestern Abend ist die Berichterstattung über die NATO-Angriffe eingeschränkt. Bilder von getöteten Zivilisten und verwüsteten Wohnhäusern», so meldete die ARD-Tagesschau am 27. Mai, «werden künftig nicht mehr zu sehen sein.»[18]

Das «Kasseler Friedensforum» protestierte bei Bundesaußenminister Joseph Fischer. Aus dem «Auswärtigen Amt – Sonderstab Internationale Friedensbemühungen westlicher Balkan» kam am 24. August 1999 eine Antwort: «Das Grundrecht auf Pressefreiheit wird weder von Deutschland noch von anderen europäischen Ländern verletzt. Vielmehr ist es die jugoslawische Regierung, die eine objektive Berichterstattung durch unabhängige Medien in ihrem Land nicht duldet.» Deshalb gäbe es zahlreiche Initiativen, die serbische Bevölkerung informiert zu halten. Zu den wichtigsten Radioprogrammen auf Mittelwelle in serbischer und albanischer Sprache zählten das erweiterte Programm der Deutschen Welle, Voice of America, BBC, Radio Free Europe und Radio France International. Auch Österreich hatte auf Kurz- und Mittelwelle ein Sonderprogramm eingerichtet, das täglich fünf Stunden lang Nachrichten in mehreren Sprachen Südosteuropas ausstrahlte.

In den eineinhalb Nachkriegsjahren unter Milošević gehörte es zu den wichtigsten Aufgaben dieser ausländischen Sendungen, die Opposition auf ihre orangene Revolution vorzubereiten. Angesichts der Zerstörungen, des strengen westlichen Embargos, der Inflation, der schlechten Versorgungslage und der verschiedensten Erklärungsmuster für deren Ursache, angesichts von Opportunismus und Ausgrenzung gab es für Unwillen und Widerstand vielfachen Anlass. «Es war die schwierigste Phase meines Gewerkschafterlebens», erinnert sich Bora Urosević. «Die ganze Woche irgendwelche Lebensmittel beschaffen, um die Belegschaft am Leben zu erhalten und jeden Freitag die Frage, ob wir den Lohn auszahlen können – die Anstrengungen dieses Kampfes stecken mir noch heute in den Knochen.»

Als der Gewerkschafter die damals geltende Devise nennt, ist mir, als zitiere er Dürrenmatts alte Dame: Solange ihr den Statthalter nicht tötet, gibt es kein Geld. Am 5. Oktober 2000 ist es dann endlich so weit. Ob nun demokratische Revolution oder Putsch – der soeben gewählte Präsident wird gestürzt, und auch das Fernsehstudio hat wieder eine strategische Bedeutung, mit der keine Armeeeinheit mitkommt. Wieder brennt das Haus, eine angemessene Kulisse, um Direktor Milanović vor den Kameraaugen der Welt die Rippen einzutreten, an Nieren und Kopf zu verletzen. Es war die Entlassungszeremonie, er wird das Haus nicht mehr betreten.

Wahrlich, ich sage euch, das ist die Geschichte von Dragoljub Milanović:
Nach dem in vielen Zeitungen aufgegriffenen Bericht von *amnesty international* war die Bombardierung von RTS als das offensichtlichste Kriegsverbrechen der NATO ins Bewusstsein geraten. Neutrale Beobachter können sich das Vorgehen der Belgrader Justizbehörden nur mit dem enormen Druck aus dem Ausland erklären, die NATO moralisch zu entlasten. Dazu musste ein anderer Schuldiger gefunden werden.

Warum sollte nicht zum Beispiel der Fernsehdirektor selbst für den Bombentod seiner Mitarbeiter verantwortlich sein? Ein Vierteljahr nach dem mal Putsch, mal Volksaufstand genannten Ereignis wird er verhaftet, im August 2001 ist die Anklageschrift gegen ihn fertig, und eine Art Schauprozess kann beginnen. Wegen angeblicher Sicherheitsinteressen ist er nicht öffentlich. Die Vorwürfe gegen Dragoljub Milanović beziehen sich nicht auf den Inhalt seiner Arbeit als Fernsehchef. Das ist insofern rechtlich von großer Relevanz, weil der ICTY-Bericht aus Den Haag darauf hinweist, dass Medien nicht schon zu einem legitimen militärischen Ziel werden, wenn sie die Verteidigungsbereitschaft der Bevölkerung mobilisieren, sondern erst, wenn sie zu Verbrechen anstacheln, wie etwa in Ruanda geschehen. Doch ein solches Vergehen hat weder der einheimische Staatsanwalt dem Fernsehen vorgeworfen, noch hat die NATO sich die Mühe gemacht, ihre allgemeinen Behauptungen über Propaganda auch nur mit *einem* Beispiel zu belegen.

Milanović wurde dafür verklagt, sich während des Krieges nicht an die Vorschriften über Schutzmaßnahmen in den öffentlichen Einrichtungen gehalten und so Menschenleben gefährdet zu haben. Der Angeklagte habe versäumt, im Kriegszustand die Auslagerung der Produktionskapazitäten und das Senden von einem Ersatzstandort anzuordnen. Diesem Vorwurf schlossen sich als Nebenkläger auch Angehörige von Familien an, die Opfer zu beklagen hatten. Der für Sicherheitsfragen zuständige Stellvertreter des Direktors sagte aus, er habe immer wieder versucht, Milanović von der Nervosität einiger Kollegen und den Vorteilen eines Umzugs zu überzeugen, was dieser aber mit der Begründung abgelehnt habe, dass man im Ausweichquartier genauso gefährdet sei.

Frau Milanović, selbst Journalistin und gleichsam in Sippenhaft arbeitslos, hat in einem kleinen Verlag einen Dokumentationsband über den Prozess herausgegeben[19], sodass Anklage, Verteidigung und Urteil gut nachvollziehbar sind. In seiner ausführlichen Verteidigungsrede hat der Angeklagte Dragoljub Milanović, sehr verknappt und frei übersetzt, Folgendes erwidert:

Seit der Bombardierung des Gebäudes fühle ich unermesslichen Schmerz um die Getöteten, als Mensch, als ihr Kollege und Direktor. Ich bin dankbar, dass die Anklage nicht auch behauptet, was die Medien seit Wochen zu wissen glauben: Ich hätte sogar den Zeitpunkt der Bombardierung gewusst und meine Kollegen dem Tode überlassen. In aufgeheizter Atmosphäre wird der Schmerz, der Hass und das Leid der unglücklichen Familien missbraucht, um mich als Kollaborateur und Mörder zu diffamieren. Dieser Senat muss nun entscheiden unter enormem Druck der manipulierten Öffentlichkeit und der neuen Machthaber, die den Juristen der Rechtsprechung täglich mit Entlassungen drohen, sogar den Richtern des Verfassungsgerichtes Jugoslawiens, und die nur auf meine Aburteilung warten. Deshalb liegt es mir fern, die Ehrbarkeit dieses Gerichtes zu verletzen, das ich als das meinige erachte, obwohl ich allein schon das Erscheinen auf der Strafbank als größte Strafe, Ungerechtigkeit und Schande empfinde.

Wenn ich die Anklage richtig verstehe, was nicht leicht ist, weil sie konstruiert und sinnlos ist, sitze ich auf diesem Stuhl, weil ich die Vorschrift 37 nicht in Kraft gesetzt habe. Im Panzerschrank des Senders sind 49 von mir unterschriebene Vorschriften gefunden worden, eine mit der Nummer 37 war nicht auffindbar. Es gab sie nur in einer Computerauflistung. (Der Verteidiger wird später von einer Fälschung sprechen.) Es gibt weder das Original noch irgendeine Kopie mit meiner Unterschrift. Ich weiß bis heute nicht, ob es diese Vorschrift jemals gegeben hat.

Die Anklage erwähnt nicht, dass ich schon lange vor dem Krieg, im April 1998, alle meine Sicherheitsvollmachten an meinen dafür zuständigen Stellvertreter übertragen habe. Er war schon vor meiner Zeit für diesen Bereich zuständig und hatte alle Kontakte zu den örtlichen Organen. Aber selbst die nun von der Anklage vorgelegte Fassung der Vorschrift 37 bestätigt, dass mein Verhalten während des Krieges auch in Unkenntnis dieses Papiers rechtmäßig war. Denn da ist, sogar in Fettschrift, die Klausel vermerkt, dass der Direktor von RTS befugt ist, ein dem Auslagerungsgebot gegenteiliges Vorgehen anzuordnen. Das heißt, ich hatte das Recht, nach eigenem Ermessen die Vorschrift 37 außer Kraft zu setzen. Ich hätte mich nur einer staatlichen Aufforderung zur Verlegung des Senders beugen müssen, aber einen solchen Befehl oder auch nur eine Empfehlung habe ich niemals bekommen.

In der Unglücksnacht gab es eher Grund, beruhigt zu sein, da tagsüber der russische Friedensvermittler Viktor Tschernomyrdin in Belgrad war. Nun warteten wir auf sein Statement, in dem er bekannt gab, dass Milošević eine internationale Truppe im Kosovo akzeptiere. Das war für mich einer der Gründe, noch bis spät in die Nacht im Sender zu bleiben. Als die Meldung aus Moskau kam, machten der notdiensthabende Redakteur und ich den Beitrag sendefertig. Gegen 1.30 Uhr habe ich mich nach Hause begeben, und ich verfluche das Schicksal, dass ich nicht noch etwas blieb, weil ich dann im Gegensatz zu meiner jetzigen Marter mit getroffen und so von der Schmach verschont geblieben wäre.

Weshalb hielt ich ein Verbleiben des Senders in den RTS-Studios nach allem Abwägen für richtig? Als staatliches Fernsehen hatten wir den Sendeauftrag, die Information der Bevölkerung über die Kriegsfolgen zu intensivieren. Das wäre aus dem Provisorium eines Bergtunnels nicht möglich gewesen. Der von manchen gewünschten Reduktion der Nachrichtensendungen, Interviews und Reportagen konnte ich nicht zustimmen, weil gerade das in der Zeit der Verteidigung des Landes das Wichtigste ist.

Wichtiger noch war für mich die schlichte Tatsache, dass es für uns im Krieg überhaupt keinen sicheren Arbeitsort gegeben hat. Von jedem Standort hätten wir uns verratende TV-Signale gesendet, und auch im Tunnel hätte uns eine «schlaue Bombe» ausfindig machen können. Wenn der Berg über uns zusammengestürzt wäre, hätte es sogar noch mehr Opfer gegeben.

Unterbewusst vielleicht sogar der Hauptgrund für unser pflichtschuldiges Verharren am Arbeitsort war, und ich gebe das ungern zu, dass wir in der Tiefe unserer Herzen an ein Minimum militärischer Ehre des Gegners geglaubt haben. Am Eingang des dritten Jahrtausends konnte ich mir letztlich nicht vorstellen, dass in unserem Land absichtlich ein ziviles Ziel bombardiert würde. Und dass die Repressionen nicht ruhen würden, bis wir zugeben, die Schuld an dem Angriff selbst zu tragen.

Im Urteil gegen Dragoljub Milanović wird festgehalten, er habe leichtfertig angenommen, dass der Tod von Personen nicht eintreten werde. Er wurde für schuldig befunden, die Vorsorgemaßnahmen der Bundesregierung, die örtliche Auslagerung industrieller und anderer Produktionskapazitäten betreffend, insbesondere die Vorschrift 37, missachtet zu haben. Nach § 194, Abs. 2 in Verbindung mit § 187, Abs. 2 und 3 des Strafgesetzbuches der Republik Serbien wurde er zu einer Haftstrafe von neun Jahren und sechs Monaten ohne Bewährung verurteilt. Ein zweiter Anklagepunkt, der öffentlich verhandelt wurde, warf ihm das Wirtschaftsvergehen «unerlaubter Devisenbesitz» vor. In einem Panzerschrank waren für den Kauf neuer Technik staatlich zugeteilte Devisen gefunden worden, die dort nicht hätten liegen dürfen. Das ergab zusätzlich acht Monate Haft.

Die Gesamtstrafe von zehn Jahren und zwei Monaten ist vom Obersten Gericht Serbiens bestätigt worden. Die Kosten des Verfahrens trägt der Beschuldigte.

Diese Art Rechtsprechung, würde sie sich international durchsetzen, stellt letztlich im Falle eines als «friedenerzwingende Maßnahme» ausgewiesenen Angriffskrieges alles unter Strafe, was nicht einer bedingungslosen Kapitulation gleichkommt. Der unselige George Bush jun. hatte es den Irakern direkt angedroht: Kämen bei Verteidigungshandlungen Menschen und Sachwerte zu Schaden, würden die Verteidiger als Kriegsverbrecher verurteilt.

Im Belgrader Fernsehstudio hatte die Verteidigung nur mit Bildern und Worten stattgefunden. Im digitalen Zeitalter ist der Angriff auf die Informationen des Gegners die wirksamste Verteidigung. Was das für die Rechtsprechung bedeutet, darüber würde ich gern mit jemandem aus dem serbischen Justizministerium reden, bekomme aber keinen Termin. Auch die damalige Richterin und ihre vier Beisitzer sind für mich nicht zu sprechen. Erst nach hartnäckigem Drängen empfängt mich die Sprecherin des zuständigen Amtsgerichtes Belgrad, Ivana Ramić. Die Juristin ist jung, sie ist erst drei Jahre nach dem Prozess gegen Dragoljub Milanović ans Gericht gekommen. Es tut mir etwas leid, dass ich diese an dem Fall unbeteiligte freundliche Frau nun in ihrem kleinen Büro im «Palast der Gerechtigkeit», in dem das Urteil gesprochen wurde, mit meinen Fragen konfrontiere. Aber sie hat nun einmal dieses Amt.

Glauben Sie, dass der Bombenangriff auf das RTS-Gebäude ein Kriegsverbrechen war?
Die Anklage war unabhängig davon, wie die Aggression der NATO einzuschätzen ist. Sie hat sich nicht mit der NATO, sondern mit dem Ver-

halten von Direktor Milanović beschäftigt. Über meine persönliche Ansicht zu dem NATO-Angriff möchte ich nicht sprechen.
Das verstehe ich. Aber kann eine juristische Betrachtung beides überhaupt trennen?
Das Gericht hat geprüft, ob der Angeklagte seine Pflicht erfüllt hat. Es hat 63 Be- und Entlastungszeugen gehört und sich eine Meinung gebildet. Es hat alle gesetzlichen Vorgaben berücksichtigt.
Aber es gab für den Fernsehdirektor keine Pflicht, den Sender zu verlegen. Die Anklage stand auf wackligem Grund. War es nicht ein politischer Prozess?
Das Gericht war vollkommen unabhängig. Ich kann hier nur vertreten, was das Gericht gesagt hat.

Frau Ramić ist verunsichert und verärgert, mehrfach droht sie, das Gespräch abzubrechen. Ich bin offenbar die erste Autorin aus dem In- und Ausland, die kritische Fragen stellt. Im Lande gibt es keine Tradition von investigativem Journalismus, und im Ausland interessiert sich niemand für dieses kriegsverlorene Land.

Kennen Sie in der nationalen oder internationalen Rechtsprechung einen vergleichbaren Fall?
Nein.

Ich wollte Dragoljub Milanović im Gefängnis besuchen. Aber der Direktor der Haftanstalt konnte darüber nicht entscheiden, und vom Ministerium habe ich keine Erlaubnis bekommen. Am Nachmittag treffe ich Ljiljana Milanović im Café des Hotels. Sie ist nervös, raucht eine Zigarette nach der anderen. Ihr Mann hat im Gefängnis, das hundert Kilometer von Belgrad entfernt ist, eine Telefonkarte. Im Gang gibt es einen Apparat; wenn er noch Gesprächsminuten auf der Karte hat, ruft er freitags um diese Zeit manchmal auf ihrem Handy an. Er hat nun die Hälfte der Strafe abgesessen, da gibt es selbst für Schwerverbrecher Hafterleichterungen, Ausgang in den Ort und einmal im Monat ein Heimfahrwochenende. Zweimal durfte er nach Hause, dann haben sich seine treuen Feinde eine neue Schikane ausgedacht. Eine Anklage wegen Amtsmissbrauchs. Davon hatte mir Bora Urosević schon erzählt. Behauptet wird, es hätte Unregelmäßigkeiten bei der Zuweisung von Mietwohnungen gegeben, die das Fernsehen wie jeder staatliche Betrieb in geringem Umfang zu vergeben hatte. Eine Kommission prüfte die Dringlichkeit der Anträge, hing die Rangliste aus, wartete Widerspruchsfristen ab. Dann entschied der Verwaltungsausschuss über die Zuteilung, und der Direktor händigte die Schlüssel aus. Urosević bezweifelt, dass man von dieser Prozedur abweichen konnte.

Jeder Strafgefangene, gegen den eine erneute Anklage läuft, wird vom erleichterten Vollzug ausgeschlossen und kann auch keinen Antrag auf vorzeitige Entlassung stellen. Nur darum geht es, vermutet Ljiljana. Wenn es um Gerechtigkeit ginge, hätte der Staatsanwalt wegen der Lynchjustiz bei dem Aufstand im Jahr 2000 längst Anklage gegen Unbekannt wegen schwerer Körperverletzung, versuchtem Mord und unterlassener Hilfeleistung erheben müssen. Die Bilder davon haben alle Fernsehstationen der Welt gesendet, auch die deutschen.

Das Handy klingelt, es ist ein Anruf aus dem Gefängnis, ich kann kurz mit Dragoljub Milanović sprechen. Er ist aufgeregt, die Gedanken kreisen seit Jahren um dieselben Details. Er habe seinen Stellvertreter für Sicherheit gefragt, wo das Original der Vorschrift 37 geblieben sei – beim Oktober-Aufstand verschüttgegangen, habe dieser behauptet. Und als er die Richterin darauf hingewiesen habe, dass es bei einem Umzug in den Tunnel unterm Berg Hunderte Opfer gegeben haben könnte, hätte diese geantwortet: «Das stimmt. Aber Sie hätte dann keine Schuld getroffen.» Das Schlimmste sei für ihn, dass die Medien sich solche Argumente gefallen ließen, dass es keine sachliche Pro-und-Contra-Debatte gegeben habe und die NATO durch den fehlenden Widerspruch rehabilitiert sei. «Das ist ein moralischer Untergang des Journalismus, und man muss sich fragen, welche Ereignisse noch verschwiegen werden.»

Tabuisierte Bilanz eines Krieges

Ich bin im Ministerium für Infrastruktur angemeldet. Ich erhoffe mir ein Fazit der Kriegsschäden und des Wiederaufbaus. Der Pressesprecher hat noch Mitarbeiter aus dem Kabinett des Ministers in den runden, mit großem Perserteppich und Sesseln ausgestatteten Empfangsraum geladen. Graumelierte Herren in Schlips und Kragen. Das Ministerium ist derzeit in den Händen der mitregierenden SPS, die weitgehend zersplittert um ihre Identität ringt. Die Ministerialen haben Zahlen dabei, aber nicht alles ist erfasst.

Der Krieg gegen Jugoslawien, in dem der Kosovo besetzt und Serbien 78 Tage bombardiert wurde, hat danach etwa 1200 Zivilisten das Leben gekostet. Diese erschütternde Bilanz eines Machtkampfes steht in deutlichem Kontrast zu dem von der NATO verbreiteten Bild, wonach die «Luftschläge», früher auch Bombardierungen genannt, die akkuratesten der Geschichte waren und nie zuvor so viel Vorkehrungen getroffen wurden, um Zivilisten zu schützen. Das ist auch schwer vorstellbar, wenn 235 Fabriken zerstört werden. Darunter 160 000 Quadratmeter Produktionsfläche der Zastava-Autoproduktion in der erwähnten Industriestadt Kragujevac. 3000 Beschäftigte harrten Tag und Nacht als menschlicher Schutzschild an ihren Arbeitsplätzen aus unter der Losung: Vernichtet nicht, wovon wir leben.

Dass bei den neun direkten Treffern nur 160 Arbeiter verletzt wurden und niemand sein Leben verlor, war eher ein Wunder als militärische Präzision. Die wäre es gewesen, wenn von dem Werk nur die kleineren Betriebsteile getroffen worden wären, die tatsächlich Rüstungsproduktion betrieben. Und nicht noch 32 000 zivile Autobauer arbeitslos geworden wären. Noch im Jahr 2002 waren keine fünf Prozent der Autoproduktion wieder intakt. Die Stadt mit dem Trauma des SS-Massakers gehört heute zu den ärmsten des Landes. Inzwischen soll Fiat eine Mehrheit am Betrieb erworben haben, seither sind Zahlen schwer zu bekommen.

Im Ministerium redet man lieber von den Aufbauerfolgen. Ein

Bildband belegt eindrucksvoll, wie von den 61 im Krieg zerstörten Brücken innerhalb von 16 Monaten 57 wieder rekonstruiert wurden. Von den übrigen Zerstörungen ist vieles noch nicht instand gesetzt. Getroffen wurden 476 Bildungsstätten und Schulen, 113 Gesundheitseinrichtungen, 31 Landwirtschaftsunternehmen, 64 öffentliche Verwaltungen, darunter Banken und touristische Unternehmen. Auch 36 sakrale Objekte sind beschädigt worden und mehr als 50000 Wohnungen. Fast 30 Prozent der Erwerbsfähigen sind arbeitslos. Wenn keine Hilfe aus dem Ausland kommt, so haben Experten errechnet, wird es noch 80 Jahre dauern, bis alles wieder aufgebaut und der Leistungsstand von vor dem Krieg erreicht sein wird. Kein Wunder, dass die Hoffnungen auf die reiche EU beinahe so groß sind wie der Opportunismus und die Korruption im Land.

Die Bilanz der angeblich friedenserzwingenden Maßnahmen auf dem Balkan ist nicht nur ernüchternd, sondern ein Armutszeugnis für eine Politik, die humanitäre Motive für sich in Anspruch genommen hat. Die öffentliche Scheinordnung ist nur durch die «ethnischen Säuberungen» aufrechtzuerhalten gewesen, die angeblich vermieden werden sollten. Und selbst das nur mit Hilfe der auf unabsehbare Zeit stationierten ausländischen Truppen. Mit dem Rückzug der jugoslawischen Polizei und Armee flohen 200000 Serben aus der Provinz, oft gewaltsam von Albanern vertrieben. Die von den NATO-Staaten diplomatisch und militärisch vorangetriebene Sezessionspolitik hat ökonomisch kaum lebensfähige, halbkoloniale Besitztümer des westlichen Kapitals zurückgelassen. Der Kosovo ist mit dem riesigen US-Militärstützpunkt Camp Bondsteel, der sofort nach dem Krieg errichtet wurde, ohne eine Regierung um Erlaubnis zu fragen, praktisch ein NATO-Protektorat geworden.

Die bundesdeutsche Außenpolitik hat durch ihre Teilnahme am Angriffskrieg gegen Serbien gelernt, wie man Einflusssphären gewinnt, ohne sich für die Folgen verantwortlich fühlen zu müssen.

Die weitgehend im Besitz der deutschen WAZ-Gruppe befindlichen serbischen Medien dienen kaum der Aufarbeitung. Die Analyse im Land lebender Autoren ist dafür an Bitterkeit schwer zu übertreffen.[20]

Der kroatische Philosoph Boris Buden bezieht das «so offensichtliche postkommunistische Leiden» ausdrücklich auf den *logos* des Kapitalismus: Prekarisierung der menschlichen Existenz, Vernichtung der letzten Überreste sozialer Solidarität, eine an den Frühkapitalismus erinnernde Ausbeutung, oft kriminelle Privatisierung, Re-Klerikalisierung bei kulturellem Konservatismus. «Die Tatsache, dass der postkommunistische Übergangsprozess gleichzeitig von einer seit den imperialistischen Zeiten nicht da gewesenen Expansion des westlichen Kapitals begleitet wird, bleibt in der Regel ausgeblendet.» Erst unsere Blindheit gegen die gnadenlose Profitjagd mache es möglich, diesen Prozess als den eines demokratischen und zivilisatorischen Fortschritts auszugeben. «Das, woran Serbien heute leidet, ist kein unvollendeter Demokratisierungs-, sondern ein fortschreitender, eindeutig von faschistischen Zügen geprägter Zerfallsprozess.»

Latinka Perović, die große alte Dame der Zeitgeschichtsschreibung, schließt sich dieser Beschreibung an: «In Wahrheit handelt es sich gegenwärtig bei den Serben um ein kleines, müdes, politisch niedergeschlagenes (und erniedrigtes), in der Außenpolitik gefesseltes und völlig machtloses, wirtschaftlich ruiniertes und armes, erschöpftes und alterndes Volk, dem die jungen, gebildeten Schichten weglaufen.»

Der als Schriftsteller und Herausgeber nach Jahren in Harvard nun in Belgrad lebende Sohn des einstigen Staatsfeindes Nummer eins, Aleksa Djilas, beklagt, dass viele Serben die Repressionen gegen die Kosovo-Albaner verurteilt hätten und daher die generelle «Dämonisierung der Serben» als das Gefühl erlebten, die Geschichte wiederhole sich. «Die ‹humanitäre Intervention› der NATO im Kosovo war nicht nur inkonsequent – der Kampf gegen den ausschließenden und brutalen Nationalismus der Serben ermöglichte den Sieg des kaum andersgearteten albanischen Nationalismus –, sondern auch blind für die Werte der serbischen Geschichte und der orthodoxen Religion, Kunst und Tradition. Deshalb wurde im Kosovo nicht nur über den serbischen Nationalismus gesiegt, sondern auch die serbische Kultur mehr oder weniger vernichtet.»

Diese Kultur-Barbarei, die uns da bescheinigt wird, bestätigt etwas diplomatischer auch Dragan Velikić, einer der wichtigsten kritischen Autoren in der Milošević-Zeit und heute serbischer Botschafter in Österreich. Die internationale Gemeinschaft habe durch eine verfehlte Politik ermöglicht, dass der Terror einer Minderheit gegenüber der Mehrheit ausgetauscht wurde durch den Terror einer Mehrheit gegenüber der Minderheit. «Wenn ich heute auf den Zerfall Jugoslawiens zurückblicke, kann mich niemand davon überzeugen, dass dieses Land nicht hätte bestehen können, wenn es damals den großen Mächten dieser Welt gepasst hätte.» Stattdessen aber sei für die Generation der jungen albanischen Guerilla-Kämpfer die wichtigste Botschaft des vergangenen Jahrzehnts, dass Gewalt sich lohnt. «So zeige sich, dass es für kleine Staaten wie Serbien ein beachtliches Wagnis ist, sich auf internationales Recht zu verlassen.»

War das die Botschaft unserer «Nothilfe»?

Wenn Rechtsverletzungen vom Staat gedeckt werden

In der Tat hat sich kein Gericht der Welt für das serbischen Zivilisten zugefügte Leid zuständig gefühlt. Die noch während des Krieges von Jugoslawien beim Internationalen Gerichtshof in Den Haag eingereichte Klage gegen zehn NATO-Staaten, darunter Deutschland, wurde ohne Entscheidung in der Sache abgewiesen, weil nur UNO-Mitglieder klageberechtigt seien. Jugoslawien wurde dieser Status, entgegen eigenem Verständnis, für diese Zeit kurzerhand abgesprochen. Aus Sicht des Westens, der an den Sezessionen tatkräftig mitgewirkt hatte, handelte es sich gerade nicht um einen Prozess der Abtrennung, sondern um einen des Zerfalls, weshalb jede Nachfolgerepublik zeitaufwendig einen neuen Aufnahmeantrag bei der UNO stellen musste. 1991, beim tatsächlichen Zerfall der UdSSR, hat man Russland eine solche Prozedur nicht zugemutet. Auch Staaten sollten darauf vertrauen können, gleich behandelt zu werden.

Die Familien der getöteten RTS-Mitarbeiter verklagten die Mitgliedsstaaten der NATO, darunter Deutschland, auf Entschädigung vor dem Europäischen Gerichtshof. Die Klage wurde nicht behandelt, was die beschuldigten Staaten in der komfortablen Lage beließ, die Morde als «guten Schritt» zu rechtfertigen, der nicht einmal eines Entschuldigens oder auch nur Bedauerns bedürfe.

Noch während des Krieges sind beim damaligen Generalbundesanwalt Kay Nehm 50 Strafanzeigen gegen die deutsche Regierung eingegangen. Der *Spiegel* erlaubte sich die Respektlosigkeit, sich vorzustellen, Schröder, Scharping und Fischer würden unter folgender Anklage verhaftet: «Die Bundesrepublik habe sich an einem Staatsverbrechen beteiligt, dem schwersten, das im deutschen Strafgesetz aufgeführt ist – einem Angriffskrieg von deutschem Boden aus. Darauf steht lebenslang.»[21] Dass der Generalbundesanwalt keine Ermittlungen aufnahm, überraschte nicht. Er ist als politischer Beamter den Weisungen des Justizministeriums unterstellt. Überraschend war nur, wie dünn die Hilfskonstruktion war, mit der er vor den Juristen durchkam: Der Jugoslawien-Einsatz habe eine «dem Völkerfrieden dienende, nicht eine ihn beeinträchtigende Krisenintervention» dargestellt, sei also kein Angriffskrieg gewesen.

Unerbittlich zeigte sich das Gesetz gegen die 34 klagenden Schwerstverletzten und Hinterbliebenen des Städtchens Vavarin, deren Angehörige am Pfingstsonntag 1999 auf dem Weg zum Kirchgang auf der schmalen Brücke über das Flüsschen Morava durch zwei Raketenangriffe ums Leben kamen, darunter das 16-jährige Mädchen Sanja.[22] Getötet auf einer Brücke, die schon wegen ihrer geringen Tragfähigkeit für militärische Transporte untauglich ist. Mit der Klage auf symbolische Entschädigung kämpften die Opfer und ihre solidarischen deutschen Unterstützer um Respekt gegenüber ihrem Schicksal, letztlich um die historische Wahrheit. Der Prozess wurde in allen großen Zeitungen als ein «Verfahren für die Rechtsgeschichte» mit Spannung verfolgt. Fand er doch in einer

Umbruchphase des Völkerrechts statt, das einzelne Täter strafrechtlich verfolgt und die Opfer individuell schützt.

Doch der BGH wies die etwaigen Schmerzensgeldansprüche zurück, weil sie, wenn überhaupt, nicht geschädigten Personen, sondern nur deren Heimatstaat zustehen. Dem ja, von der UN-Mitgliedschaft suspendiert, auch nichts zustand. Weshalb die Verantwortlichkeit der Bundesrepublik für einen etwaigen Verstoß gegen das Kriegsvölkerrecht gar nicht erst untersucht werden musste. Im Übrigen stünde den staatlichen Dienststellen, was die Auswahl zu bombardierender Ziele beträfe, «ein umfangreicher, gerichtlich nicht nachprüfbarer Beurteilungsspielraum zu». Statt den mittellosen Klägern nicht noch weiteres Leid zuzufügen, indem Deutschland wenigstens die Prozesskosten übernimmt, drohte ihnen das Gericht mit Pfändung, falls sie die Summe von 16000 Euro nicht pünktlich aufbringen. Seit 2006 liegt die Klage beim Bundesverfassungsgericht. Eine Entscheidung über ihre Annahme ist noch nicht ergangen.

Dass die Justiz sich überhaupt mit dem Thema beschäftigt, ist schon ein Fortschritt. Aber wenn Gesetze immer wieder so ausgelegt werden, dass Opfer staatlichen Handelns vor keinem Gericht Gehör finden, ist das nicht Unrecht? Meine schon früher in Bezug auf die DDR gestellte Frage: Ab wie viel Unrecht ist ein Staat ein Unrechtsstaat?, fiel mir bei dieser Gelegenheit wieder ein. Petra Schäfter, als Juristin und Politologin am Projekt der Humboldt-Universität zur Untersuchung des DDR-Unrechts mit dem Thema jahrelang befasst, hat mir eine interessante Antwort gegeben: «Staatliches Unrecht gibt es in jedem System, überall auf der Welt, auch in der Bundesrepublik. Der Skandal besteht weniger in der bloßen Existenz solcher furchtbaren Rechtsverletzungen, sondern darin, dass es in Unrechtsstaaten aus Mangel an unabhängiger Justiz, unabhängigen Medien, zivilgesellschaftlichen Zusammenschlüssen, kurz aus Mangel an Demokratie, kaum Möglichkeiten gibt, solche Rechtsverletzungen aufzudecken, zu ahnden und künftig zu verhindern.

Sie werden stattdessen staatlicherseits gedeckt und vertuscht. In diesem Sinne ist es meiner Ansicht nach durchaus berechtigt, von der DDR als ‹Unrechtsstaat› zu sprechen.»

Die Wachheit gegenüber Rechtsverletzungen im einstigen Konkurrenzsystem ist nicht nur verständlich, sondern auch im Sinne der Opfer, der historischen Wahrheit und der Lehren für Künftiges unbedingt berechtigt und erforderlich. Die Verschlafenheit gegenüber Rechtsverletzungen im eigenen System sollte nicht verständlich sein. Die Vernachlässigung des Rechts zugunsten der Moral ist strukturell nichts anderes als die stalinistische Logik, die den Klassenstandpunkt im Ernstfall über das positive Recht gesetzt hat. Nur einer regierungstreuen Rechtsprechung, mit dem Postulat gerichtlich nicht nachprüfbarer politischer Spielräume, konnte entgehen, dass die Teilnahme an einem Krieg, der keinen verhältnismäßigen Grund und deshalb auch kein UN-Mandat hat, die Teilnahme an einem Angriffskrieg ist. Und damit ein Verstoß gegen das Völkerrecht, das NATO-Statut, das Grundgesetz, den 2 + 4-Vertrag, das Strafgesetzbuch und gegen die Grundsätze beider Koalitionsparteien.

Aus Mangel an unabhängiger Justiz, kontrolliert von Medien und zivilgesellschaftlichen Zusammenschlüssen, die nicht mit der nötigen Hartnäckigkeit am Thema blieben oder kein ins Gewicht fallendes öffentliches Gehör fanden, gibt es kaum Möglichkeiten, in der Bundesrepublik solche Rechtsverletzungen aufzudecken, zu ahnden und künftig zu verhindern. Sie werden stattdessen staatlicherseits gedeckt und vertuscht. Der erste Krieg der NATO nach 50 Jahren, der erste Krieg nach Wegfall des Systemkonkurrenten, ist weder zeitgeschichtlich noch juristisch noch rechtsphilosophisch aufgearbeitet.

6. Die Systemfrage stellen
Der Westen könnte die Demokratie verlieren

> *Und von jetzt ab und eine ganze Zeit über*
> *Wird es keinen Sieger mehr geben*
> *Auf eurer Welt, sondern nur mehr Besiegte.*
> HEINER MÜLLER

Der offensichtliche Trumpf des Westens im Kampf mit seinem globalen Gegenspieler war immer die Demokratie. Die Teilhabe an ihr war für viele Osteuropäer das Motiv, sich gegen ihre diktatorische Ordnung zu stellen. Wie konnte es innerhalb von nur zwanzig Jahren geschehen, dass ausgerechnet die Vorzüge dieser unumstrittenen westlichen Hauptattraktion kaum mehr verteidigt werden? Wie belastbar sind die Fundamente der Demokratie in einem Bau, dessen Finanzträger morsch sind, dessen Rechtsgerüst poröser wird, in dem soziale Spannungen zu Verwerfungen führen, wo das Ungleichgewicht von Macht und Ohnmacht die Statik gefährdet und die großen Medien an Materialmüdigkeit leiden?

Der vom Zeitgeist in seiner Mündigkeit bedrohte Bürger hat Mühe zu erkennen, wann die Demokratie auf der Kippe steht. Und es ist ja auch schwierig: Ist sie bedroht, wenn ihre Gefährdungen nicht benannt werden, oder gefährdet man sie, indem man ihr andichtet, sie tauge nichts mehr? Wo ist die Grenze zwischen Schwarzes öffentlich machen und Anschwärzen?

Manche meinen heute noch, die Weimarer Republik sei an ihren Kritikern und nicht an ihren Fehlern zugrunde gegangen. Als seien die Kritiker der Fehler gewesen. Die dramatisierende Krisenrhetorik von Rechts und Links habe das parlamentarische System unterminiert, wissen die einen. Die anderen finden, angesichts der erstarkenden Nazis hätten die Intellektuellen als Warner, Kritiker und moralisches Gewissen versagt. Doch die warnten, gefielen auch nur bedingt. Golo Mann haderte mit «ungebundenen Linksliteraten» wie Kurt Tucholsky oder Bertolt Brecht, die hochbegabt mit hellsichtiger Bosheit «ihr Vaterland und wohl gar ihre eigne Sache verhöhnten».[1]

Konservative wie Oswald Spengler lehnten die Weimarer Verfassung ab, wenn auch aus anderen Gründen wie der linke Flügel der SPD und die KPD. Die Linken sahen im bürgerlichen Parlament den Ausdruck des Machtwillens der Bourgeoisie, dem sie den Revolutionären Rätekongress entgegensetzen wollten. Die Reputation des Parlaments in der in- und ausländischen Öffentlichkeit war gering. Leo Trotzki hielt den Deutschen Reichstag von 1932 schon nicht mehr für eine Demokratie, sondern für ein «bonapartistisches Experiment», also für den Versuch, eine «militärisch-polizeiliche Diktatur» zu errichten. Als diese wenig später installiert wurde, war das wohl keine sich selbst erfüllende Prophezeiung, sondern die Mehrheit hatte die bösen Omen unterschätzt.

Die Weimarer Demokratie scheiterte letztlich an der fehlenden Verankerung ihrer freiheitlichen Prinzipien in den herrschenden Eliten und an dem Unvermögen des Staates, große Teile der Bevölkerung zu integrieren, indem er ihre wirtschaftlichen und politischen Interessen befriedigt. 75 Jahre später ein verstörend aktueller Befund.

Die Fessel der Macht gelockert

Heute droht der demokratische Sozialstaat zu einem undemokratischen Sicherheitsstaat zu werden. Wie steht es in dieser Phase um die Machtbeschränkung der Herrschenden und ihres Hofstaates durch den Souverän? Welche Möglichkeiten hat er, sich zu wehren gegen Banker und Makler, gegen Sicherheitsdienste, deren Minister und deren bürokratische Apparate? Einzig die Verfassung ist die Fessel der Macht. Doch die Mächtigen selbst sind erfolgreich bemüht, diese Fessel zu lockern und künftig weitgehend abzustreifen, indem die Artikel so lange geändert werden, bis ihre ursprünglichen Anliegen nicht wiederzuerkennen sind.

Die gesetzgebende Parlamentsmehrheit hat in den letzten Jahren immer wieder gegen das Grundgesetz verstoßen, so als handele es sich dabei um ein überholtes, lästiges Stück Papier, das zu missachten einen geradezu als entschlossenen Reformer adelt. Neue Praktiken ohne Gesetzesgrundlage und Gesetze ohne Praxiseignung tragen Ermächtigungscharakter. So das BKA-Gesetz, das eine Auflage der einstigen alliierten Sieger ebenso missachtet wie eine wichtige Lehre aus der NS-Zeit: das Trennungsgebot von Geheimdienst, Polizei und Armee. Die nunmehr vervielfachten Kompetenzen des BKA machen es zu einer allmächtigen Sicherheitsbehörde. Sie soll zur «Verhütung von Straftaten» tätig werden, ohne dass die Beweise für den Zeitpunkt, die Wahrscheinlichkeit und die genaue Planung der Tat definiert sind. Die Daten von Online-Durchsuchungen werden von BKA-Mitarbeitern auf ihre Relevanz geprüft und nicht, wie im Grundgesetz vorgeschrieben, von einem unabhängigen Richter. Die Behörde besitzt also Abwehrrechte gegen die Bürger, während doch die Grundrechte als Abwehrrechte der Bürger gegen den Staat gedacht sind. Diese Vollmacht war genau das, was die Stasi so verhasst gemacht hat. Fatal genug, daran erinnern zu müssen.

Die Grundrechte werden etwa bei der Vorratsdatenspeicherung auf den Kopf gestellt. Seit dem 1. Januar 2008 verpflichtet dieses Gesetz private Provider, sämtliche Kontaktdaten ihrer Internet- und Telekommunikationskunden ein halbes Jahr zu speichern, um gegebenenfalls den staatlichen Sicherheitskräften Einsicht zu gewähren. Eine pauschale Vorratsspeicherung, die jeden Bürger als potenziellen Täter verdächtigt, ist mit der grundgesetzlichen Unschuldsvermutung nicht vereinbar. Auch hier praktiziert der Staat Abwehrrechte gegen Bürger.

Der einstige Richter am BGH Wolfgang Nešković, der, von der SPD über die Grünen kommend, heute rechtspolitischer Sprecher der Linksfraktion im Bundestag ist, warnt: «Die Vorratsdatenspeicherung ist – ebenso wie das BKA-Gesetz – eine rechtsstaatswidrige Heimsuchung. Im Namen einer angeblichen Sicherheit für die Bürger wird der Weg in den Überwachungsstaat unbelehrbar fortgesetzt. Die verfassungsrechtliche Ignoranz, die hierin zum Ausdruck kommt, wird das Vertrauen in die Funktionsfähigkeit des Rechtsstaates dauerhaft beschädigen.»

Die Eingriffe in das informationelle Selbstbestimmungsrecht und die Privatsphäre schüchtern Menschen ein, die, auch ohne eine Straftat begehen zu wollen, kein Interesse daran haben, dass ihre Persönlichkeitsprofile im Ungewissen landen. Wer garantiert, dass nicht Dateien verschwinden und bei Versicherungen oder Arbeitgebern landen? IMSI-Catcher, die Handys orten, Maut-Aufzeichnungen, die Autos verfolgen, womöglich abgehörte Telefone und ausgespähte E-Mails, abgefragte Kontodaten, gespeicherte DNA-Proben, biometrische Fingerabdrücke und digitale Porträts lassen einen auch ohne Nacktscanner durchsichtig werden.

Müsste der Verfassungsschutz sich nicht auch, Politiker bremsend und Bürger schützend, vor die Verfassung stellen? Oder ist er nicht mehr als ein Machtschutz? Immerhin – Gerichte haben vorerst Schlimmstes verhindert, das ist nicht zu unterschätzen. Sie haben den Großen Lauschangriff und die Online-Überwachung eingeschränkt, das verdachtlose Erfassen von Auto-Kennzeichen abgelehnt, das Gesetz zum europäischen Haftbefehl kassiert, ebenso die exzessive Rasterfahndung und den Abschuss von entführten Passagierflugzeugen. Und in einer Eilentscheidung wurde schließlich auch die Vorratsdatenspeicherung begrenzt. Solange dieses Korrektiv eingreift, lebt der Rechtsstaat. Dennoch bleibt er bedroht. Denn auch die Jahr für Jahr durchgekommenen Gesetzeskompromisse haben genügt, das vereinte Deutschland zum Überwachungsstaat umzubauen: Immer mehr Freiheiten wurden dem Bürger abgeschwatzt im Tausch gegen eingeredete Sicherheit.

Der Außenpolitik, die doch oft über Tod und Leben gebietet, rechtliche Grenzen zu setzen, wagt das Bundesverfassungsgericht kaum. Ihr räumt es einen «weit bemessenen Spielraum» ein, in Regierungsentscheidungen soll nur in Extremfällen eingegriffen werden. Die Selbstlegitimation zu Gewalt, wie im Falle des Bombardements im afghanischen Kundus, ist offenbar kein Extremfall. Schon mit seinem umstrittenen Urteil vom 3.7.2007 zum Eilantrag der Linksfraktion hatte das BVG die neue NATO-Strategie als verfassungskonform anerkannt und damit weltweiten kriegerischen Einsätzen der Bundeswehr einen Freibrief erteilt. Das war sogar der bürgerlichen Presse zu viel. *Das Parlament* vermisste auch nur einen «Krümel höchstrichterlicher Bedenken an globalen Krisenreaktionseinsätzen». Die *Süddeutsche Zeitung* war sich sicher: «Wenn es einen Straftatbestand der richterlichen Desertion gäbe, dann hätte ihn das Bundesverfassungsgericht mit seiner Entscheidung über die Tornado-Einsätze in Afghanistan erfüllt.» Und die *Berliner Zeitung* fand es skandalös, «dass alle bundesdeutschen Gerichte vor dem Völkerrecht zurückschrecken, wie der Teufel vor dem Weihwasser».

Mit diesem Rechtsnihilismus bestätigt die Justiz die von Henry Kissinger einmal geäußerte Auffassung, wonach Demokratie der Außenpolitik schadet. Doch in einer wehrhaften Demokratie könnte die Militarisierung der Außenpolitik auch abgewählt werden. Stell dir vor, es ist Wahl, und keiner wählt Krieg. Keiner wählt die Option von unmandatierten Interventionen, die Kompetenz- und Osterweiterung der NATO, Raketenstationierung und Einkesselung einer neu oder erneut zum Feind erkorenen Macht ...

Eine wehrhafte Demokratie muss auch dem fernen Treiben der Geheimdienste Einhalt gebieten. Der BND scheint sich im Ausland wie in einem grundrechtsfreien Raum bewegen zu dürfen. Für das Abhören der Telefone von Entwicklungshelfern der Welthungerhilfe in Afghanistan gab es ebenso wenig eine gesetzliche Grundlage wie für die Kontrolle von E-Mails zwischen Journalisten und afghanischen Politikern. Die Verhöre von Murat Kurnaz durch Beamte des BND und des Bundesamtes für Verfassungsschutz im Lager Guantánamo haben trotz Kenntnis der schweren Menschenrechtsverletzungen in diesem US-Gefängnis nicht zur baldigen Freilassung des für unschuldig Gehaltenen beigetragen. Und auch das von deutschen Beamten geführte fünfzehnstündige Verhör des deutschen Staatsbürgers Mohammed Haydar Zammar in einem syrischen Gefängnis, in dem er zuvor gefoltert wurde, dürfte unter Missachtung von gesetzlichen Vorschriften gelaufen sein. Von einer beabsichtigten «Guantánamoisierung des deutschen Rechtssystems» war unter kritischen Journalisten die Rede.

Man kann diese Vorgänge auf einen Nenner bringen: Vor aller Augen läuft die Modernisierung der Notstandsgesetze ohne Notstand. Warum nur hat der aus der Systemkonfrontation als Sieger hervorgegangene demokratische Westen nichts Eiligeres zu tun, als sich diktatorischer Praktiken zu bedienen? Für die angeblich bedrohte Sicherheit seiner Bürger ist das ein zu hoher Preis. Oder begreifen wir Beschützten nur nicht, dass unsere weitsichtigen Machthaber der Not bei der Verteilung der Weltgüter vorbeugen wollen? Dass sie die verschärften Gesetze für den künftigen Zugang zu knappen Ressourcen brauchen werden? Zum Allgemeinwohl ihrer Bürger. Die geneigt sind, das nicht zu glauben, und behaupten, dass es doch wieder nur um das Wohl der Privilegierten geht. Die vor Piraten aller Art zu schützen sind.

Seit dem Ende des Ostblocks befinden wir uns in einer neuen Schlacht um Geld, Macht und Einflusssphären. Mit Blick auf den gestiegenen Dollar in Folge des Jugoslawienkrieges brachte Dragan Velikić es auf den Punkt: «Der Westen wendet nicht deshalb Gewalt an, weil er sein Territorium ausdehnen oder seine Grenzen befestigen will, sondern im Gegenteil, um die Grenzen zu ‹destabilisieren›, um sie ‹fließend› zu machen, um sich auf diese Weise die Kontrolle über jenes am meisten fließende Territorium zu sichern, das kein Territorium hat: das Territorium des Kapitals ... Das Steigen des Dollars ist die Idee der neuen Gerechtigkeit.»[2]

Und dafür bedarf es anscheinend eines permanenten Kriegs-

und Sonderrechts. Mit der Selbstermächtigung zum Angriff und der Inkaufnahme ziviler Todesopfer. Man muss kein großer Stratege sein, um die simple Eskalation vorauszusehen: Wenn wir meinen, Deutschland am Hindukusch verteidigen zu müssen, sollten wir uns nicht wundern, wenn der Hindukusch auch in Deutschland verteidigt wird.

Kommt der Terrorismus gelegen?

Die Vorwürfe gegen die verschärften Sicherheitsgesetze bekommen umso mehr Gewicht, je länger keine Attentatspläne aufgedeckt werden. So ertappt sich der Beobachter bei dem hoffentlich unbegründeten Verdacht, ob nicht die Initiatoren manch angeblich genial vereitelten Anschlags V-Leute der Geheimdienste waren. Bei der «Sauerland-Gruppe», die im Herbst 2007 angeblich den größten Terroranschlag in der Geschichte der BRD vorhatte, gibt es Indizien dafür, wie der *stern* am 4.2.2009 berichtete. Ein weiterer Verdacht macht die Sache nicht besser: Die Attentäter haben Länder im Visier, die den «Krieg gegen den Terror» direkt oder logistisch unterstützten. Wie die vier Algerier, die 2002 verurteilt wurden wegen Anschlagsplanungen in der EU-Stadt Straßburg. Das legt die Vermutung nahe, dass wir uns durch die Teilnahme an Kriegsführung und Besatzung die Anschläge erst ins Land holen. Warum wird dieser Zusammenhang nicht öffentlich debattiert? Hört man aus der neutralen Schweiz von Bedrohungen?

Es gibt ein striktes Tabu, nach Ursachen oder gar eigener Verantwortung für den Terrorismus zu fragen. Wenn der Grund dafür nur die allgemeine Unlust wäre, über Selbstverschuldetes zu reden, ließe sich das noch hinnehmen. Der Verdacht aber, dass der Terrorismus den Profiteuren des Wirtschaftsliberalismus nicht ungelegen kommt, weil sie sich unter dem Vorwand, ihn zu bekriegen, die Welt untertan machen können, ist atemberaubend.

Was ist der angebliche Souverän schon belogen worden! So viel

Misstrauen mag man gar nicht aufbringen, wie angebracht wäre. Kein Indikator, der für eine verlässliche Demokratie spricht! Es ist kein Wunder, wenn inzwischen gerade das Abwegige für möglich gehalten wird. Nach Umfragen hat jeder fünfte Deutsche Zweifel an der offiziellen Darstellung des weltbewegendsten Ereignisses seit der Jahrtausendwende. Zum sechsten Jahrestag des 11. September 2001 konnte zur besten Sendezeit im staatstragenden Zweiten Deutschen Fernsehen erörtert werden, was zuvor als Verschwörungstheorie abgetan wurde: Hat die amerikanische Regierung die Anschläge wissend zugelassen oder gar selbst inszeniert? Um nach Wegfall der Rüstungskontrolle durch den Systemkonkurrenten, mittels enormer Aufstockung des Militärbudgets, die eigene Überlegenheit zu einer weltweiten Hegemonie auszubauen? Die Frage wurde von den in der Fernsehdokumentation Befragten nicht mehr entschieden verneint.

Das Gegenargument, eine solche Verschwörung hätte so viele Menschen einbeziehen müssen, dass sie nicht geheim zu halten gewesen wäre, ist zumindest pikant. Billigt sie doch Al Kaida mehr Geheimhaltungskompetenz zu als den Geheimdiensten. Eine Verschwörung war es schließlich in jedem Fall – fragt sich nur von wem. Die vielen unaufgeklärten Details machen letztlich beide Theorien unglaubwürdig. Das Problem ist, in einer Welt agieren zu müssen, die man nicht durchschauen kann.

Wie soll man Motive von Terroristen beurteilen, wenn «mit denen nicht verhandelt» wird, geschweige denn, dass sie sich öffentlich erklären dürfen. Woher sollen wir wissen, ob nicht selbst Terroristen Menschen sind, die kausal denken, fühlen und handeln? Ist uns je die Idee gekommen, dass da etwas zu verstehen wäre? Könnte die schockierende terroristische Gewalt der Selbstmordattentäter nicht die asymmetrische Antwort auf die Schockstrategie des Westens sein? Der seinen Reichtum nicht unwesentlich auf Terror und Ausbeutung in seinen Kolonien und besetzten Gebieten gegründet hat? Haben wir je gefragt, unter welchen Bedingungen die Fundamentalisten bereit wären, ihre Gewalt einzustellen? Interessiert uns überhaupt, was Ziel ihres Handelns ist? Das offizielle Feindbild zeichnet islamistische Terroristen als hirnlose Monster. Außerirdische, mit denen Verständigung nicht nur ausgeschlossen, sondern auch unerwünscht ist.

Dabei wurden in den 8oer Jahren an der Universität von Nebraska im Auftrag der CIA Schulbücher verfasst, die afghanische Flüchtlingskinder zur nächsten Generation fanatischer Kämpfer erziehen halfen. In der größten verdeckten Operation ihrer Geschichte rekrutierte und finanzierte die CIA 100 000 radikale Mudschaheddin aus islamischen Ländern für den amerikanischen Stellvertreterkrieg gegen die Sowjetunion. Die Rechnung ging auf, aber den unumschränkten Zugriff auf Gas und Öl der Region verweigerten die Gotteskrieger, wie Bin Laden nach Beginn der Bombenangriffe in einem Video bestätigte. Als der amerikanische Schriftsteller und Politiker Gore Vidal vorschlug, Kofi Annan möge Bin Laden vor der UNO «die Möglichkeit eröffnen, seine Sicht der Dinge zu erklären», hielt man ihn für übergeschnappt. Außer unserem Innenminister, der gern eine ferngesteuerte Rakete auf Bin Ladens Höhle abfeuern würde, interessiert sich heute offenbar niemand mehr für den Top-Terroristen, dessen Festnahme einst zu den wichtigsten Kriegszielen gehörte.

Die Versuche, westliche Demokratie zum Exportschlager des Militärs zu machen, folgen einem Muster. Immer geht ein Teile-und-herrsche voraus. Bestehende Konflikte werden angefeuert, wobei zumindest eine der Seiten finanziert und hochgerüstet wird. Sind die Feindseligkeiten erst einmal ausgebrochen, hat man auch das Völkerrecht ausgetrickst. Denn militärische Interventionen sind nur dann strafbar, wenn sie geeignet sind, das friedliche Zusammenleben der Völker zu stören. Ist dieses schon gestört, nimmt man sich die Freiheit, es nach eigenen Interessen weiter zu stören, ja zu zerstören.

Krieg ist die exzessivste Form von Terrorismus. Er verschlimmert alles und löst nichts. Dem Islam wurde vom Westen nachgesagt, er sei im Mittelalter stehengeblieben und habe die Aufklärung noch vor sich. Doch die im Irak bewiesene Gewalttätigkeit der Achse des Guten fällt noch zurück hinter das Alte Testament, das mit seinem Auge um Auge und Zahn um Zahn immerhin ein Maß setzte, das nicht überschritten werden durfte. Dass Deutschland den Irakkrieg nur indirekt unterstützte, muss schon als Verdienst angerechnet werden.

Doch das Afghanistan-Debakel wird von der Regierung heruntergespielt. Im Bundestags-Untersuchungsausschuss zu den Praktiken des BND und des KSK-Einsatzes, der unter der Flagge der «andauernden Freiheit» kämpfte, haben Abgeordnete beklagt, dass nicht nur dem Parlament, sondern auch diesem Kontrollgremium viele Fragen nicht beantwortet wurden. So muss es sich damit abfinden, dass auch in diesem Fall der Bundesregierung keine verlässlichen Erkenntnisse über zivile Opfer vorliegen. Derart wird den Parlamentariern erspart, die Folgen ihrer Entscheidungen zur Kenntnis zu nehmen, sie können sich quasi im Blindflug weiter am vorgeschützten Fortschritt erfreuen. Wenn selbst im Umgang mit den Entscheidungsträgern Geheimhaltung vor Aufklärung geht, ist verantwortungsbewusste Politik nicht möglich. So geraten sie in den Zwang, immer mehr Soldaten für immer längere Zeit in einen Krieg zu schicken, von dem sie im Grunde wissen, dass er nicht zu gewinnen ist.

Wie festgefahren die Situation dieses armen Landes Afghanistan durch die Machtspiele aller Seiten ist – das macht einen inzwischen ratlos, unsicher und kleinlaut. Eines lässt sich aber wohl kaum noch in Frage stellen: Der fundamentalen Verzweiflung und dem fundamentalistischen Glauben von Selbstmordattentätern ist mit Gewalt nicht beizukommen – es sei denn, um den Preis der eigenen Verzweiflung an der dann entstandenen, unfreien Gesellschaft. Erst die gleiche Freudlosigkeit würde Waffengleichheit garantieren. Vor dem fraglichen Sieg stünde die gemeinsame Niederlage – gibt der weniger Fundamentalistische nach?

Die Antwort des einstigen Innenministers von der christlichen Partei: flächendeckender Guck-und-Horch-Catcher, Straftatbestand

«Verschwörung», präventiver Unterbindungsgewahrsam von «Gefährdern», bei denen die Anhaltspunkte für ein Ermittlungsverfahren nicht reichen, und im Extremfall Tötung von vermeintlichen Terroristen, offenbar nach einer Art Kriegs- und Feindstrafrecht, da sie als «Kombattanten» behandelt werden sollen.

Das Feindstrafrecht bürgert einzelne Gruppen aus dem geltenden Recht aus. Die Nürnberger Rassegesetze und die NS-Polenrechte haben dies auf ungeheuerliche Weise vorgeführt. Man sollte meinen, der Rechtsphilosoph Gustav Radbruch habe nach dem Krieg ein endgültiges Urteil gesprochen: «Wo die Gleichheit ... bei der Setzung positiven Rechts bewusst verleugnet wurde, da ist das Gesetz nicht etwa nur unrichtiges Recht, vielmehr entbehrt es überhaupt der Rechtsnatur.» Doch heute sind erneut scharfe Zurückweisungen nötig. «Wer ein Feindstrafrecht ausruft, der reagiert auf die Radikalismen, die sich im unaufgeklärten islamischen Raum entwickeln, mit einem Rückfall in die Voraufklärung», warnt Heribert Prantl. «Wenn der Staat Menschen, die sich vom Recht abgewandt haben, nicht mehr nach dem Recht behandelt, ist er kein Rechtsstaat mehr.»[3]

Solange Widerspruch erhört wird, ist die Gefahr noch gebannt. Schäubles in einem *Spiegel*-Interview in Aussicht gestellte Option des finalen Todesschusses hatte im Sommer 2007 erhebliche Aufregung ausgelöst. Die frühere Bundesjustizministerin Sabine Leutheusser-Schnarrenberger hielt entgegen, mit der gezielten Tötung von Verdächtigen würde politischer Mord legalisiert. Man hatte Schäubles Vorstoß so verstehen müssen, als solle nun auch vor unserer Haustür erlaubt sein, was am Hindukusch als legal gilt. Lesen wir doch fast täglich in der Zeitung, dass bei Bombardements der Enduring-Freedom-Truppen vermeintliche Rebellen und Zivilisten getötet wurden, also den Todesschuss (der dummerweise immer final ist) bekommen haben. Wer ein Rebell ist, entscheidet die Turbanfarbe auf dem Satellitenfoto. Und Zivilisten sind offenbar sowieso eine zu vernachlässigende Größe, wenn hinten, weit in der Barbarei, die Völker aufeinanderschlagen. Kein politischer Mord?

Die Lizenz zum staatlich erlaubten Töten ergibt sich im Krieg gegen den Terror einzig aus dem nach dem 11. September 2001 vom NATO-Bündnis ausgerufenen Verteidigungsfall. Wie viele Jahre darf man sich verteidigen, ohne ein weiteres Mal angegriffen worden zu sein – diese Frage ist völkerrechtlich völlig ungeklärt. Was sehr praktisch ist. In rechtsfreien Räumen entscheidet das Recht des Stärkeren. Die 9-11-Anschläge nicht als das zu behandeln, was sie wirklich waren, nämlich als Schwerstkriminalität, sie stattdessen als Krieg zu deklarieren, ist einer der folgenschwersten Taschenspielertricks der Weltgeschichte.

Durch ihn wurde der Gegenterror mit staatlichen Mitteln ermöglicht. Enduring Freedom, dieses Ad-hoc-Bündnis unter Führung der USA, ist die andauernde Freiheit zur Menschenrechtsverletzung. Ohne UNO-Mandat und sogar unter Ablehnung von NATO-Hilfe hat sich diese selektive Koalition der Willigen zur Anwendung von Kriegsrecht ausschließlich selbst legitimiert. Volkes Wille spürt das, will raus da. Doch die Parlamentsmehrheit verlängert und verstärkt den längst in Kriegshandlungen verwickelten ISAF-Einsatz mit dem harmlosen Namen Schutztruppe, und die deutsche Regierung macht ihre Armee durch die andauernde Tornado-Aufklärung im Süden zum Teilnehmer an der fragwürdigen Kriegsführung. Der Rechtsstaat wird am Hindukusch verloren.

Gesetze gegen Unruhe in der Bevölkerung

Viele Gegner des Sicherheitswahns hofften, der harte Kurs werde sich nicht durchsetzen können. Doch es wäre eine leichtsinnige Verharmlosung, so zu tun, als käme das Problem lediglich von einer Person. Schäuble hätte als Innenminister seine Sicherheitsphantasien keine Woche durchgehalten, wüsste er sich nicht von einem weitgehenden Konsens großer Teile der politischen Klasse getragen. Schließlich hatte sein Vorgänger von der anderen Volkspartei die Anti-Terror-Gesetzespakete, genannt «Otto-Kataloge», geschnürt.

Und das Parlament hat sie ohne ausreichende Beratung mehrheitlich durchgewunken und damit handstreichartig über hundert Gesetzesverschärfungen in Kraft gesetzt.

Mit einer gewissen Hysterie und ungewissen Fakten wird unser Angstpegel auf Angriffsbereitschaft gehoben. «Ich habe ‹Bild› und die Kanzlerin auf meiner Seite», sagte Schäuble dem *Spiegel*. Das reiche. Schon findet über die Hälfte der Bevölkerung die Pläne des Innenministeriums richtig.

Kommt niemand von diesen Gutgläubigen auf die Idee, dass, was jetzt gegen islamistische Verschwörer erdacht wird, bald schon als aktualisierte Notstandsgesetze gegen Unruhe in der eigenen Bevölkerung in Stellung gebracht werden könnte? Die Überwachung und Einschüchterung von G8-Protestlern 2007 in Rostock und Heiligendamm durch Panzerspähwagen, Tornados und US-Kriegsschiffe und die zeitweilige Unterbringung Festgenommener in Metallgitterkäfigen mag da ein Vorgeschmack gewesen sein.

Erwartet uns eine Art Feindstrafrecht gegen Oppositionelle, die das System der Bereicherung der Eliten (verschwörerisch) in Frage stellen? Gegen soziale Proteste und Aufstände? Für derartige Eingriffe ist durch die gemeinsame EU-Terrorismusdefinition[4] auch schon vorgesorgt. Danach ist eine Tat dann terroristisch, wenn sie mit der Absicht begangen wurde, die «politischen, wirtschaftlichen oder sozialen Strukturen» eines Landes «zu bedrohen und stark zu beeinträchtigen oder zu zerstören». Wer sich für eine andere Wirtschaftsordnung einsetzt, könnte also als Terrorist bestraft werden. Das ist auch bereits passiert. 2006 haben Greenpeace-Aktivisten in Dänemark ein Bürohaus erklommen, um ein Anti-Genmais-Plakat auszurollen. Für diesen Akt zivilen Ungehorsams sind sie nach einer Strafnorm verurteilt worden, die sich auf jene EU-Terrorismusdefinition berief.[5]

Als Mitglied der Internationalen Untersuchungskommission «Grundrechte und Globalisierung» habe ich schon vor dem 11.9.2001 erlebt, wie Globalisierungsgegner in ihrer Teilnahme an der Protestbewegung behindert wurden. Zu den Demonstrationen gegen das Gipfeltreffen der G8 in Genua wurden Hunderte, die sich allein durch die Teilnahme an früheren Demonstrationen «verdächtig» gemacht hatten, vorsorglich schon im eigenen Land an der Ausreise gehindert, auch in Deutschland. 2093 Personen wurden an der italienischen Grenze oder am Flughafen abgewiesen, darunter ein Übersetzer der Europäischen Union und eine Britin, die zu Hause an einem Sit-in gegen Kernkraft teilgenommen hatte. All diese Aussperrungen durch Ein- und Ausreiseverbote, Meldeauflagen, Passentzüge und Polizeiaufsichten, die einer politischen Strafe gleichkommen, ergingen ohne Urteil.

Als die in der Schule Diaz und der Kaserne Bolzaneto von der Polizei schwer misshandelten Jugendlichen verletzt und traumatisiert nach Hause kamen, haben sie bei ihren heimischen Behörden kaum Unterstützung gefunden, geschweige denn Rechtsschutz. Auch in Deutschland nicht. Immerhin zehn junge Franzosen hatten den Mut, Anzeige wegen Freiheitsberaubung und Körperverletzung zu erstatten – sie sind wie Aussätzige behandelt worden. Ein französischer Anwalt mahnte in der ein Jahr später in Genua tagenden Kommission: «Wir Bürger müssen gegen die totalitäre Versuchung des Staates angehen, weil sonst die Gefahr besteht, dass dieser Krebs die Demokratie zersetzt.»

Globalisiert sich auch die Repression? Europa ist statt zu einer Sozialunion hauptsächlich zu einer «Sicherheits»-Union geworden. Ausgebaut wurden die gemeinsame Polizeibehörde Europol, das Schengener Informationssystem (SIS) und die grenzüberschreitende Überwachung der Telekommunikation, der Post und E-Mail. Nicht zu vergessen die erleichterte Auslieferung von Verdächtigen und die interkontinentale Weitergabe von Flug- und anderen Daten an die USA.

Ein Ausschuss des Europaparlamentes hat 14 europäische Regierungen ermittelt, die den USA halfen, repressive oder folterähnliche Untersuchungsmaßnahmen anzuwenden und Geheimgefängnisse zu errichten, die gegen die Genfer Konvention verstoßen. «Am internationalen Horizont sind bereits die Konturen eines unkontrollierten multinationalen polizeilichen und geheimdienstlichen Netzwerkes auszumachen, eines globalen Abhör- und Kontrollsystems, mit dem verdächtige Einzelpersonen und als Sicherheitsrisiko geltende Personengruppen zahlreicher Länder erfasst und verfolgt werden können.»[6]

Der 11.9.2001 bewirkte eine Zäsur auch in der nationalen Rechtsprechung vieler EU-Staaten. Hatten sich in Deutschland in den 90er Jahren noch prominente Vertreter der FDP und der Grünen für eine Revision der Notstands- und speziell der Antiterrorgesetze ausgesprochen, die als Überreaktion des Staates nichts gebracht hätten, so kam danach Kritik nur noch von links: von der PDS, von Bürgerrechtsorganisationen wie der Humanistischen Union oder der Strafverteidigervereinigung.

Die rechtsstaatlichen Vorbehalte konzentrierten sich auf den berüchtigten § 129a zu «Terroristischen Vereinigungen», der mit Vorliebe gegen linke Zusammenschlüsse angewendet wird. Obwohl in den 90er Jahren fast hundert Menschen rechtem Terror und fremdenfeindlicher Gewalt zum Opfer fielen, gab es in dieser Zeit nur drei § 129a-Ermittlungsverfahren pro Jahr gegen Rechte, jedoch 155 Verfahren gegen Linke. Darunter gegen Teilnehmer an der Friedens- und Antiatombewegung. 95 Prozent dieser Ermittlungen gegen Linke wurden ohne Urteil eingestellt. Was nahelegt, dass § 129a keine klassische Strafrechtsnorm ist, «sondern in weit höherem Maße ein Ermittlungs- oder Ausforschungsparagraph, der den Antiterrorkampf immer mehr zur Widerstandsbekämpfung mutieren ließ», wie Rolf Gössner, Richter des bremischen Staatsgerichtshofes und Vizepräsident der Internationalen Liga für Menschenrechte, aus Erfahrung weiß. Wegen seiner beruflichen Kontakte als Anwalt, Menschenrechtler und Autor zu gewaltlosen linken Gruppen ist Gössner selbst 38 Jahre vom Verfassungsschutz observiert worden. Erst als er die Bundesrepublik deshalb verklagte, ist die Dauerüberwachung unlängst eingestellt worden, ohne deren Rechtmäßigkeit nachträglich zu belegen.

All diese Praktiken sind geeignet, soziale Bewegungen einzuschüchtern, sie in einen moderaten und einen militanten Flügel zu zersplittern, sie also mit sich selbst zu beschäftigen und so von ihren eigentlichen Themen abzuhalten.

Krise als Chance zum Umdenken

Wozu braucht Politik den Rückhalt sozialer Bewegungen, wozu ist sie allein zu schwach? Seinen Grünen hat der späte Joschka Fischer zugerufen: Ihr glaubt doch wohl nicht, dass ihr Politik gegen die internationalen Finanzmärkte machen könnt! Wenn er recht hatte, dann kann Politik in der Marktwirtschaft endgültig einpacken. So viel dürfte die andauernde Krise gelehrt haben. Wenn er nicht recht hatte und es ihm nur an Kühnheit fehlte, dann ist Umdenken angesagt. Als gefährlichster Mann der Welt galt Finanzminister Lafontaine einst, weil er genau das wollte – Gesetze, die den Finanzmärkten das Heft aus der Hand nehmen. Damals haben ihn alle, selbst in seiner Partei, im Regen stehenlassen. Heute ist er immer noch der Einzige, der im Bundestag sagt: «Wir müssen gegen die internationalen Finanzmärkte regieren, um endlich wieder Ordnung in das System zu bringen.» Aber heute ahnen alle, dass er recht hat.

Auf dem Weltwirtschaftsforum in Davos, bei dem ich im Januar 2008 als Beobachterin war, sprachen bereits alle von Finanzkrise, man erwartete heftige Einbrüche an der Börse und eine globale Rezession.[7] Den selbständig denkenden Experten war vollkommen klar, dass das Debakel kommt, wenn nicht unverzüglich gehandelt würde. Der Sozialethiker Ruh warnte: «In der Finanzwirtschaft wissen wir alle nicht mehr, was wir tun, wir wissen nicht, wo oben und unten ist.» Als Außenstehende kam ich aus dem Staunen nicht heraus, wie wenig Verbindliches die versammelte Weltwirtschaftselite über die Grundmechanismen des Kapitalismus zu wissen scheint.

Joseph E. Stiglitz predigte unermüdlich, dass es keine Selbstregulierung in der Wirtschaft gibt, und verlangte zum hundertsten

Mal eine Kontrolle des weltweiten Finanzsystems und mehr Transparenz. «Wir haben unsere Lektion nicht gelernt», wurde er zitiert. Damals wäre, übrigens auch für die Hunderte akkreditierter Journalisten, die letzte Chance gewesen, die Lektion zu lernen. Aber aus den Chefredaktionen war offenbar noch kein Signal gekommen, das ein Verlassen des Mainstreams für geboten hielt. Schließlich sahen auch die Regierungen dem Treiben der Banken ohnmächtig zu und akzeptierten deren Desinteresse an öffentlicher Regulierung. Die Gesellschaft war in Duldungsstarre verfallen, das zumindest kam mir bekannt vor.

Als ein paar Monate später der Offenbarungseid kam, taten alle überrascht. Auch wenn in den letzten 20 Jahren immer häufiger regionale Krisen auftraten – die letzte internationale Finanzkrise lag 80 Jahre zurück. Eine so lange stabile Phase hatte es im Kapitalismus nie zuvor gegeben. Hatte auch da die Systemkonkurrenz eine verzögernde Wirkung? Diese Frage stellte niemand. Der berühmte Ökonom John Kenneth Galbraith gab in seinem Buch «Der große Crash 1929» eine Erklärung dafür, warum damals die Aktienkurse abstürzten und die Banken pleitegingen: Die Reichen waren so reich geworden, dass sie mit ihrem Geld spekulieren gingen. Und die Armen so arm, dass sie nichts mehr kaufen konnten.

Als nach 1990 der Abbau des Sozialstaates und der Aufbau des Millionärswesens drastisch zunahmen, bereitete sich die große Ungleichheit wieder vor. Heute will man uns einreden, die Krise sei von den großzügigen Krediten an die armen Häuslebauer ausgelöst worden. Und nicht von der kriminellen Kluft zwischen Habenden und Habenichtsen. Und den selbstmörderischen Kosten für Rüstung und Kriege. In den USA haben sich alle über die 700 Milliarden Dollar aufgeregt, die zur Teilverstaatlichung der Banken bereitgestellt wurden. Aber niemand über die fast gleich hohe Summe, die drei Wochen zuvor für den Verteidigungshaushalt wie immer klaglos abgenickt wurde. Das Verhängnis des Irakkrieges war auch noch teuer: 600 Milliarden Dollar.

Seit dem Vorschlag von Gorbatschow, eine atombombenfreie

Welt zu schaffen, ist viel gerüstet worden, auch atomar. Es mussten 20 Jahre vergehen, bis Barack Obama den Gedanken wieder aufgriff. Krise ist immer auch Chance, wenn ein großes Umdenken beginnt. Will man in der klassischen Frage der Umverteilung weiterkommen, müssen die Bürger sich ernsthaft fragen, wofür sie ihr Geld wirklich ausgeben wollen.

Man könnte jetzt den Eindruck gewinnen, mit einem besseren internationalen Finanzsystem wäre alles zu retten. Oh, Lob des Zweifels. Die Spekulanten bewegten sich zwar abgekoppelt von der Wirtschaft, aber nicht jenseits unserer allgemein akzeptierten Lebensweise. Im Gegenteil, sie sind die Avantgarde der Leitkultur. Ihre Gier ist unsere Gier – kein Auswuchs, sondern Wesen, ja Existenzbedingung des Systems. Am Bewegungsgesetz der Profitmaximierung hat sich nichts geändert. Die Aktionäre und Fondseigner haben den Bankern nicht erlaubt, sich von ihren Renditezielen zu distanzieren.

Alles scheint darauf hinauszulaufen, möglichst geräuschlos zum Status quo zurückzukehren. Die Banker hecken hinter verschlossenen Türen selber aus, wie sie es denn gern hätten, mit ihrer werten Rettung. Mehr als Beruhigungsgesetze werden sie wohl nicht zulassen. Von konsequenten Verboten der spekulativen Finanzprodukte ist so wenig zu hören wie von Eingriffen ins Aktionärsgesetz, die den Virus zu hoher Profiterwartungen bekämpfen. Und schon gar nicht von persönlichen Konsequenzen für die Verursacher der Billionen-Verluste. Weil das ganze Establishment involviert ist. Für ganz oben werden die Schulden übernommen, ganz unten muss man sein Haus räumen und in ein Zelt ziehen.

Beinahe in Vergessenheit geratene Gespenster irrlichtern durch die Medien: Deflation bringt Rezession bringt Depression. Diese Geister erschüttern bisherige Gewissheiten. Schon ist von dem Erfordernis eines Marktsozialismus die Rede. Doch nicht jeder Eingriff des Staates ist schon Sozialismus. Ganz im Gegenteil. Der Staat hat sich so abhängig gemacht vom Privatkapital, dass er es nun retten muss. Koste es, was es wolle. Das Kapital nimmt den Steuerzahler als Geisel: «Gebt uns Kredit, sonst kriegt ihr keinen mehr von uns. Und dann bricht alles zusammen.» Doch der Staatshaushalt, der der Haushalt der Bürger ist, hat kein Geld übrig, er ist selbst hinreichend verschuldet. Um die Banken mit Kapital abzuschirmen, muss er sich das Geld erst bei den Banken borgen. Pump auf Pump türmen – wenn der erste Fehler nur noch mit dem zweiten bekämpft werden kann –, haben wir es dann mit Lernfähigkeit oder mit Unbelehrbarkeit zu tun? Sind die Erfinder der Rettungsringe wirklich vom wirtschaftsliberalen Glauben abgefallen? Die Finanzkrise soll mit den Praktiken geheilt werden, die die Krankheit ausgelöst haben; das ist angeblich alternativlos.

Wer kann das beurteilen? Ich fürchte, dass es eigentlich niemand kann, weil hinter allen Antworten statt Vernunft Interessen stehen. Mir will der Sinn des 500-Milliarden-Blankoschecks für die neue «Finanzmarkt-Stabilisierungs-Anstalt» nicht einleuchten. Diese staatliche Behörde deckt die private Selbstbedienung genauso wie einst die Treuhand. Wie diese wird sie mit einer unerklärlichen Minusbilanz abschließen und die Last auf alle verteilen. Wenn das Geld direkt in ein soziales Konjunkturprogramm geflossen wäre – wäre dies nicht sinnvoller und transparenter gewesen?

Was wäre so dramatisch daran, eine Zeitlang auf ungedeckte Schecks für die Banken zu verzichten und nur mit dem zu wirtschaften, was ihnen ohne Stütze bleibt und was wir in unserem Haushalt haben? So wenig ist das ja nicht. Dramatisch wäre wohl vor allem, dass dieser Weg jenseits der Systemlogik läge.

Wenn der Kredit in einem System, dessen Reproduktionsprozess ganz auf dem Kredit beruht, plötzlich aufhört, stellt sich das auf den ersten Blick als Geldkrise dar, erklärt Marx in seiner Kritik der politischen Ökonomie. Wenn aber die Entwertung der Papiere nicht tatsächlich zu einem Stillstand der Produktion und des Verkehrs führt, «wurde die Nation um keinen Heller ärmer durch das Zerplatzen dieser Seifenblasen von nominellem Geldkapital».

Die Drohung der Banken, alles breche zusammen, wenn man ihnen das Zerplatzte nicht ersetze, ist dreist. «In Wirklichkeit handelt es sich um einen Bluff von Abenteurern, die ihre Felle davonschwimmen sehen. Ein Zusammenbruch des Finanzsystems steht auch im schlimmsten Fall nicht an», beruhigte der Ökonom Jörg Huffschmid. Die Privatbanken hätten noch genügend Mittel, sich selbst zu stabilisieren. Sollten sie deren Herausgabe aus Gier verweigern, könne der Staat sie unter eigene Regie nehmen und zusammen mit der Notenbank den Zahlungsverkehr, die Kreditversorgung und die Sicherheit der Bankeinlagen garantieren.[8]

Der Verzicht auf Kredite von Bürgern für Banker würde die Gelegenheit beim Schopfe packen, sich endlich vom Dogma des unkontrollierten Wachstums zu verabschieden. Das Bruttoinlandsprodukt, auf dessen Anstieg alle fixiert sind, ist offenkundig die falsche Maßeinheit für Erfolg. Es verschweigt, zu welchem Anteil der Zuwachs auf Verschuldung und Verschwendung beruht, es sagt nichts über den ökonomischen und ökologischen Sinn des Wachstums. Und erst recht nichts darüber, wie es der Bevölkerung tatsächlich geht. Es ist ein blindes Belohnungsmaß, das nicht berücksichtigt, was nötig und wichtig ist.

Sicher, die am meisten konsumieren, müssten sich dann einschränken, aber dass dieser Punkt kommt, lehrt uns doch die Klimakatastrophe schon lange. Wann, wenn nicht jetzt? Angeblich werden Arbeitsplätze verloren gehen. Bei einer radikalen Arbeitszeitverkürzung nicht unbedingt. Bei einer radikalen Besinnung auf die Pflege von Mensch und Natur auch nicht, denn das ist arbeitsaufwendig. Schiebt man einen Baustein, ändert sich die ganze Statik. Genau diese Kühnheit müsste sein. Denn auf das Grundproblem hat bisher niemand eine Antwort: Ohne Wachstum verhungert die Marktwirtschaft, mit Wachstum erstickt sie.

Im privatkapitalistischen System gibt es zu viele Anreize, die dem Gemeinwohl widersprechen. Die Börse stimuliert falsch. Sie setzt ohne Vernunft auf kurzfristige Gewinne. Werden Leute entlassen, um die Verbleibenden härter auszubeuten, steigen die Kurse. Werden Renditeopfer wegen langfristig nötiger Investitionen angemahnt, gibt es Kursverluste.

Darf der Staat künftig solche privatrechtlichen Beziehungen regeln, oder darf das nur die Aktionärsversammlung? Das ist die Frage nach dem öffentlichen Eingriff in das private Eigentum, also die Frage nach dem Wirtschaftssystem. Doch gerade diese überlebte Variable des westlichen Systems verteidigt sich hartnäckiger als dessen absolut unverzichtbare Bestandteile: Demokratie, Rechtsstaat, Sozialstaat.

Haben wir noch einen Sozialstaat?

Nach Artikel 20 des Grundgesetzes ist die Bundesrepublik «ein demokratischer und sozialer» Staat, und diese Festlegung darf nach Artikel 79 GG durch keine Zweidrittelmehrheit und keine Dreidrittelganzheit jemals verändert werden. Selbst das Management einer Krise muss sich daran messen lassen. Dieses grundgesetzliche *Ewigkeitsgebot zum Sozialstaatsprinzip* kann man angesichts der nicht abreißenden Verstöße gar nicht oft genug in Erinnerung rufen.

Haben wir noch einen Sozialstaat? Leider gibt es dafür keine verbindliche Definition. Es handelt sich wohl eher um einen gesellschaftlichen Pakt, der ständig neu ausgehandelt werden muss. Aus der Sicht vieler Menschen in armen Ländern, und das ist uns ja bewusst, sind die Lebensbedingungen in Deutschland immer noch beneidenswert gut. Noch nie war so viel Wohlstand zu verteilen wie heute. Aber gerade dies wissend und auch, welche Sozialleistungen in der zweiten Hälfte des vorigen Jahrhunderts angesichts starker Gewerkschaften und einer lebhaften Systemkonkurrenz schon einmal möglich waren, ist Genügsamkeit fehl am Platze. Schließlich haben sich die Durchschnittsnettolöhne in den letzten 20 Jahren nicht erhöht, obwohl die Arbeitsproduktivität fast um ein Drittel gestiegen ist. Warum ist von dem Gewinn an der Basis nichts angekommen? Weil der Gesetzgeber nicht gerecht verteilt. Wessen Interessen vertritt er also?

Das Landessozialgericht Hessen hat die Hartz-IV-Regelsätze für verfassungswidrig erklärt. Wie viel Geld braucht der Mensch, um seine Würde zu wahren? Deutschland ist zum größten Niedriglohnbereich in Europa geworden. Wenn Millionen Beschäftigte mit ihrer Vollzeitarbeit das Leben der Familie nicht mehr finanzieren können, so ist dies kein Kennzeichen eines Sozialstaates. Wenn Millionen erfasste und nicht gezählte Arbeitslose von der staatlichen Zuwendung ihre Kinder nicht mehr gesund ernähren können, so hat dies mit Sozialstaat auch nichts zu tun. Wenn Kinderarmut eine massenhafte Erscheinung wird und Bildung von der sozialen Herkunft abhängt, was soll daran sozial sein? Wenn in privatisierten Krankenhäusern Patienten vor allem ein Kostenfaktor sind und Behandlung und Entlassung nach Punktsystem durchkalkuliert werden, ist dies nicht nur unsozial, sondern auch unmenschlich. Ebenso, wenn Altersarmut um sich greift und die Verhältnisse in vielen Pflegeheimen zum Himmel schreien. Der Charakter eines Systems offenbart sich bekanntlich darin, wie es mit den Schwachen umgeht. Und wie mit den Starken. Wie viel Reichtum und Rendite angesichts dieser sozialen Not Bestandsschutz haben. Der gefühlte Staat ist nicht mehr sozial. Die gefühlte Wirtschaft ist keine soziale Marktwirtschaft mehr.

Wer trägt die Schuld am Niedergang dessen, was 150 Jahre Arbeiterbewegung erkämpft hat? Gemeinhin heißt es: die Globalisierung, der Neoliberalismus, die Gier. Das ist schön anonym und tritt niemandem zu nahe. Dabei wäre der Sozialstaat bezahlbar, auch auf dem alten Niveau, durch Abschöpfen des dem Gemeinwohl entzogenen, ständig wachsenden Reichtums. Dennoch mache ich nicht «die Reichen» für die Armut verantwortlich. Ich neige zu einer radikaldemokratischen Antwort:

Für die Bewahrung des Sozialstaates ist zu hundert Prozent die Politik zuständig und zu null Prozent die sich an Gesetze haltende Wirtschaft. Überzeugend hat der einstige Präsident des Bundesverfassungsgerichtes, Hans-Jürgen Papier, darauf verwiesen, dass ein Unternehmer nur die Pflichten erfüllen muss, die ihm das Gesetz auferlegt. Wenn er also sein Grundrecht wahrnehme, alles zu tun, was nicht verboten ist, könne dies nicht unter Moralvorbehalt gestellt werden. Erkenne die Gesellschaft Auswüchse, müsse der Souverän einen gesetzlichen Riegel vorschieben. Wenn die Wirtschaft ein Erpressungspotenzial hat, so nur, weil versäumt wurde, jenen Riegel an der richtigen Stelle einzusetzen.

Ein Unternehmer wird sich freiwillig auf soziale Erwägungen nur einlassen, wenn er darin langfristig eine Chance zur Gewinnsteigerung sieht, was im Einzelfall durchaus möglich ist. Darüber hinaus ist das ganze Gerede von Corporate Social Responsibility der Manager oder von «Bündnissen für Arbeit» nicht nur illusionär, sondern im Grunde sogar ein unsittliches Ansinnen. Politiker delegieren ihren sozialstaatlichen Verfassungsauftrag an die Unternehmer, indem sie sie unter moralischem Druck davon abhalten wollen, von ebenden Rechten Gebrauch zu machen, die sie ihnen selber einräumen. Moral, so sie greifen soll, gehört nicht in Appelle, sondern in Gesetze. Eigentum verpflichtet – die Gesetze einzuhalten.

Der Arbeitsplätze vernichtende Shareholder-Value, den ich mit Mehrholer-Value übersetze, wäre durch ein modifiziertes Börsengesetz weitgehend zu beschränken. Die viel gescholtenen Hedgefonds, die produktives Kapital durch Spekulation vernichten und mit ihrem Selbstvermehrungsanspruch von bis zu 40 Prozent Rendite ganze Volkswirtschaften ins Wanken bringen, sind in Deutschland unter Rot-Grün, sekundiert von Schwarz-Gelb, zugelassen worden. Kanzler Schröder glaubte auch, nicht gegen die Wirtschaft regieren zu können. Dann regiert die Wirtschaft eben gegen die Politik.

Kapitalismus ohne Demokratie?

Kann, was nicht mehr sozial ist, noch demokratisch sein? Ist das Schicksal der Demokratie an eine Marktwirtschaft gekoppelt, die ihre soziale Kompetenz verloren hat? Wann kippt eine Demokratie mit oligarchischen Zügen in eine Oligarchie im Kostüm der Demokratie? In der Mitte der Gesellschaft wird meist verharmlost, mitunter gewarnt und gebarmt, aber an die Wurzel gehende Fragen verbieten sich dort: Ist Deutschland noch eine Demokratie?

Der nationalkonservative Professor für Öffentliches Recht an der Universität Erlangen-Nürnberg, Karl Albrecht Schachtschneider, gibt eine Antwort, die an Deutlichkeit nichts zu wünschen übriglässt: «Nach einem halben Jahrhundert europäischer Integration hat Deutschland gänzlich andere politische Strukturen, als sie das Grundgesetz verfasst hat. Die Republik ist keine Demokratie im freiheitlichen Sinne mehr. Sie ist kein Rechtsstaat mehr, in dem durch Gewaltenteilung und Rechtsschutz die Grundrechte gesichert sind. Sie ist kein Sozialstaat mehr, sondern unselbständiger Teil einer Region des globalen Kapitalismus.»[9] Ein globales Ausbeutungsszenario, vom Kapitalinteresse administriert, lasse dem Sozialprinzip keine Entfaltungschance mehr. Hauptverantwortlich für diese Entwicklung ist für Schachtschneider allerdings nicht die unsoziale Marktwirtschaft, sondern die EU und ihr Gerichtshof. Er empfiehlt, aus der Union auszutreten und die Integration von vorn zu beginnen.

Die Demokratie durch den Rückzug aufs Nationale verteidigen, während die multinationalen Unternehmen den Bürgern zeigen, was eine Harke ist? Die Finanzkrise ist ebenso international wie die Versuche, sie abzuwenden. Auch in ihrem Licht wird man die neoliberalen Fallstricke des umstrittenen Lissabonner Vertrages noch einmal unter die Lupe nehmen müssen. Artikel 56 verbietet «alle Beschränkungen des Kapitalverkehrs zwischen den Mitgliedsstaaten und dritten Ländern». Das entspricht nicht einmal mehr dem heutigen Mainstream. Europa muss demokratisiert, nicht aufgegeben werden. Sonst werden sich ganz andere Machtzentren über uns erheben.

Der einflussreiche italienische Philosoph Paolo Flores d'Arcais bezweifelt wiederum, ob das amerikanische Modell des Kapitalismus noch eine Demokratie ist. Er wisse, sich damit nicht viele Freunde zu machen, könne aber nicht umhin, den monopolisierten Medienmarkt der USA für den herrschenden «Totalitarismus der Desinformation» verantwortlich zu machen. Weil die Demokratie die «Interessen des Establishments» gefährde, bedrohe dieses die Demokratie. Angefangen von der Autonomie der Richter bis zum kritischen Journalismus. Die Welt erlebe einen siegreichen Kreuzzug des von der Macht ausgehenden Populismus gegen die Demokratie. (Eric Hobsbawm nennt den Populismus den kleinen Bruder des Fundamentalismus.) Und jeder Populismus bedürfe eines äußeren Feindes, gegen den Krieg geführt wird. Der Krieg helfe dann wiederum, die liberale Logik auszuhebeln, die inneren Gegner in Verräter zu verwandeln und den Konformismus zur Bürgertugend zu erheben. So werde letztlich der Geist der Verfassung in sein Gegenteil verkehrt. Es wird inzwischen kaum noch bestritten, dass die USA im Kern ein Einparteiensystem sind, nämlich das der Business-Partei, die lediglich zwei Flügel hat. Und was für die USA zutrifft, prägt mehr oder weniger die Entwicklung im gesamten Westen.

D'Arcais: «Immer häufiger sind daher Staaten, die wir als Demokratien bezeichnen, in Wirklichkeit Demokratien im Niedergang. Und es ist keineswegs ein bloßer Albtraum, wenn man fürchtet, Westen und Osten, erste Welt und zweite Welt würden unmerklich auf ein neues ‹Entwicklungsmodell› zusteuern: auf einen Kapitalismus ohne Demokratie.»[10]

Wird Präsident Obama, nach dessen zögerlichem Krisenmanagement viel Ernüchterung eingetreten ist, sich gegen die Business-Partei durchsetzen wollen? Für den Fall, dass er dies noch versuchen sollte, bangen in der ideologisierten Atmosphäre nicht wenige um sein Leben. Denn wir befinden uns im innersten Ring der Niederungen, dem rücksichtslosen Drang des Kapitals nach Weltherrschaft. Die drei wichtigsten Instrumente bleiben dabei: Kürzung der Sozialausgaben, Deregulierung und Privatisierung. Mit Letzterer verhökerten die Regierenden das Pfand ihrer Autonomie, sie begingen öffentlich Selbstmord, wie der Soziologe Ulrich Beck es nannte. Privatisieren heißt die Allgemeinheit berauben. Damit die «systemrelevanten Banken» ihr Raubgut auch behalten können, sollen nun also die Bürger weltweit Schmiere stehen. Ihre Spielräume für demokratische Entscheidungen werden damit weiter eingeengt werden. Wer weniger Geld hat, hat auch weniger zu sagen. Insofern ist es sehr die Frage, ob der Staat durch die Finanzkrise Stärke zurückgewonnen hat.

Skepsis ist angesagt. Das im «Schwarzbuch Deutschland»[11] hellsichtig diagnostizierte, «dramatisch unterkomplexe politische Denken» ist ja nicht zufällig oder aus einer unerklärlichen Unfähigkeit entstanden. Wer es wagt, in Zusammenhängen zu denken und daraus folgerichtige Schlüsse zu ziehen, kommt zu Ergebnissen, die spürbar unwillkommen sind. Wer verbrennt sich schon gern derart den Mund: Im neoliberalen Kapitalismus gehört Demokratieabbau zum Systemerhalt. Die Demokratie wird von der Machtlobby schlicht aufgekauft. Ein mafiöses Geflecht aus Parteienfilz, organisierter Wirtschaftskriminalität und Korruption hat den Einzug des Irrationalen seit langem vorbereitet.[12] Geheimdienste löschten ihre Festplatten, belastende Unterlagen wurden im Amt manipuliert oder gleich geschreddert, Spender blieben ungenannt. Staatsanwälte schonten Parteifreunde, Belastete kauften sich frei, Staatssekretäre wechselten zu Banken, Politiker funktionierten in Aufsichtsräten, Konzernmanager machten unlegitimiert Politik.

Dafür haben nicht schon betriebsblinde Leute eine bessere Beobachtungsgabe. Der 1978 aus der Sowjetunion ausgebürgerte und später in München lebende Schriftsteller Alexander Sinowjew sprach von einer despotischen *Überstaatlichkeit*. Er meinte damit einen Filz aus Vertretern der Administration, von privaten Kanzleien und Geheimdienstlern, aus elitären Clubs, in denen Unternehmer, Bankiers und Berater Freunde und Verwandte von Machthabern treffen, mafiaähnliche Gruppierungen von Aufsichtsräten, Immobilienmaklern und Medienmoguln. «Dies ist die Küche, in der Macht zubereitet wird ... Das System der Überstaatlichkeit beinhaltet nicht den Funken einer demokratischen Macht, die Öffentlichkeit ist auf ein Minimum reduziert oder gar nicht existent, vorherrschend ist das Prinzip der Geheimhaltung, des Kastensystems, von privaten Pakten. Die kommunistische Staatsform mutet schon jetzt im Vergleich damit dilettantisch an.»[13]

Diese Überstaatlichkeit hat ein System privilegierender Röhren geschaffen, in dem die Einkommensschwächsten die Einkommensstärksten subventionieren. Zweiklassenbildung, Zweiklassenmedizin, Zweiklassenrente, Zweiklassentod. Je prekärer die Lage, desto wehrloser scheint das Prekariat gegen alle Spielarten von Ausbeutung. Der angebliche Souverän erlebt, wie die Regierung sich vom überwältigenden Mehrheitswillen nicht überwältigen, ja nicht einmal beeindrucken lässt. Obwohl fast alle dagegen sind, werden das Rentenalter erhöht, die Unternehmenssteuer gesenkt, die Auslandseinsätze der Bundeswehr ausgeweitet. Wer Souverän sein soll, muss über solche existenziellen Fragen mitbestimmen dürfen. Auch über den Haushalt. Es ist sein Geld, das er erarbeitet hat. Doch wenn es darauf ankommt, ist er entmündigt. Wer immer bisher an der Regierung war, der Wähler wurde nicht gefragt, ob der Rüstungsetat erhöht oder das über Jahrzehnte mit seinen Steuern aufgebaute öffentliche Vermögen an Nichtöffentliche verhökert werden soll.

In der Shareholder-Value-Phase des Kapitalismus, von der im Moment niemand zu sagen vermag, ob sie abgebaut oder verschärft wird, schadet Demokratie nicht nur der Außenpolitik, sondern auch der Wirtschaftspolitik und der Innenpolitik – kurz: dem Standort. Soziale Zugeständnisse gefährden die Zusagen gegenüber den Aktionären. Die Reichen werden immer unverschämter, die Armen verschämter. Das könnte sie anfällig machen für den Gedanken, mehr Sicherheit, mehr Abschottung könne ihre Lage verbessern. Was dann wächst, wäre ein zerstörerisches Potenzial in der Zivilgesellschaft. Es wären die sozialen Kosten der Ungerechtigkeit: von Depressionskrankheiten bis zu fremdenfeindlicher Kriminalität.

Male ich zu schwarz? Dramatisierende Krisenrhetorik wie zu Weimarer Zeiten? Hat diese Gesellschaft nicht noch einen selbstbewussten, aufgeklärten, ökonomisch unabhängigen Kern, mit dessen Kreativität es gelingen müsste, die Not erfinderisch zu machen? Wird man sich jenseits des beschriebenen «Siegerkomplexes» auf das bedenkenswerte Erbteil des verfehlten Sozialismus besinnen und, ehe man auch am Ziel vorbeischießt, *learning by doing* eine zivile, demokratische Wirtschaftsordnung mit einem ausgewogenen Verhältnis von Markt und Plan installieren? Alles sorgenvolle Beschwören der Gefahren entspringt dieser Hoffnung. Die Lehre von Weimar ist für mich: lieber ein mögliches, düsteres Szenario mit seinen Schrecken gedanklich vorwegnehmen, als seine schreckgewordene Realität nachholend zu beschreiben.

Vor zwanzig Jahren in der DDR-Bürgerbewegung «Demokratischer Aufbruch» mit großen Erwartungen in die neue Zeit gestartet, habe ich Verbündete in Ost und West immer dort gesucht, wo dieser Aufbruch mit Konsequenz verfolgt wird. Es gibt viele solcher Verbündeten, auch wenn sie selten ein solches Podium haben wie Oskar Lafontaine am 18.12.2008 im Bundestag: «Wir definieren Demokratie nicht nur vom Formalen, sondern auch vom Ergebnis her. Eine demokratische Gesellschaft ist eine Gesellschaft, in der sich die Interessen der Mehrheit und nicht die Interessen der Minderheit durchsetzen. Das gilt nicht nur für Deutschland, das gilt auch für Gesamteuropa. Deshalb zitiere ich gern Karl Arnold: Formale politische Demokratie auf der einen Seite, aber Absolutismus in der Wirtschaft, das wird und kann auf Dauer nicht funktionieren. – Wir wollen zu einem demokratischen und sozialen Europa kommen. Wir wollen an die Stelle des Neoliberalismus der letzten Jahrzehnte die Wirtschaftsdemokratie als gesamtgesellschaftliches Konzept setzen.»

7. Gibt es ein Grundrecht auf Revolution?
Der Westen hat Alternativen gewonnen

> *Keine Weltkarte taugt etwas,*
> *die nicht die Insel Utopia enthält.*
> OSCAR WILDE

> *Die Zukunft liegt nicht darin,*
> *dass man an sie glaubt oder nicht glaubt,*
> *sondern darin, dass man sie vorbereitet.*
> ERICH FRIED

Zwanzig Jahre nach dem Fall der Mauer zwischen den Systemen haben wir alles andere als eine revolutionäre Situation. Dafür eine um sich greifende Erosion der Gewissheiten der siegreichen Seite. Unter den Konservativen geht die Angst vor einem Linksschwenk um, nicht nur in Europa. Ein Ruck geht durch die Welt, aber was für einer? Auf der Linken befürchten viele, die Chance für einen Neubeginn könne vertan werden, die alten Leiden würden sich potenzieren, die Welt womöglich ins Totalitäre abgleiten. Waffen würden noch mehr sprechen als Argumente. Manches in den vorigen Kapiteln Bedachte deutet darauf hin. Die Gefahr ist nicht gebannt, so viel kann selbst in einem dem Zweifel ergebenen Buch als sicher gelten.

Der Soziologe Immanuel Wallerstein, der an der Yale University zum Doyen der Weltsystem-Theorie geworden ist, bringt es auf den Punkt: «Wir können zuversichtlich davon ausgehen, dass das gegenwärtige System keine Zukunft hat. Doch welche neue Ordnung als Ersatz ausgewählt werden wird, können wir nicht voraussagen, denn diese Entscheidung erwächst aus dem Gegeneinander einer unendlichen Vielzahl von Einzelbestrebungen. Früher oder später aber wird ein neues System installiert. Das wird kein kapitalistisches System sein. Es wird jedoch möglicherweise weitaus schlimmer (noch polarisierender und noch hierarchischer) oder auch viel besser (nämlich relativ demokratisch, relativ egalitär) sein als ein solches. Das Ringen um die Auswahl eines neuen Systems ist jetzt die wichtigste, weltweit ausgetragene Auseinandersetzung unserer Zeit.»[1]

Die wichtigste Auseinandersetzung unserer Zeit

Und das ohne revolutionäres Denken? Hannah Arendts Standardwerk «Über die Revolution» ist in Deutschland im Buchhandel nicht lieferbar. Das Thema war – zumindest jenseits kabarettistischer Einlagen – aus dem Bewusstsein gefallen. «Wie wenig wir mit dem Erbe der Revolutionen anzufangen wissen», hat schon Arendt selbst beklagt: «Was von den furchtbaren Katastrophen der Revolutionen des zwanzigsten Jahrhunderts verdeckt worden ist, ist nicht mehr und nicht weniger als diese erste, nun wahrhaft revolutionäre Hoffnung der europäischen und schließlich vielleicht aller Völker der Erde auf eine neue Staatsform, die es jedem inmitten der Massengesellschaften doch erlauben könnte, an den öffentlichen Angelegenheiten der Zeit teilzunehmen.»[2] Sie appelliert an den *pursuit of happiness*, das Streben nach Glück, das es bedeutet, immer wieder einen gänzlich neuen Anfang zu setzen. Dabei sieht sie eine ernste Schwierigkeit darin, das eigentlich Revolutionäre in den zu erkämpfenden Verfassungen zu entdecken. Denn die Verfassung ist, wie im vorigen Kapitel beschrieben, die einzige Fessel der Macht.

Da sind wir in einer relativ komfortablen Situation. Durch die revolutionäre Nachkriegsstimmung in Europa haben wir weitgehend Verfassungen, die einzuhalten und auszuloten schon revolutionär wäre. So auch das Grundgesetz. Selbst die Abschaffung der Marktwirtschaft wäre von ihm gedeckt, da es wirtschaftspolitisch vollkommen offen ist. In seinem Anti-Kapitalistischen Manifest befindet der Professor für Politikwissenschaften an der University of York, Alex Callinicos: Wenn der Austausch auf dem Markt durch demokratisch formulierte Bedürfnisse geregelt wird, «dann hat es wenig Sinn, das daraus resultierende System als Marktwirtschaft zu bezeichnen, auch wenn Preise und Geld weiterhin eine Rolle als bequemes Rechnungsmittel spielen. Die Übel des Kapitalismus können nur überwunden werden, wenn der Markt nicht gerettet, sondern ersetzt wird.»[3]

Darüber ließe sich dank Grundgesetz also reden. Wenngleich, wie beschrieben (S. 36), der Markt nicht einmal im Realsozialismus *ersetzt* war. Gerade der Mangel konnte nur auf dem Markt sichtbar werden und hat immer wieder zu Plankorrekturen geführt. Aber die Begrifflichkeit sollte kein Hinderungsgrund dafür sein, ein neues Modell in Angriff zu nehmen. Auch nicht die Frage, ob dies der dritte, vierte oder neunte Weg sein wird.

In letzter Zeit schleicht sich der Begriff der Revolution verdächtig hartnäckig in die Debatten. Die Kräfte des Marktes entfesseln, weil Ungleichheit anspornt – das nennt die *Süddeutsche Zeitung* die «rechte Revolution», die zu weit gegangen sei und so die schlimmsten Vorurteile über den Kapitalismus bestätigt habe. «Banker weg, wir brauchen eine Revolution», kontert die FAZ. Keine Bank hätte die Chance gehabt, *nicht* mit minderwertigen Darlehen und hochspekulativen Zertifikaten zu handeln. Denn dann hätten sie weniger Profit als ihre Konkurrenten gemacht und wären von den Analysten heruntergestuft worden. Die einzige Lehre, die sich aus diesen Zwängen ergäbe: «Das ganze System muss ausgewechselt werden.»[4]

Geschichte hat ihren eigenen Humor

Auswechseln also, wie einen platten Reifen. Oder welches Teil genau? Da halten sich die Anmahner der Revolutionen bedeckt. Denn ausgewechselte Banker allein sind nicht das ganze System, sie würden auch wieder Gefangene der Plattmach-Mechanismen sein. Der dunkle Punkt des Kapitalismus besteht gerade darin, dass er die ihm Ausgesetzten bei Strafe ihres Unterganges zwingt, jeden Unsinn, jedes Risiko, jedes Übervorteilen mitzumachen, um so profitabel wie möglich zu sein. Niemand hat die Freiheit, davon abzuweichen. Wo kein Maximalprofit, da kein Kapitalismus. Wo keine Maximaleffizienz, da kein Überleben. Ein Hamsterrad ohne Schlupfloch, das nicht ruht, bis alle verhamstern.

Als Regierungsbeauftragter für den Aufbau Ost saß Klaus von Dohnanyi gleichzeitig im Aufsichtsrat von Audi. Dort hat er über den Standort für ein neues Motorenwerk mit 500 Arbeitsplätzen abgestimmt, Thüringen sollte dafür Subventionen vom Bund bekommen. Doch wie Dohnanyi stolz berichtete, habe er sich «wegen der unvergleichlichen Vorteile der Steuerfreiheit in Ungarn für dieses Land entschieden». Er hätte sich sonst «der Untreue gegenüber den Aktionären schuldig gemacht». Das ist diese erzwungene, aber wie selbstverständlich verinnerlichte Unfreiheit: Die Loyalität gegenüber der Börse hat Vorrang gegenüber der zur Regierung. Man macht sich als Politiker in Aufsichtsräten schuldig, wenn man sich dafür einsetzt, dass Unternehmen im Interesse des Allgemeinwohls Steuern zu zahlen haben – wo auch immer sie produzieren.

Geschichte hat ihren eigenen Humor. Ironischerweise hat sie den Sozialismus in einem Moment untergehen lassen, in dem die Gesellschaft das, was der Kapitalismus am besten kann, eigentlich schon nicht mehr braucht: die Steigerung von Effektivität. Die moderne Technik hat so viel Zeit eingespart, dass sie nun im Überfluss zur Last wird. Geronnen im wachsenden Heer der Arbeitslosen. Ihre Zeit ist kein Geld. Sie kostet Geld. Es ist so viel brachliegende Zeit organisiert worden, dass Zeit im Grunde nichts Kostbares mehr ist. Insofern wird es auf die Dauer keinen Sinn mehr haben, den Wert einer Ware an verausgabter Arbeitszeit zu messen. Der Gebrauchswert zum Stillen echter, nicht eingeredeter Bedürfnisse wird wieder wichtiger werden. Das aber wird das Ende der herkömmlichen Wirtschaftsstruktur einläuten. Und den Anfang der Revolution.

Der Klimawandel wird uns lehren, unser Verständnis von Effektivität an die Vermeidung von Energieeinsatz und Transport zu koppeln, an den Verlust von Produktivität und Wachstum also. Wie gesagt, Drahtbesen statt dieselschluckendem, lärm- und gestankverbreitendem Laubsauger. Lieber unproduktiv als ungesund. Die bedenkliche Zunahme an Stresskrankheiten wie Schlaflosigkeit, Herzbeschwerden, nervösen Magenleiden oder Bluthochdruck wird hoffentlich zu der Einsicht führen, dass Leistungsdruck nicht beliebig gesteigert werden kann. Wenn der Kapitalismus überleben will, muss er lernen, Ineffizienz auszuhalten. Also Menschlichkeit, denn der Mensch ist von Natur aus ineffizient. Das System der Profitmaximierung muss ausgewechselt werden gegen die Vernunftmaximierung. Denn der Mensch ist ein vernunftbegabtes Wesen. Er verfügt über die Einsicht in die Notwendigkeit, aber nicht über die Freiheit, nach dieser Einsicht zu handeln. Der Zwang zur Profitmaximierung hindert ihn daran. Denn Kapitalismus ist permanente Steigerung der Effektivität. Wenn der Kapitalismus überleben will, muss er aufhören, er selbst zu sein.

Wie es ihm der Sozialismus vorgemacht hat. Und das sage ich ausnahmsweise ohne jede Ironie: Der Mut zur Ineffizienz hatte im Sozialismus auch einen emanzipatorischen Aspekt. Den hierüber Höhnenden und Spottenden könnte ihr Lästern schon noch im Halse steckenbleiben. Wenn der eigene Untergang maximiert würde.

Der Verzicht auf Börsen und Zinstreiberei, dafür Vollbeschäftigung, weniger Arbeitsdruck, Gleichberechtigung, die Integration von Problemgruppen, Sozialleistungen, also erhöhte Lohnnebenkosten – all das war eine bewusste Inkaufnahme von weniger Wirtschaftsleistung. Klar, wenn Mangel zu Verdruss, Verfall und Verschwendung führt, ist der Verzicht ad absurdum geführt. Alles ist eine Frage des Maßes. Solange es nur um einen Mangel an Überfluss ging, war Sparsamkeit, Improvisation und Kreativität die Folge. Das Teilen mit anderen und damit das Wahrnehmen anderer. Der emanzipatorische Aspekt lag im folgenschweren Verzicht auf den Maximalprofit, nicht mehr und nicht weniger.

Die Schwierigkeit ist, dass der Ansatz gescheitert ist und dennoch, von klüger Gewordenen, wiederholt werden muss. Wie es unvollendete Revolutionen so an sich haben. Wollen Revolutionen eines Tages siegreich sein, dürfen sie sich keinen Rückgriff auf Dirigismus, auf Dogmatismus leisten – dann muss schon etwas auf dieser Welt noch nicht Dagewesenes herauskommen: Demokratie plus Gemeineigentum zum Beispiel. Zumindest an den wichtigsten Naturgütern, Dienstleistungen und Produktionsmitteln. Und die im Privatbesitz verbleibenden Unternehmen unterlägen demokratischer Kontrolle. So wären wirtschaftliche Machtgruppen einzuengen. Und Freiheit im Sinne vernünftiger Handlungsoptionen auszuweiten. Denn was nicht der Freiheit dient, ist auch keine Revolution, wie Hannah Arendt insistiert.

Ist die repräsentative Demokratie so autonom, die Interessen der Kapitaleigner einzuschränken? Will sie es überhaupt sein? Nicht, um eine Politik gegen die Wirtschaft zu machen, sondern eine Wirtschaft für das Allgemeinwohl. Also eine Politik, die letztlich auch die Wirtschaftsbosse davon befreit, ihr Privateigentum zur Akkumulation unkontrollierbarer Macht zu nutzen und von Analysten abhängig zu sein.

Funktioniert dergleichen vielleicht doch nur ohne kapitalistische Störfeuer und Schocktherapien? Also nur bei angeglichenen Bedingungen auf der ganzen Welt? Vermutlich bereitet die Globalisierung dieses Angleichen vor. Ist sie also auch die Vorstufe der globalen Revolution gegen den Kapitalismus? (Wie sie der italienische Mitbegründer des Weltsozialforums, Flavio Lotti, 2007 in Nairobi unter dem Beifall Tausender Afrikaner gefordert hat.) Oder ist die Globalisierung gar die Weltrevolution höchstselbst und muss nur als solche erkannt und gestaltet werden?

Handlungsfähige Subjekte gesucht

Wo sind Gegenkräfte, die nicht vom Sachzwang-Denken befallen sind? Wo Modelle, an die sich anknüpfen lässt? Weshalb ist mit der Planwirtschaft auch das skandinavische Wohlfahrtsmodell schnell ins Schwanken geraten, obwohl dort ein starker Staatssektor der Privatwirtschaft Paroli bieten konnte? Asbjörn Wahl von attac-Norwegen gab mir beim Europäischen Sozialforum in Paris eine einleuchtende Erklärung: «In den 50er Jahren, mit Entstehung des sozialistischen Blocks, hat die Arbeiterbewegung in harten Kämpfen einen Sozialvertrag errungen, der statt Krisen Wohlstand brachte. Dies war die reformistische Straße zum Sozialismus, denn auf eine Demokratisierung der Produktionsmittel verzichtete man in der Ära des Sozialstaates. Das war die unverhandelbare Bedingung des Kapitals. (Ein Knackpunkt, der im Osten gerade nicht akzeptiert wurde.) Wirtschaftsdemokratie wurde auf Mitbestimmung verkürzt. Doch bei der Strategie des Entgegenkommens von beiden Seiten hatte das Kapital letztlich den längeren Atem. Es beobachtete nicht ohne Wohlwollen, wie eine Entradikalisierung und Entpolitisierung der Arbeiterbewegung und der Gewerkschaften einsetzte. Ihre einst antikapitalistische Stoßrichtung verkümmerte, da angeblich überflüssig. Beide haben ihre internationale Vernetzung nicht intensiv genug betrieben und sich aus gesellschaftstheoretischen Debatten drängen lassen. Die Selbstbescheidung der Gewerkschaft auf Lohn und Arbeitsrecht hat zu ihrem Machtverlust beigetragen. So entstand ein blinder Winkel, in dem die Gewerkschaften ihre Fähigkeit einbüßten, Leute zu mobilisieren. Und als der Druck des Sozialismus verpuffte, ja seine Eigentumsordnung als kriminelles Unrecht verdammt wurde, war niemand mehr da, der dem Neoliberalismus Paroli bieten konnte. Da entpuppten sich die sozialen Grundrechte als Zugeständnisse des Kapitals auf Zeit.»

In neueren Umfragen wächst die Wertschätzung für Gewerkschaften wieder. Inzwischen haben sie begonnen, sich den politischen Raum zurückzuerobern. Wenn ihre Machtbasis im Betrieb erodiert, dann muss gewerkschaftliche Mitbestimmung über den Betrieb hinausreichen. Politisches Streikrecht steht als neue Forderung im Raum. Zumindest die IG Metall, aber auch ver.di setzen darauf, wieder stärker Teil der Zivilgesellschaft zu werden. Dies wird nur gelingen, wenn neue Mitglieder darin ihre Chance erkennen und diese europaweit nutzen und vernetzen. Das kann dauern.

Was vorerst fehlt, sind handlungsfähige Kräfte für die anstehende historische Umwälzung. Die UNO war in den Jahren seit dem Niedergang des sozialistischen Lagers kaum mehr als eine politische Agentur des Kapitals. Weltbank, Internationaler Währungsfonds und Welthandelsorganisation erwiesen sich als Exekutivorgane des Neoliberalismus. Warner aus den eigenen Reihen wie Joseph E. Stiglitz haben trotz nobelpreisgestützter Autorität das Ruder nicht herumreißen können.

Was die vereinzelten Mahner seiner Art zu sagen haben, verstößt gegen die Interessen der versammelten Lobby der Privatwirtschaft – um den Zweiflern Gehör zu verschaffen, müsste schon das Trommelfeuer einer gesellschaftswissenschaftlichen und intellektuellen Offensive die Öffentlichkeit erschüttern. Doch davon kann keine Rede sein. Das beschämende Einknicken der US-amerikanischen Journalisten und Intellektuellen vor dem fundamentalistischen Scharlatan George Dabbelju Bush war nur ein spezieller Beleg für die von Herbert Marcuse schon Mitte der 60er Jahre beschriebene «Gesellschaft ohne Opposition». Die Wohlstandsgesellschaft, die (auf Kosten der Schwachen im In- und Ausland) imstande scheint, die Bedürfnisse der Individuen mehrheitlich zu befriedigen, könne mit Recht verlangen, dass ihre Prinzipien und Institutionen hingenommen werden und «die Opposition auf die Diskussion und Förderung alternativer politischer Praktiken *innerhalb* des Status quo» beschränkt bleibt. In dieser Gesellschaft würden die «Unabhängigkeit des Denkens, Autonomie, das Recht auf politische Opposition ihrer grundlegenden kritischen Funktion beraubt». Ergebnis sei der eindimensionale Mensch. Er hätte schon lange Gründe gehabt, den Status quo zu verlassen, er wird weiterhin Gründe haben, weshalb er sich dies trotz wachsender Dringlichkeit nicht zutraut.

In seinem Buch «Der flexible Mensch» hat der amerikanische Soziologe Richard Sennett den Gedanken weitergeführt. Die Unübersichtlichkeit der Herrschaftsstrukturen in den neuen Organisationsformen der Arbeitswelt verschleiere den individuellen Status. «Deshalb führt die ökonomische Realität der Ungleichheit nicht zu kollektivem politischen Widerstand – sie erzeugt vielmehr ein Gefühl individuellen Versagens.» Die Amerikaner verfügten «über keinerlei ideologisches oder begriffliches System mehr», mit dem sie sich ihren Rückschritt an Wohlstand in den vergangenen Jahrzehnten beschreiben könnten. «Wir haben in den USA inzwischen ein System, in dem Steuersenkungen fast ausschließlich den drei Prozent mit den höchsten Einkommen zugutekommen. Dennoch gibt es keinen Aufschrei bei denen, die leer ausgehen – vielmehr intensives Nachdenken darüber, warum man nicht zu diesen drei Prozent gehört.»[5]

Gesellschaft ohne Opposition? – Warten auf Dissidenten

Ich erinnere mich gut an Gespräche unter namhaften DDR-Autoren, die im Zeichen von Glasnost und Perestroika in der zweiten Hälfte der 80er Jahre die eigenen Strukturen immer stärker kritisierten und verwarfen, ohne allerdings in denen des Westens eine Alternative zu sehen. Die Defizite, vom Club of Rome und diversen Einzelgängern seit langem beschrieben, waren unübersehbar geworden: Demokratie und Marktwirtschaft in ihrer gegenwärtigen Form sind ungeeignet, das Überleben der Menschheit zu garantieren. Und wir fragten uns, weshalb es unter den bundesdeutschen Intellektuellen im Grunde keine an die Wurzeln gehende Systemkritik gibt. Wer wirklich hoffte, auch dort könne der Status quo wenigstens gedanklich verlassen werden, sah sich getäuscht. Diese Art von Dissidenz blieb auf die eigenen Reihen beschränkt. So waren wir nicht allzu überrascht, als auch nach der Wende von der westlichen kritischen Intelligenz angesichts einer doch dringend verbesserungsbedürftigen Welt zwar scharfzüngig Symptome beschrieben wurden, bei der Frage nach den Ursachen und deren Überwindung aber gesammeltes Schweigen zu hören war. Von einigen wenigen, öffentlich nicht weiter zur Kenntnis genommenen Ausnahmen abgesehen.

Michail Gorbatschow beschrieb unlängst in einem kleinen Kreis seinen tragischen Irrtum: «Ich habe auf die Dissidenten gehört. Ich hatte ihre Stimme am Ende in meinem eigenen Kopf. Wir haben als Sowjetunion, als Russen, ich auch persönlich, eines der größten Risiken auf uns genommen, die politische Führer eingehen können, nämlich uns selbst grundsätzlich in Frage zu stellen. Wir haben das in der Hoffnung getan, es würde sich nach dem Kalten Krieg die ganze Welt verändern und es würde eine neue, friedlichere Ordnung gesucht werden. Das Merkwürdige war: Es gab keine Dissidenten mehr, die diese Veränderung auch dem glücklicheren Teil der Welt abverlangt haben, als dieser das Ende des Kalten Krieges allein als Triumph und als einseitigen Sieg im Systemkrieg aufgefasst hat. Ich warte immer noch auf die Dissidenten, die so viel Mut ihren eigenen Regierungen gegenüber aufbringen.»[6]

Es hat diese Mutigen gegeben, aber sie waren nie geschützt, im Chor einer intellektuellen Offensive, sondern vereinzelt. Sie haben daher wenig erreicht und doch ihren Preis bezahlt. Keiner der Großen unter den Autoren charakterisiert seit Jahren so scharf wie Günter Grass die Banken als «hochpotente kriminelle Vereinigungen». Eingeladen von Bankern, sagte er ihnen: «Wer nur Profit zählt, der kann nicht rechnen. Wem das Geld nur bloße Spekulationsmasse ist, der bringt jede Währung in Misskredit.»[7]

In einem Gespräch auf Radio Bremen sprach der oftgescholtene Grass von Versuchen, Autoren wie Böll, ihn und andere auf «schwarze Listen» zu setzen. «Der latente Kommunismusverdacht, wie eine bis in unsere Bereiche hineingezogene, unablässige McCarthy-Ära, war wirksam in all den Jahren, und ist es bis heute.»[8] Grass erinnerte an die RAF-Zeit, in der die Staatsorgane, auf den Terrorismus fixiert, rechtsstaatliche Prinzipien preisgaben und deshalb im Ausland Fragen aufkamen. Bei Veranstaltungen in Goethe-Instituten habe er staatliche Übertreibungen und mediale Kampagnen zurückweisen müssen. Dabei war nicht zu vermeiden, dass «jeweils aus der deutschen Botschaft jemand dasaß, mitgeschrieben und ein Dossier angefertigt hat, das dann auch prompt nach Bonn geliefert wurde. Und dann kam die Anfrage beim Goethe-Institut, ob man Leute wie mich nicht von der Liste der Einzuladenden streichen sollte.»

Ich weiß aus eigener Erfahrung nichts von Dossiers, kann aber folgende Praxis bestätigen: Nach der Wende bin ich als Gründungsmitglied des *Demokratischen Aufbruchs* und auch als kritische Chronistin der Einheit von Goethe-Instituten regelmäßig zu Veranstaltungen eingeladen worden, mitunter zwei-, dreimal im Jahr. 1998, auf dem Höhepunkt der durch meine Kandidatur als brandenburgische Verfassungsrichterin ausgelösten landesweiten Debatte[9] zu der Frage, ob denn die in meinen im Rowohlt Verlag erschienenen Büchern geäußerte Kritik überhaupt verfassungstreu sei, war ich gerade Gast der Institute in Kalkutta und Delhi. Umgestimmte SPD-Landtagsabgeordnete setzten sich durch – ich wurde nicht gewählt. Für manche hat diese in allen Medien verbreitete Tatsache offenbar die Frage nach meiner Verfassungstreue beantwortet. Seither bin ich, bis auf den heutigen Tag, von keinem Goethe-Institut mehr eingeladen worden. Ich beklage mich nicht, ich registriere nur. Zumal sich dieser Praxis auch die meisten der zuvor mir gegenüber recht eifrigen Universitäten, Stiftungen und Akademien angeschlossen haben. Über die strukturelle Feigheit deutscher Institutionen weiß ich ein Lied zu singen. Und Medien haben durchaus Spaß daran, sich an dem Disziplinierungs- und Anpassungsdruck zu beteiligen. Ich habe immerhin acht Unterlassungsklagen wegen Schmähkritik gegen die Springerpresse erfolgreich durchgesetzt. Wenn so behandelte freie Autoren aber nicht wie ich ein solidarisches Netz von Verlag, Lesern und Freunden haben, das sie auffängt, wird es schwierig.

Wahrlich, ich sage euch, das ist die Geschichte von Hans Roth:
Zugegeben, ein Sonderfall. Vielleicht scheint das auch nur so, weil er bekannt wurde, zweimal hat das Fernsehen über ihn berichtet.[10] Aber so oft passiert es wohl nicht, dass jemand sagt: Ich habe bestimmte Erfahrungen in unserer Arbeitswelt gemacht, und deshalb kann ich dieses Wirtschaftssystem nicht akzeptieren. Eine Aussage, die, wie gesagt, durchaus verfassungskonform ist, denn das Grundgesetz ist, wenn überhaupt, eher sozialistisch als kapitalistisch. Privatisierung kommt da nicht vor, Verstaatlichung sehr wohl. Hans Roth berief sich mit seiner Kritik eher auf das Ahlener Programm der CDU, auch wenn er in Wahlkämpfen die SPD unterstützt hat und einmal die FDP. Dennoch ist er bis heute Opfer des Radikalenerlasses. Obwohl er nie Mitglied einer Kommunistischen Partei oder Organisation war, ja die DKP sogar politisch bekämpft hat. Aber als radikal gilt man leicht, wenn man sich hartnäckig auf seine im Grundgesetz garantierten Rechte beruft.

Eigentlich wollte Roth Berufsoffizier werden. 1968 erhält er als Oberleutnant der Reserve bei einer Übung den Befehl, gewaltsam eine Studentendemonstration aufzulösen. Das ist eindeutig grundgesetzwidrig. «Für mich ist eine Armee niemals im Inneren einzusetzen. Sie dient dazu, einen äußeren Feind abzuwehren», begründet der Oberleutnant die Rückgabe seines Wehrpasses. Er wird als Wehrdienstverweigerer anerkannt und seitdem vom hessischen Verfassungsschutz observiert.

Als liberaler Linker studiert der Ahnungslose Anfang der 70er Jahre nun Pädagogik an der Universität Gießen. Hans Roth schließt mit *sehr gut* ab und ist während des Referendariats beliebt bei Schülern und Eltern. Kollegen schätzen ihn auch für sein einfühlsames Buch über therapeutischen Unterricht. Alles deutet auf eine ungetrübte Karriere – doch das damals sozial-liberal regierte Hessen lehnt seine Übernahme als verbeamteter Lehrer ab. Ihm wird Verfassungsfeindlichkeit unterstellt.

Er arbeitet nun als Hilfsarbeiter bei der evangelischen Kirche und geht vor Gericht. Er bezeichnet sich als demokratischen Sozialisten, so wie es im SPD-Programm steht. Von den realsozialistischen Ländern distanziert er sich, weil das Recht auf Opposition und eine unabhängige Justiz zu wichtig seien, als dass sie preisgegeben werden könnten.

1977 bescheinigt ihm das Verwaltungsgericht Kassel Verfassungstreue und entscheidet, dass die Akten über ihn vernichtet werden müssen. Doch der hessische Innenminister legt erfolgreich Einspruch ein. Seither ist er der Gehetzte im Rennen von Hase und Igel – wo immer er sich um Arbeit bewirbt, die Akten des Verfassungsschutzes sind schon da. Und sie verbreiten Unwahrheit. Etwa, er habe für den marxistischen Spartakus-Bund kandidiert. Die vorgelegten Kandidatenlisten beweisen das Gegenteil.

Inzwischen hatte die CDU die Regierung übernommen und das miese Spiel weitergetrieben. Man vermisse bei Hans Roth eine «positive Grundhaltung zu seinem künftigen Dienstherren». Ein Beamter, der das Wirtschaftssystem ablehnt, ist offenbar nicht vorgesehen. Ihm wird «Mangel an charakterlicher Reife» unterstellt, ein Argument, wie das ARD-Magazin anmerkt, das schon in der Nazizeit gern benutzt wurde.

Schüler sammeln für den Ausgegrenzten Unterschriften. Die Gewerkschaft unterstützt ihn, selbst höchstrangige Prominente werden auf seinen Fall aufmerksam und verwenden sich für ihn: Bundespräsident Johannes Rau und der einstige FDP-Innenminister Gerhard Baum. Es hilft alles nichts. Er erhält fünf Ablehnungsbescheide. Staatliche Willkür verwehrt dem studierten Lehrer in Deutschland eine bürgerliche Existenz. Er erträgt das Unrecht nicht und geht ins selbstgewählte Exil. In einem Dorf in Frankreich verdingt er sich seit 30 Jahren mit Gelegenheitsjobs, meist in der Landarbeit.

Aufgegeben hat er nicht. Seit 2003 schreibt er jedes Jahr an Ministerpräsident Koch, eine Antwort hat er nie bekommen. Alfred Grosser wird auf ihn aufmerksam, sagt, er habe nie gedacht, dass Berufsverbot ein Leben lang dauern kann. Der verhinderte Lehrer müsse moralisch rehabilitiert werden, eigentlich stünde ihm eine enorme Entschädigung zu. Doch Hans Roth ist bereits schwer krank. Vom Recht auf Opposition und Meinungsfreiheit in der Bundesrepublik redet er nicht mehr.

Intellektuelle Befangenheit

Gorbatschow also wartet noch auf mutige Dissidenten. Auf der Suche nach dem historischen Subjekt, das die Verfasstheit des künftigen Systems vorantreiben könnte, verdient seine Ungeduld noch ein wenig Verharren. Als sich nach der Wende auch die deutschen Intellektuellen vereinigen mussten, ging dies nicht ohne heftige Konflikte ab, ob im PEN oder in den Kunstakademien. Ein Gremium der Ostberliner Akademie der Künste hat 1991 in Thesen für eine vereinigte Akademie folgenden Befund gestellt:

«Nicht nur im Osten, auch im Westen des durch rigorose Abschirmung getrennten und in sich selbst zerrissenen Deutschlands hat es Anpassungen an die Mentalität und Kultur der in beiden Teilstaaten jeweils dominierenden Weltmächte gegeben, Anpassungen, die Spuren hinterlassen haben und die zu einer Differenz der Identitäten von Ostdeutschen und Westdeutschen geführt haben. Jahrzehntelange Existenz an einer Grenze, die das eigene Land teilt und die Hälften mit äußerster Intensität gegeneinanderstellt, beengt das Denken auf beiden Seiten.» Die Trennung habe «eine östliche und eine westliche intellektuelle und emotionale Befangenheit erzeugt».

Auf diesen Passus eingehend, hat sich Jürgen Habermas in einem Brief an Christa Wolf relativ heftig dagegen verwahrt, «dass sich unsere Biographien hier im Westen unter deformierenden Einschränkungen der erwähnten Art vollzogen haben». Er könne an dem, was westdeutsche Intellektuelle in der Nachkriegszeit produziert haben, keine Beschränkungen erkennen, jedenfalls nicht, weil man sich von bewahrenswerten geistigen Impulsen hätte abgeschnürt fühlen müssen. Ohne die geringste Überheblichkeit sei festzustellen, «dass wir im Westen unter Verhältnissen gelebt haben, die auch im intellektuellen Bereich eine keineswegs erzwungene oder auch nur einschränkende, sondern als Emanzipation erfahrene Orientierung nach Westen ermöglicht haben. Diese Westorientierung hat keine Verkrümmungen der deutschen Seele bedeutet, sondern die Einübung in den aufrechten Gang.»[11]

In ihrer Antwort räumte Christa Wolf ein, sich erst allmählich aus Einseitigkeit und Befangenheit herausgearbeitet zu haben, bestand dann aber darauf, dass Intellektuelle in West und Ost «kritisches Bewusstsein wach hielten». Wenn auch etwas später, so habe doch auch sie unbegrenzten Zugang zu westlicher Literatur gehabt, was den Wert der Literatur des Ostens, der russischen Autoren des 19. Jahrhunderts, der sowjetischen Literatur, insbesondere ihres dissidenten Teils, nicht geschmälert habe. «Die marxistische Literaturwissenschaft habe ich als Studentin in durchaus anregender, das Denken nachhaltig fördernder Weise kennengelernt, und auch der Marxismus ist mir als Gesellschaftstheorie und als Philosophie durchaus nicht zuerst in seiner verfälschten und verballhornten Form entgegengekommen.» Habermas berufe sich dagegen ausschließlich auf die geistigen Anstöße der westlichen Aufklärung. «Der Osten hat auch geistig für Sie keine Rolle gespielt: Könnte nicht darin doch auch eine Verengung liegen?»

Ohne Osten kein Westen? Dem Buch des Zweifels verpflichtet und in aller gebotenen Bescheidenheit gefragt – war es nicht bereits seit der Frankfurter Schule so etwas wie eine freiwillige Selbstbeschränkung, aus der noch so begründeten Verwerfung der marxistischen Orthodoxie und ihrer realsozialistischen Praxis unbegründet auch deren Rückkopplung auf das nicht autonome eigene System auszublenden? «Seit 1989/90 gibt es kein Ausbrechen mehr aus dem Universum des Kapitalismus; es kann nur um eine

Zivilisierung und Zähmung der kapitalistischen Dynamik von innen gehen»[12], behauptet Jürgen Habermas auch nach dem Finanzdebakel noch in argumentatorisch nicht gedeckter Absolutheit. Denn die erwähnte Jahreszahl hat nur eins bewiesen: Entgegen jeglichem Fürmöglichhalten gibt es ein Ausbrechen aus allem, was sich nicht bewährt.

Kein Mangel an Gegenentwürfen

Gerade die Dissidenten, die fähig waren, die eigene Gesellschaft in analytischer Schärfe zu beschreiben, sahen keinen Grund, den Westen in milderem Licht zu betrachten. Rudolf Bahro etwa scheint mir in einem seiner letzten Texte in der Kritik der Mediengesellschaft noch weiter zu gehen als Jürgen Habermas, und das will etwas heißen. Bahro verlangt darin eine «ungeheure Kulturleistung», um zu vermeiden, «dass wir mit unserer riesigen, fast nur noch von Geldvermehrung gesteuerten Bewusstseinsindustrie systematisch und umfassend die Reduktion des Geistes auf die niedrigsten Frequenzen betreiben. Das Gemeinwesen, in seiner gegebenen Verfasstheit, erweist sich schon darin als verloren, dass es diese selbstzerstörerische Alltäglichkeit nicht zu unterbrechen vermag.»[13]

Wer stellt sich der Selbstzerstörung entgegen? Warten auf Dissidenten. Gemeinhin wird behauptet, das Durchbrechen der Blockade scheitere an fehlenden Gegenentwürfen. Aber es stimmt ja nicht, dass niemand eine Alternative hat. Sicher (und zum Glück) existiert kein im Hegel'schen Sinne abgeschlossenes System des Denkens, das Kierkegaard sowieso Gott vorbehalten wissen wollte. Aber nach dem Besuch von Weltsozialforen auf drei Kontinenten und in dem Bewusstsein, dass es Hunderte, wohl Tausende Gegenentwürfe vorstellende Bücher, Pamphlete und Programme gibt, bin ich sicher: Die Grundzüge dessen, was nötig wäre, werden seit Jahren beschrieben. Bausteine, die hier nur auf große Lücke, lose aufeinandergestapelt werden können:

Der Glaube an eine Gesellschaft, in der «die Freiheit des Einzelnen Voraussetzung der Freiheit aller» ist, bedeutet ein kompromissloses Festhalten an den Gründungsurkunden der Demokratie, insbesondere der UNO-Menschenrechtscharta. Die freiheitlichen Grundrechte sind unverzichtbar und müssen in jeder Gesellschaft neu verteidigt werden. Dafür unerlässlich ist in den alternativen Entwürfen die Rückgewinnung des Primats der Politik gegenüber der Wirtschaft. Wer ein solches Primat schon einmal erlebt hat, hält die Forderung weder für naiv noch für unrealistisch. Die Lehre aus dieser Erfahrung besteht vielmehr darin, dass sich eine Politik, die ein Primat beansprucht, permanent demokratisch legitimieren muss. Diese Legitimation bekommt sie weder vom Politbüro noch vom Markt. Gerade weil die Produktionsweise das bestimmende Element des Lebens ist, müssen ihre Regeln vom Souverän erlassen werden.

Als Ergebnis wird eine gemischte Ökonomie mit vielfältigen Eigentumsformen beschrieben, die eine neue Balance zwischen Markt und Plan findet, weder zentralistisch noch dereguliert ist. Volkswirtschaften werden nicht vorrangig mit betriebswirtschaftlichen Anreizen gelenkt. Die Kontrolle und Besteuerung der internationalen Finanzmärkte und Konzerne würde auch berücksichtigen, dass alles umweltzerstörende Wachstum unser Überleben ernsthaft in Frage stellt. Preise hätten den Naturverbrauch zu berücksichtigen. Den Sinn des biblischen Zinsverbots neu zu bedenken würde auch bedeuten, Visionen aus der Humanwirtschaftslehre zu prüfen. Wäre die Zinslogik des Kapitals gebrochen, ließe sich Wachstum verwandeln von Umsatz in Umsetzen. Ein Umsetzen von Ideen in Bildung, Kultur und Forschung.

Wenn die Würde des Menschen unantastbar sein soll, muss das Eigentum an Produktionsmitteln und Finanzvermögen antastbar werden. Privatisierte Konzerne und Dienstleistungen, deren jetzige Art der Geschäftsführung dem Allgemeinwohl nicht gerecht wird, würden nicht bloß wiederverstaatlicht, sondern tatsächlich vergesellschaftet werden. Mehr Basisdemokratie, direkte Mitbestimmung des Volkes würde ein schärferes Bewusstsein für die Brotfrage mit sich bringen. Verteilungsgerechtigkeit bedeutete auch Mindestlöhne für Gemanagte und Höchstlöhne für Manager. Die Alternativen verweisen auf einen egalitären EU-Vertrag, der gleiche Steuern und Tarife anstrebt, in fernerer Zukunft sogar ein harmonisiertes Weltsteuersystem.

Die Globalisierung zu humanisieren heißt für viele Soziologen auch, die Arbeit neu zu verteilen. Was nur mit einer radikalen Kürzung der Arbeitszeit gelingen wird. Am besten so, wie es Bertrand Russell schon vor über 80 Jahren gefordert hat: «Wenn auf Erden niemand mehr gezwungen wäre, mehr als vier Stunden täglich zu arbeiten», dann hätten Wissbegierige Zeit, ihren Neigungen nachzugehen, statt nervöser Gereiztheit würde es Lebensfreude geben. «Wenn die Menschen nicht mehr müde in ihre Freizeit hineingehen, dann wird es sie auch bald nicht mehr nach passiver und geistloser Unterhaltung verlangen ... Guten Mutes zu sein ist die sittliche Eigenschaft, deren die Welt vor allem und am meisten bedarf, und Gutmütigkeit ist das Ergebnis von Wohlbehagen und Sicherheit, nicht von anstrengendem Lebenskampf. Mit den modernen Produktionsmethoden ist die Möglichkeit gegeben, dass alle Menschen behaglich und sicher leben können; wir haben es stattdessen vorgezogen, dass sich manche überanstrengen und die anderen verhungern.»

Nach der Arbeit wäre dann Zeit sowohl für Familie und Freunde, für Fischen und Faulenzen, als auch für lebenslanges Lernen und Engagieren in Projekten. Diese verbesserte Lebensqualität wird in den reichen Ländern nicht ganz ohne Lohneinbuße zu haben sein. Aber diese wäre nach Meinung der Fachleute in Grenzen zu halten, wenn die Lohnentwicklung proportional zum Gewinn wächst und die für Arbeitslosigkeit eingesparten Mittel dem Sozialeinkommen zugutekommen.

Jener Teil des vermeintlichen Lebensstandards, der die Natur peinigt, also uns in ihr, muss sowieso freiwillig abgebaut werden. Damit ist gerade nicht der Sozialstaat gemeint, sondern das Drittauto, die Zweitwohnung, der Billigflieger, die Terrassenheizung, der Wäschetrockner. Statt Swimmingpool saubere Flüsse. Ruderboot statt Luxusyacht. Statt neuseeländischen Lammkeulen hierzulande schottische oder gar mecklenburgische. Kurzurlaub in Templin statt in Teneriffa. Kiefer statt Tropenholz. Alles das, was auszuhalten ist. Worüber ein Konsens ausgehandelt werden müsste.

Westliche Werte verteidigt man am besten, indem man sie selbst einhält. Das Recht auf Leben verlangt die Akzeptanz der völkerrechtlich seit 1928 bestehenden Ächtung des Krieges. Krieg und zwischenstaatliche Gewalt abzuschaffen ist in den meisten linken Entwürfen *das* zivilisatorische Projekt der Moderne. Ein Staat, der sich nicht dem Internationalen Gerichtshof unterwirft, verliert den Ehrentitel Rechtsstaat. Ohne globale Rechtsordnung würde sich eine globale Unrechtsordnung verfestigen. Aber auch der kleine Bürger muss die große Kultur des Friedens mitprägen können: Konstruktive Vorschläge wären einzubringen über Internet-Netzwerke und Selbstorganisation im *open space*, über die Teilnahme an Kongressen und Aufrufen. Stehen vorerst dennoch militärische Eingriffe zur Diskussion, dürfen auch Protestdemonstrationen, Sitzblockaden an Militärbasen, Streiks des Hilfspersonals, Kriegsdienstverweigerung und Desertion nicht überhört werden. Zur Demokratie würde es gehören, künftig dem herrschenden Volk in der Frage über Leben und Tod, über Krieg und Frieden ein Vetorecht einzuräumen.

Eine neue Weltordnung lässt nicht zu, dass jährlich 50 Millionen Menschen an Unterernährung, Seuchen und heilbaren Krankheiten sterben, während ein Zwanzigstel der Rüstungsausgaben ausreichen würde, um die schlimmste Armut zu beseitigen. Sie lässt nicht zu, dass dieser Frieden die Menschheit jedes Jahr so viele Opfer kostet wie der Zweite Weltkrieg in sechs Jahren. Sie nimmt die himmelschreiende Ungerechtigkeit nicht länger hin, wonach der Profit aus dem internationalen Waffenhandel so hoch ist wie das Einkommen der Hälfte der Weltbevölkerung. Rüstung ist außerdem Energieverschwendung und heizt das Klima auf. Erst recht Krieg: Schon ein regionaler Atomkrieg würde die gesamte Ozonschicht zerstören. Diese Waffen gehören in allen Gegenentwürfen als erste verboten und abgeschafft.

Märkte schaffen ohne Waffen – ein fairer Welthandel verhindert, dass die ärmsten Länder die Summe der erhaltenen Entwicklungshilfe jährlich sechsfach durch Zinsen und Schuldentilgung zurückzahlen. Die längst überzahlten Schulden sind zu streichen. Der weltweit eine Milliarde Menschen, die keinen Zugang zu sauberem Wasser hat, sind die 600 000 kalifornischen Swimmingpools nicht zu vermitteln. Nur wenn ein Nord und Süd erfassendes soziales Band geknüpft wird, werden soziale Revolten zu vermeiden sein. Eine neue Weltordnung muss die Armut und Demütigung bekämpfen, die den Terrorismus gebiert. Konfliktverhütung ist die sinnvollste Investition, sagen alle Forschungsinstitute. Am Krieg und am Frieden verdienen nicht dieselben. Deshalb ist es eine politische Aufgabe, dafür zu sorgen, dass Frieden ein besseres Geschäft ist als Krieg. Zum diplomatischen Verhandeln gibt es keine Alternative. Wir sind auf dieser Erde verdammt, uns zu vertragen. Und das geschieht uns recht. Welches Leben wollen wir? Die Antwort weiß nicht allein der Markt. Utopisten werden in der anzustrebenden Ordnung übrigens mit Nachsicht behandelt.

Kritiker, denen all das zu viele offene Fragen und zu verschwommene Vorstellungen sind, seien daran erinnert, dass auch die marktwirtschaftlichen Theorien mehr als vage sind. Angefangen von der unsichtbaren Hand über den New Deal bis zum Washington-Konsens und dem Eingeständnis der mangelnden Regulierungskraft des Marktes. Der Unterschied ist nur, dass den Reichen und Einflussreichen das Privileg eines learning by doing zugestanden wird. Das Risiko des Experimentes tragen in jedem Fall die Nichtprivilegierten; nur wenn es sehr dumm läuft, auch die eigene Klientel. Den Vertretern der Armen und Einflusslosen wird ein solcher Lernprozess auf Kosten der Privilegierten eben nicht zugestanden. Genau das hat der Realsozialismus gewagt und ist im ersten Anlauf unterlegen. Doch wenn die Niederlage nicht gleichzeitig die Lösung des Problems ist, gibt es dann nicht hinreichende Gründe, aus der Geschichte zu lernen und neu anzutreten?

Mit dem Wegfall der Bipolarität zwischen Ost und West hat sich die einst von der Linken angestrebte internationale Solidarität endgültig aus der Globalisierung verabschiedet, sie ist zu einer Beute des Großkapitals geworden. Das sucht weltweit so lange nach Standortvorteilen, bis die Unterschiede nach und nach nivelliert sind. Die Produktivkräfte werden von nationalen Hüllen entkleidet und in ihren Standards angeglichen – das Kapital übernimmt die Drecksarbeit eines im Grunde egalisierenden Ausgleichs. Wird es erst Ruhe geben, wenn wir alle das Lohnniveau von Bangladesch erreicht haben? Wie viel Prekariat verträgt die asoziale Marktwirtschaft? Der Ausgleich wird nur dann eine fortschrittliche Dimension haben, wenn die globalen Verteilungskämpfe sich nicht nur innerhalb der jeweiligen Unterschichten abspielen, sondern der Reichtum in die Egalisierung einbezogen wird. Dieser Prozess wird demokratisch sein, oder er wird Mord und Totschlag sein.

Neues Denken durch neue Medien

Eine andere Welt wird nur möglich sein, wenn wir andere Medien haben. Die derzeitigen Massenmedien, insbesondere die großen privaten Fernsehsender, sind nach wie vor eine Propagandamaschine des Neoliberalismus, sie entpolitisieren durch billige Unterhaltung, kolonialisieren die Vernunft. Private Konzerne haben den öffentlichen Diskurs mehr oder weniger in der Hand. Die Sinnfrage wird nicht mehr gestellt: Leben wir für einen höchst rentablen Standort, in dem das Recht des Stärkeren gilt, oder für die Welt als einen Ort, an dem Leben auch für die Schwächeren lohnenswert ist?

Die globalisierungskritische Bewegung, viele linke NGOs und medial Engagierte setzen zu Recht auf die Kommunikation über das Internet. Durch neue Techniken wie Online-Handys steigt seine Verbreitung beständig an. Dennoch muss man sich bewusst machen, vorerst eher mit einer gebildeten Elite zu kommunizieren. Schätzungsweise 75 Prozent der Weltbevölkerung sind vom Internet immer noch ausgeschlossen. Nach einem Aktionsplan der UNO soll bis 2015 gesichert werden, dass die Hälfte aller Menschen dieser Erde in erreichbarer Nähe Zugang zum Internet hat, aber alle zu Radio und Fernsehen.

Niemand fragt in diesem Plan, welche Inhalte «all of the world's population» sehen wird. Was haben wir erreicht, wenn die Verblödungsprogramme auch noch im letzten Slum empfangen werden und der Langzeiteffekt von Reklame ein kritisches Bewusstsein erstickt?

Schon heute steht selbst in den entlegensten indischen Dörfern irgendwo ein Fernseher. Die meisten Menschen bilden sich ihre Meinung durch Television. In der Schlacht um das öffentliche Weltbild hat sie mehr Macht als das Militär. Deshalb gehen immer mehr private Interessengruppen, mehr oder weniger verquickt mit Regierungen, dazu über, sich ihren eigenen Sender zu installieren. Sechs große Medienkonzerne beherrschen den Weltmarkt der bewegten Bilder. Der größte von ihnen ist Time Warner. Der von diesem Konzern betriebene Sender *CNN* ist in 190 Ländern zu empfangen, in allen wichtigen Sprachen. Er erreicht mehr als eine Milliarde Empfänger. Verbreitet wird die nordamerikanische Sicht auf die Welt. Der Sender wurde 1991 berühmt, als er den Golfkrieg harmlos wie ein Videospiel verkaufte und über bunte Bilder von explodierenden Bomben die Musik des Songs «What a wonderful day» legte. Der ursprüngliche Anspruch, durch Weltnachrichten etwas für die Völkerverständigung zu tun, blieb unerfüllt.

Rechnet man noch *Fox TV, CBS, UPN,* in Europa *RTL* und all die anderen massenwirksamen Privatsender dazu, so wird deutlich, wie wenig man von einer existierenden Gegenöffentlichkeit sprechen kann. Im Medienzeitalter kann sich eine alternative Bewegung, gar eine künftige Weltgesellschaft von unten, auf die Dauer aber nicht jenseits ihrer größtmöglichen Wirksamkeit organisieren. Wer der kulturellen Hegemonie des Kapitals nichts entgegensetzen kann, wird auch die ökonomische und politische nicht brechen. Ohne eine globale Öffentlichkeit bleiben Institutionen wie Weltbank, Internationaler Währungsfonds oder Welthandelsorganisation oligarchisch.

Auch wir europäischen Zuschauer haben bislang nur das Fernsehen von Satten für Satte. Kaum eine Fernsehkamera verirrt sich in die Suppenküchen von Berlin und zu den Obdachlosen von Paris. Und noch seltener in die Favelas von Rio, die Slums von Kalkutta, schaut in die ausgetrockneten Brunnen in Kinshasa oder Luanda, zeigt uns die elenden Reservationen von US-amerikanischen Indianern. Nichts erfahren wir über die Opfer der Goldminenbetreiber in Papua-Neuguinea oder die Familien der von den Grundbesitzern ermordeten Führer der lateinamerikanischen Landlosenbewegung.

Längst haben wir demonstriert bekommen, dass eine Lüge als Wahrheit durchgeht, wenn sie nur unverschämt genug ist und oft genug wiederholt wird. Ist die Desinformation nicht die eigentliche Gefährdung der globalen Sicherheit? Ohne die auf allen deutschen Kanälen verbreiteten Falschmeldungen wäre der Jugoslawienkrieg hierzulande nicht durchzustehen gewesen. Und der Journalist und Leiter der Bürgerrechtsorganisation Free Press, John Nichols, ist überzeugt: «Wenn wir ehrliche Medien hätten, wäre George Bush nie Präsident geworden, und wir hätten im Irak keinen Krieg geführt.»

Auf der größten Konferenz zur Medienreform, die bisher in den USA stattgefunden hat, ergänzte Jesse Jackson vor 2000 Teilnehmern in Madison: «Wir haben unterschätzt, was die Herrschaft über die Medien für unseren Kampf bedeutet. *Fox* und *Clear Channel* veranstalten im Grunde Kriegsdemonstrationen. Unsere Medien waren im selben Lager wie die Panzer.»

«Es wäre naiv anzunehmen, Indoktrination vertrage sich nicht mit Demokratie. Sie ist vielmehr ein Wesenszug der Demokratie», lehrt Noam Chomsky und verweist auf die Fabrikation eines Konsenses durch herrschaftsgerechte Propaganda: Personen dürfen kritisiert werden, Machtstrukturen nicht.

Darf ein Dutzend Milliardäre, die globale Medienkonzerne besitzen, das Denken der Weltbevölkerung dominieren? Wenn westliche Demokratien für sich weiterhin in Anspruch nehmen wollen, pluralistische Gesellschaften zu sein, müsste der Begriff der Pressefreiheit längst als Fernsehfreiheit verstanden werden. Die sogenannten öffentlich-rechtlichen Sender beugen sich in den Hauptsendezeiten aus Marktzwängen und politischem Opportunismus den in der Übermacht befindlichen privaten Mainstreamsendern. Vorwiegend seichte Unterhaltung, politisches Fastfood, blutrünstige Krimis und Thriller zerstreuen das Volk.

Die liberale Utopie des Kapitalismus hat es aufgegeben, den Menschen universale, ethische Ideale beibringen zu wollen, ja, sie hält dies geradezu für verwerflich. Weil auch Humanisten anderen nicht ihr Denken aufzwingen dürfen. Denn die Tyrannei des Guten, der Appell an Tugend und Altruismus, ende im Terror, sei er jakobinisch oder stalinistisch. Den Menschen so zu nehmen, wie er ist, sei das kleinere Übel. Eine ziemlich fatalistische Sicht. Wozu wäre der Mensch ein vernunftbegabtes Wesen, wenn er sich sittlichen Werten verschlösse, also nicht lern- und damit wandlungsfähig wäre? Wer die Ideale der Aufklärung verteidigt, setzt sich mitunter sogar dem Vorwurf aus, immer noch dem Irrlicht des Neuen Menschen zu folgen.

Den erschaffen zu wollen gilt gemeinhin als eine der typisch kommunistischen Anmaßungen. Dabei haben die Menschen sich von allem Anfang an vollkommener gewünscht, hatten sie doch allen Grund dazu, nicht nur die Neandertaler. In der griechischen Antike sollte der ausdrücklich so betitelte «Neue Mensch» eigentlich bereits ein Genie sein, selbstbewusst die Autoritäten, gar die Götter herausfordernd, seine sittliche Vollkommenheit durch Toleranz, Harmonie mit Natur und Gesellschaft erweisen.

Im Alten Testament gelangt der Mensch zu sittlicher Reife nur durch den Sündenfall, der ihn lehrt, Gut und Böse zu unterscheiden, im Neuen Testament hofft Paulus beschwörend, Jesus' redliches Wesen werde dem ruchlosen Treiben der Heiden, ihrer Eitelkeit und Sünde, endlich ein Ende bereiten. Und zwar durch Hören, Lernen und Gehorchen der «Kinder des Unglaubens». «So leget nun von euch ab nach dem vorigen Wandel den alten Menschen ... und ziehet den neuen Menschen an, der nach Gott geschaffen ist in rechtschaffener Gerechtigkeit und Heiligkeit.» (Epheser 4,24) Dogmenstudium und Gottesfurcht war angesagt. Dennoch verharrte der Mensch weitgehend in seinen selbstsüchtigen Neigungen.

Die Renaissance war auch eine Wiedergeburt des immer wieder enttäuschten antiken Traums der Menschheit von der Vollkommenheit. Dem Ungläubigen wurde das Menschsein nicht mehr abgesprochen. Der Aufklärer Kant war zuversichtlich, dass freies Denken die Sinnesart des Volkes allmählich verändert und der Mensch «aus seiner selbstverschuldeten Unmündigkeit» herausfindet: «Habe Muth, dich deines eigenen Verstandes zu bedienen!» Die Vernunft würde ihren Besitzern die Pflicht auferlegen, das Gebot der Sittlichkeit zu befolgen. Erst in der Französischen Revolution ist der «l'homme nouveau» von der Commune rekrutiert worden und später als eine der angeblich kommunistischen Zwangsideen verworfen worden.

Dabei lässt letztlich niemand den Menschen so, «wie er ist». Auch die sich so unideologisch gebende liberale Ordnung will die alten Utopien durch ihre marktliberalen ersetzen, eine Utopie, bei der letztlich alle Freiheiten durch die Freiheit des Marktes garantiert werden. Auch sie erhebt den Wahrheitsanspruch, die am wenigsten schlechte, also beste aller möglichen Welten zu sein. «Dahinter lauert der äußerste totalitäre Albtraum, die Vision eines Neuen Menschen, der den alten ideologischen Ballast hinter sich gelassen hat.»[14] Lauter Mankurts, wie Tschingis Aitmatow sie in seinem Roman «Der Tag zieht den Jahrhundertweg» auch als Ergebnis sozialistischer Anstrengungen, das Subjekt auszuschalten, beschrieben hat.

Moderne Zivilisationen können sich nicht mehr darauf berufen, dass sie die Aufklärung im 18. Jahrhundert hinter sich gebracht haben. Die lächerlich gewordenen Erziehungswerkzeuge des Humanismus seien durch wirkungsvollere zu ersetzen, fordert Peter Sloterdijk. Wenn der Fortschritt von menschlicher Vernunft abhängt und das Denken der meisten Menschen vom Fernsehen geprägt wird, so folgt für mich daraus, dass der Fortschritt wesentlich von Fernsehfreiheit abhängt.

Vorschlag: alternativer Weltsender

Was nicht auf dem Sender ist, ist nicht. Und was ist, ist oft nicht auf dem Sender. Ein Gemeinwesen, das vor der Aufgabe kapituliert, im Fernsehen Paroli zu bieten, kapituliert vor den Megaphonen des Kapitals. Es gäbe Rudolf Bahro recht, dass es die selbstzerstörerische Alltäglichkeit nicht zu unterbrechen vermag. Die friedlichen Revolutionäre aus sozialen Bewegungen, Gewerkschaften, alternativen NGOs und antikapitalistischen Parteien müssen die Möglichkeit haben, ihre eigenen Themen auf die TV-Agenda zu setzen. Diese Informationen, Bilder und Filme gibt es längst, sie fristen aber ein Nischendasein in kleinen, unabhängigen Fernsehsendern, im unübersichtlichen Internet-TV, bei Video on Demand, auf Websites und alternativen Filmfestivals, in elektronischen Zeitungen und Blogs – verborgen hinter all den Adressen, die sich der Aufklärung verschrieben haben, aber schwer zu finden sind. Die Idee besteht darin, die interessantesten Quellen aus dem Chaos des Internets und der Sender zu einem linksalternativen Informationspool zu vernetzen. Zu einem farbenprächtigen Bouquet aus Gegeninformationen, aus denen sich unabhängige Sender und Internetportale bedienen können. Eines Tages könnte so etwas wie ein CNN von unten entstehen, das die herrschenden Denkverbote durchbricht. Ein vernetzter Kanal kann im Ernstfall nicht weggebombt werden.

Künftig wird man Internet-TV einfach auf seinen großen Fernsehbildschirm laden können. Doch auch auf dem Laptop, auf Handhelds oder dem Handy wird mobiles Fernsehen überall empfangbar sein. So könnte sich in einem Netzwerk von kooperativen, via Internet und Satellit miteinander verbundenen Partnersendern eine Art Social-TV[15] bilden, aus dem sich die Zuschauer selbst zeitversetzt aufgezeichnete Sendungen auswählen können. Denkbar ist auch, dass sich der Nutzer eines Tages aus einem 24-Stunden-Stream einen nach individuellen Wünschen programmierten Kanal zusammenstellt. Dafür muss nur einmalig eingegeben werden, in welchem Verhältnis welche Lieblingsthemen ausgewählt werden sollen. Dann sucht der Computer aus dem vorhandenen Pool das Bestellte heraus.

«Es ist der älteste Trick der Bourgeoisie, den Wähler frei seine Unfreiheit wählen zu lassen, indem man ihm das Wissen um seine Lage vorenthält. Das, was jemand braucht, um seinen Weg wählen zu können, ist Wissen. Was kommt dabei heraus, wenn man einen Mann, der weder Notenlesen noch Klavierspielen lernen durfte, vor ein Klavier stellt und ihm die freie Wahl über die Tasten lässt?», fragte Bertolt Brecht.

Es ginge im Brecht'schen Sinne vor allem um die Verbreitung von Wissen über wirtschaftliche Zusammenhänge. Um die ökonomische Alphabetisierung der Massen, wie der französische Soziologe Pierre Bourdieu es nannte. Es geht um einen Wettbewerb der Argumente, um die Offenlegung der Institutionen der Unterdrückung, des Zwangs und der oligarchischen Herrschaft innerhalb der Marktwirtschaft. Es geht um den Kern des Herrschaftssystems, nämlich die private Verfügungsgewalt über die gerechterweise allen Menschen zustehenden Ressourcen.

Zu den Themen würden aber nicht nur soziale und ökologische Brennpunkte gehören – niemand will nur *bad news* sehen. Solidarische Werte sind auch heiter und unterhaltsam. Der sensationelle Erfolg der Videoplattform *youtube*, in der jeder seine Videos zeigen kann, bestätigt das Bedürfnis nach Austausch, nach Graswurzelmedien. Solche Modelle und Ideen müssten künftig nicht auf Unterhaltung beschränkt bleiben. Wer es einmal erlebt hat, weiß, dass nichts spannender ist, als seine Lage zu erkennen. Genauso wichtig wäre es deshalb, über ermutigende Aktionen und Vorhaben zu berichten.

Wenn Millionen streiken oder demonstrieren, muss das mehr als 15 Sekunden Sendezeit wert sein. Zumal man selbst in dieser kurzen Zeit nichts über Inhalte erfährt, sondern nur, ob es Randale gab. Und schon wieder nicht, wer sie wirklich inszeniert hat.

Wo immer ich mein Anliegen vorgetragen habe, ob auf den Weltsozialforen im indischen Mumbai und im kenianischen Nairobi, ob bei einem Autorentreffen in Dubai, dem europäischen Sozialforum in Paris, bei ver.di, attac und den Linken, ich stieß auf Zustimmung in der Analyse und Enthusiasmus für die Idee, aber auch auf Skepsis hinsichtlich der Machbarkeit. Doch wer beobachtet, wie die Revolution der Medienlandschaft durch die Digitalisierung voranschreitet und anderswo immer mehr alternative audiovisuelle Angebote entstehen, muss ungeduldig werden. Angeregt durch meinen Vorschlag, liegen inzwischen zwei unabhängige Gutachten zu alternativen Sendeformen vor, und ich fühle mich in meinen Intentionen bestätigt: Von den inhaltlichen Angeboten ist die kritische Masse erreicht, um in einer Kombination von klassischer Fernsehtechnik und Internet ein alternatives Programm zusammenstellen zu können.

So ist im Sommer 2005 ein Experiment auf Sendung gegangen: *Nueva Televisión del Sur*. Der spanischsprachige Sender Telesur ist mit Nachrichten, politischen Reportagen, Interviews und Diskussionssendungen als Gegenöffentlichkeit zu CNNespañol gedacht. Dieses erste «antihegemoniale Telekommunikationsprojekt in Lateinamerika», eine Initiative der Staaten Venezuela, Argentinien, Kuba und Uruguay, kooperiert mit dem portugiesischsprachigen *TV Brasil*. Und interessanterweise mit dem arabischen Sender *Al Dschasira*.

Seit 2009 sendet aus Los Angeles *TV-Reborn,* das in Europa über Kabel zu empfangen ist und mit sieben Themenprogrammen unterhaltsame, unabhängige Produktionen anbietet. Die zum Führungsteam gehörende Carol Angela Davis verrät: «Unsere Marktforschung zeigt, dass die Welt hungrig nach diesem Typ von unverfälschten Programmen ist.»

Aus San Francisco sendet das von Al Gore gegründete *Current TV*, das auch in Deutschland mit einer Plattform starten will, da viele Zugriffe auf diesen aufklärerischen Sender von hier kommen. Gänzlich unkommerziell und somit unabhängig ist *Democracy Now!* aus New York. Geprägt von Amy Goodman, als Journalistin weltweit einzige Trägerin des alternativen Nobelpreises, bietet diese von 25 Enthusiasten betriebene Plattform täglich eine aktuelle Stunde investigativen Journalismus von vielen Brennpunkten der Welt. Aber wer weiß das? Wer kennt das internationale Dokumentarfilmnetzwerk IDA oder das europäische Pendant EDN, die kritische Filme zum Herunterladen anbieten? Aus London kommt *OneWorldTV*. Sehenswert auch das Graswurzel-TV vom Medienzentrum für Gegeninformation, *Indymedia*.

Um all diese interessanten Angebote in der Medienflut nicht aufwendig suchen zu müssen, ist laut Gutachten die Gründung eines Web-TV-Senders «unbedingt zu empfehlen». Er könnte diese thematischen Spezialangebote mit sehr einfachem Aufwand, einem sehr überschaubaren Startkapital und einigen wenigen Technikern und Redakteuren empfangbar machen. Sollten gelegentliche Eigenproduktionen hinzukommen, müsste über eine Stiftung, einen Unterstützerkreis oder eine Genossenschaft etwas mehr Geld aufgebracht werden. Medienrechtlich ist das lösbar.

Die verschiedenen Sprachen bleiben ein Problem. Dass junge Leute immer besser Englisch sprechen und auch Ältere durch das Internet zum Lernen herausgefordert werden, genügt nicht. Früher oder später werden Übersetzungscomputer brauchbare Untertitel in vielen Sprachen einblenden können. Eines Tages werden sie wahrscheinlich sogar eigenständig synchronisieren. Bis dahin ist für aktuelle Produktionen auch eine von Dolmetschern eingesprochene Synchronübersetzung eine preiswerte Variante. Ein linker Sender muss professionell sein, aber nicht perfekt.

Angesichts solch faszinierender Möglichkeiten muss doch auch einmal ausgesprochen werden, dass trotz allem das Leben ein erstaunlicher Fortschritt ist. Gerade deshalb sollen alle daran teilhaben können. Auch wenn es am Anfang nichts als Hindernisse geben mag, so hat doch die Idee eines internationalen, vielleicht spektakuläre Debatten auslösenden, den Mainstream attackierenden Senders ihre zwangsläufige Logik. Bekanntlich muss man das Unmögliche fordern, um das Mögliche zu erreichen.

Prekarier aller Länder, vereinigt euch!

Von friedlichen Revolutionen in Osteuropa war seit dem Mauerfall des Öfteren die Rede. Aber ist dabei, wie in einer Definition vorgesehen, je eine «noch nie da gewesene, qualitativ neue Stufe der Entwicklung» herausgekommen, bei der sich die «progressive Richtung der Umwälzung stabilisiert»? Munter als Revolution gestartet, schleppen sie sich als Restauration über die Ziellinie der Wende. Ist, Friedlichkeit vorausgesetzt, Revolution heute ein legitimes Instrument der Demokratie? Eine Revolution, die sich von einer Reform dadurch unterscheidet, dass sie den Status quo eindeutig verlässt und einen *verfassungsgerechten Systemwechsel* anstrebt. Also eine grundlegende Umwälzung, etwa den Bruch mit der Herrschaft des Kapitals, mit dem Prinzip des Maximalprofits. Der stabilisiert werden müsste, durch eine zu erstreitende europäische Verfassung, die Krieg und Neoliberalismus eine unmissverständliche Abfuhr erteilt.

Damit wäre auch jenes Revolutionskriterium erfüllt, das für Hannah Arendt konstituierend ist: der Zuwachs an Freiheit für die Mehrheit. Vorausgesetzt, die Umwälzung würde nicht in ein ähnlich gefährliches, verheerendes Hasardspiel abgleiten wie das gegenwärtige System, sondern den revolutionären Schutz der Demokratie gewährleisten. Die Konterrevolution hat schon gelernt, mit parlamentarischen Mitteln zu siegen, die Revolution hat es noch vor sich. Gibt es ein Grundrecht auf Revolution? Das, hochverehrte Dissidenten, Bürgerrechtler und Oppositionspolitiker, ist der Punkt, an dem Gorbatschow abgeholt werden möchte.

Dass wir heute Betriebsräte haben, die zumindest über die Arbeitsbedingungen mehr als ein Wörtchen mitzureden haben, ist ein Überbleibsel der kurzen Räterepublik der Novemberrevolution von 1918. Doch ihre zentralen Forderungen zu Sozialisierung und Wirtschaftsdemokratie konnten diese «gebremste Revolution» nicht durchsetzen. Wie viel Gewalt rechtfertigt die Revolution? Lenin, der lästerte, ein deutscher Revolutionär nähme erst eine Bahnsteigkarte, bevor er einen Bahnhof stürme, war nicht der Erste, der diese womöglich unbeantwortbare Frage nicht zur Zufriedenheit der Nachgeborenen lösen konnte. Die totalitäre Antwort Stalins, der die Peitsche des Terrors und des ideologischen Dogmas nun über allen beteiligten Klassen und Schichten schwang, diskreditierte die Frage nach einem legitimen Vorgehen für weitere Jahrzehnte.

Unlängst wollen Historiker herausgefunden haben, dass Kaiser Wilhelm II. die russische Oktoberrevolution finanziert hat. Schade, noch scheint kein Sponsor für heutige Umbrüche in Sicht. Vermutlich ließe das Kapital sich seine Logik ja abkaufen. Manche vertrauen darauf, nur die Eliten selbst, also die Manager und Experten, seien kompetent und lernfähig genug, das Ruder herumzureißen. Ich zweifle nicht an deren Urteilskraft, wohl aber an ihrer Loyalität gegenüber dem Gemeinwohl. Es wollen nicht alle das Gleiche. Ja, es gibt schärfste Interessengegensätze.

Auch Parlamente sind Kampfplätze der Sonderinteressen, auf denen die Mächtigen auf wundersame Weise immer mehr bekommen. Und so die herkömmlichen Strukturen reproduzieren. Parteienforscher sprechen vom Gesetz der Oligarchie. Politiker sind die Einzigen, die die Regeln für ihr Spiel selbst bestimmen können. Ihre persönliche Situation ist aber oft nicht dazu geeignet, die radikalen Veränderungen durchzusetzen, die womöglich in ihren Programmen stehen. Wer kontrolliert die Kontrolleure? Eine wache Öffentlichkeit?

Die «Gruppe von Lissabon», zwanzig renommierte internationale Wissenschaftler, hat schon vor Jahren eine globale Bürgerversammlung vorgeschlagen, die sich aus Abgeordneten nationaler Parlamente zusammensetzt. Den privaten globalen Akteuren müssten öffentliche globale Akteure entgegengesetzt werden. «Solange vor allem private Interessen die Weltwirtschaft und Weltgesellschaft steuern, gibt es keinen Puffer, der mit größeren Konflikten, Kriegen und Fehlentwicklungen umgehen kann.»[16] Das Europäische Parlament hat eine «Parlamentarische Versammlung der Vereinten Nationen» in die Debatte gebracht. Ob gründlich reformierte UNO, Weltparlament, Bürgerversammlung, Weltgewerkschaft oder Weltsozialforum – dem perfekt vernetzten und von militärischer Gewalt gestützten Kapital muss eine nicht minder verflochtene, globale Gegenmacht erwachsen. Die Vision einer Weltgesellschaft von unten.[17]

Veränderung kann nur von unten kommen. Der Bürger ist die kleinste Zelle der Demokratie. Er, sachkundig und allseitig informiert, muss sich in seine eigenen Angelegenheiten mischen; Widerstand leisten und Vorschläge machen. Um nicht auf den Wahlfrust beschränkt zu bleiben, wird er sich mit Ähnlichgesinnten zusammentun und organisieren müssen. Die vielen Schwachen brauchen die Demokratie mehr als die wenigen Starken. Bis die merken, dass sie sie auch brauchen, ist es meist schon zu spät. Das Ganze kippt, wenn die Bedürftigen auf der Pfandleihe ihre Zivilcourage versetzen. Und ihren Verstand auf dem Flohmarkt.

Schon werden die Vermögensverluste in der Maßeinheit von Billionen Dollar gezählt. Wer schließlich unter Arbeitslosigkeit leiden und für die zu erwartende Deflation aufkommen wird, ist voraussehbar. Es sei denn, man lässt es sich nicht bieten. Leicht gesagt. Mangel an Durchsetzungskraft?

Aristoteles lehrte: Wem Zorn fehlt, dem fehlt Selbstachtung. Wenn sich die krisenhafte Entwicklung zuspitzt, ist auch eine Globalisierung des Zorns zu erwarten.

Prekarier aller Länder, vereinigt euch!

Denn das Defizit liegt nicht vorrangig im Konzeptionellen, sondern in der Durchsetzbarkeit dessen, was aus Sicht der Mehrheit für nötig erkannt wird. Es fehlt nicht an Entwürfen für eine gerechtere Welt, sondern an der Kraft, sie durchzusetzen. Können Regeln, die die wirtschaftliche Basis umstülpen, von einem Überbau ausgehen, der von der Wirtschaft abhängig ist? Ist die Selbstblockade des Systems evolutionär überwindbar? Nicht wenige befürchten, die Herrschaft des Finanzkapitals, wie des Kapitals überhaupt, sei durch keinerlei Umgestaltungen auf dem Gebiet der politischen Demokratie zu beseitigen. Die Bedenkenträger zu widerlegen könnte *die* Aufgabe des angebrochenen Jahrhunderts werden.

Anmerkungen

1. Die Untergangsgesellschaft

1 Ulrich Plenzdorf, Rüdiger Dammann (Hg.): Ein Land genannt die DDR; Frankfurt am Main 2005, S. 117
2 Johano Strasser auf dem Internationalen PEN-Kongress im Mai 2006 in Berlin
3 Berliner Zeitung, 10.8.2004
4 Stefan Dietrich: Die Systemfrage; FAZ, 2.1.2008, S. 1
5 Friedrich Engels: Lage der arbeitenden Klasse in England; Berlin 1957, MEGA Bd. 2, S. 258
6 Ebenda, S. 261
7 Ebenda, S. 262
8 Bismarck und der Staat. Ausgewählte Dokumente, eingeleitet von Hans Rothfels; München 1958, S. 348
9 Ebenda, S. 360
10 Hartwig Bögeholz: Die Deutschen nach dem Krieg. Eine Chronik; Reinbek 1995, S. 124
11 Ludwig Erhard: Wohlstand für alle; Düsseldorf 2000, S. 7
12 Eduard Werle: Öffentliche Investitionen und Wirtschaftswachstum; Berlin 1960, S. 8
13 Albert Einstein: Why Socialism?; Monthly Review, 1. Ausgabe 1949
14 Noam Chomsky: Konzerne müssen nicht existieren; Freitag 26, 1.7.2005, S. 3
15 Daniel Yergin, Joseph Stanislaw: Staat oder Markt. Die Schlüsselfrage unseres Jahrhunderts; Frankfurt/New York 1999, S. 78
16 FAZ, 6. April 1964, S. 13
17 Jan Tinbergen: Die Rolle der Planungstechniken bei der Annäherung der Strukturen in Ost und West. In: Erik Boettcher: Wirtschaftsplanung im Ostblock; Stuttgart 1966, S. 7

18 B. Kopp: Liberalismus und Sozialismus auf dem Wege zur Synthese; Meisenheim am Glan 1964, S. 1
19 Peter F. Müller, Michael Mueller: Gegen Freund und Feind. Der BND: Geheime Politik und schmutzige Geschäfte; Reinbek 2002, S. 140
20 W. Abendroth, H. Ridder, O. Schönfeldt (Hg.): KPD-Verbot oder mit Kommunisten leben?; Reinbek 1968, S. 39
21 Zitiert nach Bernard-Henri Lévy: Sartre. Der Philosoph des 20. Jahrhunderts; München/Wien 2002, S. 431
22 Diether Döring: Soziale Sicherheit im Alter?; Berlin 1997, S. 30
23 Siehe Andreas Förster: Die Regierung braucht die DDR als Ventil; Berliner Zeitung, 3.12.2002
24 Bericht der Deutschen Bundesbank zur Zahlungsbilanz der DDR 1975–1989 vom August 1999
25 Slavoj Žižek: Das liberale Utopia; Neue Rundschau Heft 4, 2007, S. 172
26 Helmut Schmidt: Die meisten Fehler der Wiedervereinigung sind nicht korrigierbar; Berliner Zeitung, 31.1.2004

2. Vom Verlierer nicht lernen heißt verlieren lernen

1 Jürgen Habermas: Brief an Christa Wolf vom 26.11.1991. In: Christa Wolf, Werke Bd. 12; München 2001, S. 369f.
2 Christoph Links: Umgestaltung der ostdeutschen Verlagslandschaft im Prozess der deutschen Einheit, Dissertation, Berlin 2008
3 Die 100 wichtigsten deutschen Intellektuellen; FAZ, 27.1.2002, S. 21
4 RLS-Längsschnittstudie zum Weg junger Ostdeutscher von 1987 bis 2004; Peter Förster, Leipzig 2004
5 Klaus Schroeder: Die veränderte Republik, Deutschland nach der Wiedervereinigung; München 2006, S. 636f.
6 Siehe u.a. Siegfried Wenzel: Was war die DDR wert? Und wo ist dieser Wert geblieben?; Berlin 2000. Siehe weiter Blessing/Damm/Werner: Die Schulden des Westens – wie der Osten Deutschlands ausgeplündert wird; Berlin 2006. Siehe ferner Klaus Steinitz: Das Scheitern des Realsozialismus – Schlussfolgerungen für die Linke im 21. Jahrhundert; Hamburg 2007
7 Gerhard Heske: Gesamtrechnung Ostdeutschland 1970–2000; Zentrum für Historische Sozialforschung, Köln 2005
8 Karl Mai: Rückblick auf die 80er Jahre der DDR-Wirtschaft. Daten, Klarstellungen und Bewertungen; Diskurs Heft 29, Leipzig 2008, S. 61
9 Deutsche Bundesbank: Die Zahlungsbilanz der ehemaligen DDR 1975 bis 1989, S. 45
10 Gerhard Schürer: Das Ende der DDR-Wirtschaft. In: Ansichten zur Geschichte der DDR Bd. 6; Bonn 1996, S. 392

11 Eurostat-Jahrbuch: http://epp.eurostat.eceuropa.eu; Arbeitskreis Volkswirtschaftliche Gesamtrechnungen der Länder
12 Statistik des Bundesamtes für zentrale Dienste und offene Vermögensfragen (BADV), Stand 31.12.2007
13 Daniela Dahn: Wir bleiben hier oder Wem gehört der Osten?; Reinbek 1994, S. 143 ff.
14 Wolfgang Kühn: Ostdeutschland ein Mezzogiorno?; Berlin 2006, S. 9
15 Forsa-Umfrage zum Stand der Einheit; Berliner Zeitung, 2.1.2009, S. 2
16 Spiegel 45/2007, S. 77
17 Ulrich Busch, Wolfgang Kühn, Klaus Steinitz: Entwicklung und Schrumpfung in Ostdeutschland; Hamburg 2009, S. 151 f.

3. Vom ultimativen Ostvorsprung

1 Hans-Ulrich Wehler: Deutsche Gesellschaftsgeschichte Bd. 5; München 2008, Vorwort, S. XV
2 Jens Reich: Rezension zu Wehler Bd. 5. Kurzfassung im Tagesspiegel, 2.10.2008
3 Anderson/Bahro/Grosser/Lange: Der Staat in der Wirtschaft der Bundesrepublik; Opladen 1985, S. 345
4 Édouard Cointreau: Privatisierung, Alternativen zur Staatswirtschaft; Düsseldorf 1987, S. 28
5 Hans Luft: Agrargenossenschaften gestern, heute und morgen; Hefte zur DDR-Geschichte, Berlin 1998, S. 44
6 Kurt Krambach, Hans Watzek: Genossenschaftliche Gemeinschaften als soziale Potenziale; Studie, Berlin 2000
7 Peter Heesen: Entbeamtung brächte hohen Schaden; Neues Deutschland, 5.12.1997, S. 14
8 Verwaltungsvorschrift der Sächsischen Staatsregierung zur Prüfung der persönlichen Eignung im Beamtenverhältnis; Sächsisches Amtsblatt Nr. 3 vom 19.1.1995, S. 40
9 Ebenda
10 Hans Mommsen: ‹Wohlerworbene Rechte› und Treuepflichten. In: Wozu noch Beamte?; Reinbek 1996, S. 36
11 Bescheid des Präsidenten des Oberlandesgerichts Braunschweig vom 4.9.1978 zu einem Disziplinarverfahren
12 Bruno W. Reimann: Der «Kosovo-Krieg» und die abgedankte Universität. Bericht über eine Umfrage an der Gießener Universität; Frankfurt 2001
13 Statistisches Jahrbuch der DDR 1988, S. 215 ff.
14 Heinz Dürr: Reformerfahrungen am Beispiel Bahn. In: Wozu noch Beamte?; Reinbek 1996, S. 93

15 Bundesamt für Güterverkehr: Marktbeobachtung Güterverkehr – Jahresbericht 2007; www.bag.bund.de
16 Statistisches Jahrbuch der DDR 1988, S. 219
17 Rudolf Dreßler: Erste Schritte zur Sozialunion Bundesrepublik Deutschland – DDR; Diskussionspapier vom 5.3.1990
18 Gerhard Bäcker: Sozialpolitik im vereinigten Deutschland; Beilage zu Das Parlament 3–4/1991, S. 10
19 Thomas Fromm, Nina von Hardenberg: Gleiche Leistung, gleicher Tarif; Süddeutsche Zeitung, 11.6.2008
20 TNS-Forschung für den Spiegel, 45/2007, S. 74
21 Daniela Dahn: Westwärts und nicht vergessen, Kapitel: Im Namen der Mutter und der Tochter; Berlin 1996, S. 149ff.
22 Frauen auf dem Sprung; Brigitte 8/2008, S. 76ff.

4. DDR-Geschichtsbild – seriös oder demagogisch?

1 Peter Martin, Chefredakteur der Financial Times; zitiert nach Le Monde Diplomatique, Juni 1997
2 Karl Marx: Der achtzehnte Brumaire des Louis Bonaparte, AW Bd. I; Berlin 1968, S. 229
3 Friedrich Engels: Brief an Bebel, MEW Bd. 38; Berlin 1968, S. 517
4 Der Nürnberger Prozess; Nürnberg 1947, Einführungsband, S. 63
5 Siehe Klaus Marxen, Gerhard Werle, Petra Schäfter: Die Strafverfolgung von DDR-Unrecht. Fakten und Zahlen; Berlin 2007, S. 43
6 Ebenda, S. 42
7 Christoph Schaefgen, Neue Justiz 1/2000, S. 4
8 Abschlussbericht der Enquête-Kommission des Bundestages zum SED-Unrecht, S. 279
9 BStU: Anatomie der Staatssicherheit – Geschichte, Struktur, Methoden; Berlin 1995, S. 46
10 Klaus-Dietmar Henke, Roger Engelmann (Hg.): Aktenlage; Berlin 1996, S. 173
11 Ebenda, S. 172
12 Thomas Hofmann: (K)ein Ende der (Zeit)geschichte; Ästhetik und Kommunikation 135, Winter 2006/07
13 Hermann Lübbe: Die Historizität des Totalitarismus. In: Hans Maier (Hg.): Totalitarismus und Politische Religionen. Konzepte des Diktaturvergleichs; München/Zürich 1996, S. 285
14 Franziska Augstein: Der neue Mythos des 20. Jahrhunderts, Süddeutsche Zeitung (SZ) vom 4.11.2005
15 Siehe u.a. meine Beiträge: Vom Waschzwang des Staates; SZ vom 17./18.1.1998 sowie Die verordnete 007-Logik. Vom Missbrauch staatlicher

Macht gegenüber dem Oppositionspolitiker Gregor Gysi, in: Wenn und Aber; Reinbek 2002, S. 112. Oder: www.danieladahn.de/texte

16 Siegfried Suckut, bis 2005 Leiter der Abteilung Bildung und Forschung in der Stasi-Unterlagenbehörde (BStU): Vortrag in der Kester-Haeusler-Stiftung am 6.4.1995; Stiftungsbroschüre München 1995, S. 18

17 Lutz Niethammer: Die SED und ‹ihre› Menschen. In: Suckut/Süß (Hg.): Staatspartei und Staatssicherheit; Berlin 1997, S. 327

18 Mary Fulbrook: Ein ganz normales Leben; Darmstadt 2008, S. 308

19 Ebenda, S. 291

20 Peter Förster: Längsschnittstudie zum Weg junger Ostdeutscher; Leipzig 2004, S. 30

21 Mary Fulbrook, a. a. O., S. 301

22 Bernd Eisenfeld: Die Zentrale Koordinierungsgruppe Bekämpfung von Flucht und Vertreibung, BStU-Reihe MfS-Handbuch; Berlin 1995, S. 39

23 Die Stasi-Suche bringt Verdruss. Interview mit Hansjörg Gieger; Süddeutsche Zeitung, 29.5.2008, S. 2

24 Herbert Marcuse: Der eindimensionale Mensch. Studien zur Ideologie der fortgeschrittenen Industriegesellschaft; München 2005, S. 22

25 «Deutsche zweifeln am Kapitalismus», Umfrage der Bertelsmann-Stiftung; SZ vom 17.6.2008, S. 17

26 Friedrich-Ebert-Stiftung (Hg.): Ostdeutschland im Reformprozess. Was hält die Gesellschaft zusammen?; Berlin 2007, S. 55

27 C. Christian von Weizsäcker: Der Grundgedanke heißt Freiheit; Sonderheft Merkur, Sept./Okt. 2003, S. 810

28 Friedrich Dieckmann: Der Irrtum des Verschwindens; Leipzig 1996, S. 50

5. Mein erster Angriffskrieg

1 Siehe Spiegel Nr. 17/1999, S. 27

2 Jürgen Elsässer: Kriegslügen. Der NATO-Angriff auf Jugoslawien; Berlin 2008, S. 131

3 Siehe Freitag Nr. 19/1999, S. 7

4 Heinz Loquai: Der Kosovo-Konflikt – Wege in einen vermeidbaren Krieg. Die Zeit von Ende November 1997 bis März 1999; Baden-Baden 2000

5 Aus: Jo Angerer, Mathias Werth: Es begann mit einer Lüge; ARD/WDR, 8.2.2001

6 Milošević; Dokumentarfilm, Arte, 24.7.2008, 22.30 Uhr

7 Jörg Becker, Mira Beham: Operation Balkan: Werbung für Krieg und Tod; Baden-Baden 2006

8 James Harff, interviewt von Jacques Merlino, stellv. Direktor des 2. französischen Fernsehens im April 1993

9 Siehe Spiegel Nr. 15/1999, S. 33
10 Deutscher Bundestag, Drucksache 14/1788
11 Eckart Spoo: Bei den Serben; Ossietzky 15/07, S. 581
12 Siehe zum Beispiel den Bericht der ARD-*Tagesschau*-Redaktion auf *tagesschau.de*: «Otpor – oder wie wird man Revolutionär?» Zu finden unter www.tagesschau.de/ausland/meldung127208.html
13 Jürgen Hogrefe: Hilfe zur Revolution; Der Spiegel 41/2000, 9.10.2000, S. 22
14 Avner Gidron, Claudio Cordone: Die Bombardierung der RTS-Studios; Le Monde Diplomatique, 14.7.2000
15 Human Right Watch: Civilian Deaths in the NATO Air Campaign; New York, Februar 2000
16 Le Monde Diplomatique, a.a.O.
17 International Criminal Tribunal for the former Yugoslavia; Bericht vom Juni 2000, S. 23
18 Eckart Spoo: Irreführung der Öffentlichkeit. In: Wolfgang Richter, Elmar Schmäling, Eckart Spoo (Hg.): Die Wahrheit über den NATO-Krieg gegen Jugoslawien; Schkeuditz 2000
19 Ljiljana Milanović: Odmazda zbog istine, Ko je, kako i zastro osudio direktora Milanovića zbog bombardovanja RTS-a; Novi Beograd 2006
20 Alle aus: Jens Becker, Achim Engelberg (Hg.): Serbien nach den Kriegen; Frankfurt am Main 2008
21 Spiegel 17/1999, S. 32
22 Siehe dazu Daniela Dahn: Wir sind auf dieser Erde verdammt, uns zu vertragen. In: Daniela Dahn: Demokratischer Abbruch; Reinbek 2005

6. Die Systemfrage stellen

1 Golo Mann: Deutsche Geschichte des 19. und 20. Jahrhunderts; Frankfurt am Main 1992, S. 728
2 Dragan Velikić: Eine Erfindung namens Slobodan Milošević. In: Thomas Schmid (Hg.): Krieg im Kosovo; Reinbek 1999, S. 46
3 Heribert Prantl: Der Terrorist als Gesetzgeber; München 2008, S. 166
4 Rahmenbeschluss des Europarates vom 13.6.2002. Dazu: Bunyan: Terrorismus ohne Terroristen?; Bürgerrechte & Polizei 3/05, S. 56 ff.
5 die tageszeitung, 13.2.06, S. 7
6 Rolf Gössner: Menschenrechte in Zeiten des Terrors; Hamburg 2007, S. 37
7 Daniela Dahn: Nicht wissen, was oben und unten ist – Weltwirtschaftsforum in Davos; Freitag 5, 1.2.2008, S. 9
8 Jörg Huffschmid: Die Rückkehr des Staates; Blätter für deutsche und internationale Politik, 11/08, S. 8

9 Karl Albrecht Schachtschneider: Ein Staat ohne Legitimation; Die Welt, 27.3.2007, S. 9
10 Paolo Flores d'Arcais: Ist Amerika noch eine Demokratie?; Die Zeit 04/2005
11 Gabriele Gillen, Walter van Rossum (Hg.): Schwarzbuch Deutschland; Reinbek 2009
12 Siehe u.a. Jürgen Roth: Der Deutschland-Clan; Frankfurt am Main 2006. Ebenso Karl Lauterbach: Der Zweiklassenstaat. Wie die Privilegierten Deutschland ruinieren; Berlin 2007
13 Alexander Sinowjew: Der größte Umbruch in der Menschheitsgeschichte; Neues Deutschland, 10.1.1995

7. Gibt es ein Grundrecht auf Revolution?

1 Immanuel Wallerstein: Die große Depression; Blätter für deutsche und internationale Politik 11/2008, S. 7
2 Hannah Arendt: Über die Revolution; Frankfurt am Main 1968, S. 341
3 Alex Callinicos: Ein Anti-Kapitalistisches Manifest; Hamburg 2003, S. 140
4 Gespräch mit Nassim Nicholas Taleb: Banker weg, wir brauchen eine Revolution; Frankfurter Allgemeine Zeitung, 13.11.2008
5 Siehe Gespräch mit Richard Sennet in: Freitag Nr. 46/2000, S. 3
6 Zitiert nach Antje Vollmer: Droht der nächste kalte Krieg?; Süddeutsche Zeitung, 15.4.2008, S. 15
7 Günter Grass: «Zukunftsmusik oder der Mehlwurm spricht», Rede auf Einladung der Europäischen Investitionsbank am 19.10.2000 in Bremen
8 Günter Grass im Gespräch mit Jörg-Dieter Kogel und Harro Zimmer; Radio Bremen, 21.5.1997
9 Siehe dazu: Daniela Dahn: In guter Verfassung. Wie viel Kritik braucht die Demokratie?; Reinbek 1999
10 ARD: Report Baden-Baden 1978 und Report Mainz am 1.12.2008
11 In: Christa Wolf, Werke Bd. 12, Essays, Gespräche, Reden; München 2001, S. 369f.
12 Nach dem Bankrott. Gespräch mit Jürgen Habermas; Die Zeit Nr. 46/2008, S. 53
13 Rudolf Bahro: Die Idee des Homo integralis; Neues Deutschland, 13./14.12.1997, S. 14
14 Slavoj Žižek: Das liberale Utopia; Neue Rundschau, Heft 4, 2007, S. 174
15 www.worldsocialtv.com
16 Gruppe von Lissabon: Grenzen des Wettbewerbs; München 1997
17 Siehe Weltgesellschaft. Ein Projekt von links! Hg. Willy-Brandt-Kreis; Berlin 2008

Das für dieses Buch verwendete FSC®-zertifizierte Papier
Lux Cream liefert Stora Enso, Finnland.